Ser+
com Equipes de Alto Desempenho

Copyright© 2012 by Editora Ser Mais Ltda.
Todos os direitos desta edição são reservados à Editora Ser Mais Ltda.

Capa e Projeto Gráfico:
Danilo Scarpa

Revisão:
Bárbara Fernandes

Gerente de Projeto:
Gleide Santos

Diretora de Operações:
Alessandra Ksenhuck

Diretora Executiva:
Julyana Rosa

Relacionamento com o cliente:
Claudia Lima

Impressão:
Imprensa da Fé

Dados Internacionais de Catalogação na Publicação (CIP)
(Câmara Brasileira do Livro, SP, BRASIL)

Ser Mais com Equipes de Alto Desempenho – Como recrutar, selecionar, treinar, motivar e dirigir equipes para superar metas / Coordenação editorial: Mauricio Sita – São Paulo: Editora Ser Mais, 2012.

Bibliografia.
ISBN 978-85-63178-21-3
1. Carreira profissional. 2. Treinamento e Desenvolvimento. 3. Gestão.
4. Equipes de alta performance.

CDD - 158.1

Índices para catálogo sistemático:
1. Carreira profissional. 2. Treinamento e Desenvolvimento. 3. Gestão.
4. Equipes de alta performance.

Editora Ser Mais Ltda
av. Rangel Pestana, 1105, 3º andar – Brás – São Paulo, SP – CEP 03001-000
Fone/fax: (0**11) 2659-0968
Site: www.editorasermais.com.br E-mail: contato@revistasermais.com.br

Índice

Apresentação 07

Equipes de Alto Desempenho: uma perspectiva histórica
Adriano Batista 09

Liderança *Alpha* e *Team Coaching*:"combustão" para resultados em equipes de alto desempenho
Adriano César Rosa da Costa 17

Formando Equipes de Alto Desempenho com *Agile*
Alércio Bressano 25

Líder 4.0 para Equipes de Alta Performance: além do *Coaching*
Alexandre Jacques 33

Condicionantes para Alto Desempenho
Ana Cristina Carneiro & Ivan Rocha Neto 41

Team Building - As Três Crises Essenciais
Ana Lúcia Costa Couto 49

Unidos Venceremos... Uns aos Outros!
Benedito Milioni 57

Grupos x Equipes - Eis a questão!
Carlos Basso 65

Transformando grupos em equipes de alta performance
Daniel Scharf 73

A Grafologia como instrumento de seleção, motivação e desenvolvimento de pessoas
Dilca Nascimento 81

Alta performance em grupos de saúde
Dr. Sérgio Eduardo Oliveira Reis 89

Feedback ou *Feedforward*?
Fernando Santi 97

Desenvolvendo e acompanhando equipes executivas de alto desempenho através de um processo estruturado de Eficácia Coletiva
Fred Donier 105

Projetos de alta performance
José Geraldo Falcão Britto..113

Relacionando alta performance e disciplina
Graziela Merlina...131

Equipe de Alto Desempenho demanda Gestão de Alto Desempenho
Izabel Cristina Folli..139

Por quem os sinos dobram?
Janaina Seibert..147

Liderança e formação de equipes de alto desempenho: os maiores desafios das organizações atuais
Jerônimo Mendes....155

Equipes de Alto Desempenho
José Antonio de Souza Dias...163

Como planejar, formar, gerenciar, motivar e conquistar resultados com equipes especiais
José Augusto Corrêa...171

Vínculos e Alteridade - Fatores imprescindíveis para Equipes de Alto Desempenho
Káritas Ribas & Marcello Árias...179

O Poder do *Feedback* para Grandes Resultados
Luiz Cláudio Riantash...187

O novo quadro da competência
Magali Amorim Mata..195

Faça com Paixão
Marcela Buttazzi...203

World Café: potencializando a inteligência coletiva
Márcia Rizzi..209

Autoconhecimento
Márcio Schultz..217

O caminho para conquistar Equipes de Alto Desempenho
Marcio Ferreira Nascimento...225

Navy Seals: Um Raio-X da Equipe de Alto Desempenho que Eliminou Osama Bin Laden
Marco Barroso...233

Como criar e manter equipes de alto desempenho: quatro dicas práticas
Marcos Simões & Luciana Borel...241

Metodologia de entrevistas para seleção por competências Modelo Star
Maria Rita Gramigna...249

Obtendo o melhor dos líderes e equipes uma reflexão baseada nas cinco disciplinas de Peter Senge na teoria U e no *coaching*
Maricelia Moura...257

Como recrutar, selecionar, treinar, motivar e dirigir equipes para superar metas
Marisa Fernandes..265

Gestão de Alta Performance
Marli Santander..273

Equipes de Alto Desempenho e Liderança
Mauricio Metzen..281

Como captar e manter novos talentos na Equipe
Moris Kohl..289

Segredos para você e sua equipe Brilharem
Paula Hoepfner Lendari..297

Direção de Alto Desempenho - "Os elementos mentais para ir mais longe"
Professor Álvaro Monteiro...305

Coaching como estratégia de desenvolvimento de Equipes de Alto Desempenho
Prof. Douglas de Matteu & Prof. Wilson Farias..313

Alto Desempenho é com Equipes de Profissionais Empreendedores
Rafael Gonçalves..321

Equipes de Alta Performance em Liderança Técnica de Projetos em TI
Renato Servone Festa..329

Grandes líderes são coerentes, consistentes e consequentes
Ricardo Muniz...337

Ser + com Equipes de Alto Desempenho

Equipes de Alta Performance: realidade ou utopia?
Roque Cezar de Campos & Lara Campos...345

Por dentro do PDCA
Sandra Santos..353

Equipes e... equipes!
Wagner Galletti Valença..361

O segredo do sucesso nipônico com equipes de alto impacto
Walber Fujita..369

Apresentação

Há atividades que só podem ser realizadas por equipes. Uma equipe normal apresentará resultados normais. Uma equipe de alto desempenho se diferenciará e proporcionará resultados extraordinários.

Capital humano é a palavra-chave para o sucesso no mundo competitivo de hoje. Você concorda?

Oferecemos a você, caro leitor, e ao mercado como um todo, a orientação de cinquenta dos melhores especialistas do Brasil. Eles apontam aqui os melhores caminhos para a estruturação, motivação e gerenciamento de equipes excepcionais.

O conteúdo deste livro certamente o ajudará com muitas ideias, sugestões e orientações. Todas de aplicação prática e imediata.

E tem mais, ele não termina na última página. Através do nosso site www.revistasermais.com.br você poderá manter contato com os autores, e interagir sobre todos os assuntos de seu interesse. Nós, particularmente, gostamos muito dessa solução de publicar um livro aberto, que não tem fim. A atualização é constante. Aproveite.

Agradeço à Márcia Rizzi pela coordenação editorial, e a todos os escritores pela participação e contribuição inestimável para a literatura da gestão de pessoas e da formação de equipes de alta performance.

Todos os escritores, coautores desta obra, nos ajudaram a realizar o sonho de publicar o melhor e mais completo livro sobre o tema.

Boa leitura!

Mauricio Sita
Coordenação Editorial
Presidente da Editora Ser Mais

Mauricio Sita
Coordenação Editorial
Presidente da Editora Ser Mais

8 Ser + com Equipes de Alto Desempenho

1

Equipes de Alto Desempenho: uma perspectiva histórica

Desde o princípio dos tempos, o homem percebeu que, para se alimentar e sobreviver contra os mais diversos inimigos, só havia uma maneira: organizar-se em grupos ou equipes. Através das equipes, podia utilizar as melhores competências de cada membro do time de maneira organizada.
Nas páginas a seguir você conhecerá um pouco mais a respeito das Equipes de Alto Desempenho no decorrer da história e poderá aprender muito através de suas experiências. Boa leitura e bom aprendizado!

Adriano Batista

Ser + com Equipes de Alto Desempenho

10

Adriano Batista

Para começarmos nosso estudo sobre Equipes de Alto Desempenho (EAD), convido você, leitor, a uma viagem à origem das palavras. Todas as vezes que me deparo com um assunto a ser discutido, o primeiro passo que tomo é pesquisar.

Equipe
sf (fr équipe) Do Francês ÉQUIPER, "ajeitar, colocar em plena capacidade", do antigo Francês ESQUIPER, "aparelhar um navio", provavelmente do antigo Norueguês SKIPA, de mesmo significado, de SKIP, "navio". Conjunto de dois ou mais indivíduos que, juntos, tomam parte em uma competição esportiva. Grupo de pessoas organizado para um serviço determinado; quadro, pessoal.

Desempenho
sm (des+empenho) Ação ou efeito de desempenhar. Resgate do que estava empenhado. Cumprimento de obrigação ou promessa. Qualidade da representação ou interpretação de um artista. No inglês, **Performance**. Essa palavra inglesa vem de TO PERFORM, "realizar, completar, efetivar", que derivou do Francês PARFORNIR, formada por PAR-, "completamente, de todo", mais FORNIR, "providenciar, fornecer".

Portanto, baseado na etimologia das palavras, podemos dizer que uma Equipe de Alto Desempenho é um grupo altamente organizado de pessoas que busca a excelência na entrega dos seus resultados.

Uma Perspectiva histórica das EAD
Na aurora da existência humana, parece mais provável que os homens se organizaram em grupos cooperativos de famílias - os clãs ou tribos. Suas necessidades primárias eram além de estar a salvo de predadores, conseguir comida suficiente e perpetuar a espécie ao nutrir e proteger os jovens. Um grupo de homens e mulheres poderia jogar em uma criatura mais pedras e paus pontiagudos do que qualquer indivíduo solitário poderia fazer. Devido às diferenças intelectuais e capacidades físicas, parece certo que os homens rapidamente se especializaram na caça ou defesa do próprio grupo. Os mais fracos ou mais lentos faziam barulhos altos e se posicionavam de forma agressiva ao redor do rebanho, enquanto os mais rápidos e mais fortes se movimentavam para o ataque.

Exemplos de EAD na História
Ao longo do tempo, tem havido inúmeros exemplos de EAD que obtiveram resultados surpreendentes. Vamos examinar algumas equipes e ver o que podemos aprender com elas.

- Uma das sete maravilhas do mundo, a Grande Pirâmide de Gizé, construída em torno de 2650 a.C., representa um claro exemplo de trabalho de uma equipe de alto desempenho realizado por um número estimado de 100.000 trabalhadores em um período de 20 anos. A pirâmide é composta por, aproximadamente, dois milhões de blocos de calcário com 1,5 tonelada cada, transportados por 800 quilômetros. Gizé começou a ser construída durante o reinado do faraó Khufu (2589 a.C. a 2566 a.C.) e pretendia ser utilizada como sua câmara funerária. Embora provavelmente concebido por um único engenheiro/religioso, a escala de empilhamento e escopo do projeto foi largamente discutida e possivelmente sofreu uma visão/contribuição compartilhada por parte dos planejadores no desenvolvimento de métodos para implementar o processo e sustentar o esforço.

- Em 480 a.C., Xerxes I, rei da Pérsia, liderou um exército estimado entre 300.000 e 6.000.000 de homens para a Grécia em uma campanha de guerra. Percebendo a ameaça, os gregos, em seguida, organizados em cidades-estados, enviaram 5.200 voluntários para a passagem da montanha de Termópilas em um esforço para retardar o exército de Xerxes e dar ao restante dos gregos a oportunidade para enfrentar o ataque. Liderados por 300 espartanos, os gregos foram capazes de deter o avanço persa por sete dias. Enormes baixas foram causadas no exército persa devido à disciplina dos espartanos, que procuravam maximizar os ataques e, posteriormente, orquestravam uma retirada estratégica para contra-ataque e nova formação. A coordenação desta manobra tática, considerando o caos da batalha, certamente necessitava de um plano de comunicação extraordinário. Podemos facilmente imaginar que outros elementos essenciais de uma equipe de alto desempenho estavam presentes, tais como: visão compartilhada, atuação fora de sua zona de conforto, envolvimento de todos e comemoração do sucesso.

- Em 1660, a Sociedade Real de Londres foi formada para promover o livre intercâmbio de ideias e promoção da "verdade em publicações científicas". Dentre seus membros, podemos citar Sir Issac Newton, Christopher Wren (arquiteto da Catedral de São Paulo), Gottfried Leibniz (inventor do cálculo), Edmund Haley (astrônomo), Robert Hooke (máquina a vapor). A Sociedade era formada por cientistas independentemente da nacionalidade ou do estado de guerra, que, muitas vezes, existiam entre os países membros. Os cientistas submetiam seus artigos descrevendo suas descobertas, que eram publicados para os demais membros. Neste ambiente fértil, em apenas 70 anos, as ciências da anatomia, zoologia, química, física, astronomia e botânica foram formadas. O livre fluxo de informações compartilhadas entre os membros da *Royal Society* levaram diretamente à revolução industrial, a teoria da evolução embrionária, computação mecânica, a compreensão da gravidade, e muito mais. Talvez, em nenhum outro período da história, a ciência moveu-se para tão longe, tão rapidamente. O nível de confiança estabelecida (verdade, respeito, compreensão, apoio e comprometimento) e visão compartilhada (o objetivo de avançar a ciência) colocam os membros da *Royal Society* dentre uma das maiores EAD da história humana.

- Projeto Manhattan (1942-1945). Em guerra com a Alemanha e convencido de que os alemães estavam desenvolvendo uma arma nuclear, os

EUA lançaram o Projeto Manhattan em uma tentativa desesperada para chegar lá primeiro. A equipe era formada por mais de 130.000 pessoas espalhadas em 13 diferentes locais. Todas tiveram que jurar segredo e trabalhar num nível quase inimaginável de urgência. Para o sucesso deste time foi necessário um esforço extraordinário de coordenação e comunicação. Cientistas e engenheiros trabalhavam em um problema que ninguém sabia como resolver. Claramente todos estavam fora de suas zonas de conforto. No entanto, graças ao objetivo comum e visão compartilhada, eles alcançaram o resultado desejado em um espaço de tempo que ninguém pensou ser possível.

Além dos exemplos históricos de EAD citados acima, existem milhares de outros em praticamente todos os campos da atividade humana.

Características Essenciais das EAD

Com este pano de fundo histórico, podemos dizer que EAD são criadas com uma missão ou propósito em mente. Este propósito ou missão deve ser expresso na forma de um documento escrito para que possa ser compartilhado e comunicado de forma clara. A ideia de usar equipes para resolver problemas e alcançar resultados é baseada, em parte, em um conceito de que o poder do cérebro coletivo é muito superior à capacidade de qualquer indivíduo. As EAD são motivadas pelo desafio de alcançar resultados extremos dentro de um curto espaço de tempo.

- Visão Compartilhada (Objetivo Comum)
- Comunicação (Todos os níveis e direções)
- Qualidade Total (Processos e Métodos)
- Autodirigida (Liderança por Competência)
- Prazo (Tempo Determinado)
- Zona de Conforto (Não ter medo do novo)
- Envolvimento Global (Todos conhecem suas responsabilidades)

EAD demonstram as seguintes características e comportamentos:

· **Visão Compartilhada**
Compartilhar e apoiar uma visão comum. Todos são altamente focados em atingir os objetivos. EAD usualmente desenvolvem uma visão que traz um significado real ao trabalho que está sendo realizado. Esta visão deve descrever um estado futuro atraente, emocionante e inspirador. Uma visão de defesa como "manter nossos empregos", ou "manter a quota de mercado" não é particularmente inspiradora. Fundamentalmente, é necessário compartilhar uma visão vencedora.

· **Prazo**
Operar com prazos específicos para a consecução de resultados. Equi-

pes que trabalham sem prazos acabam discutindo questões "filosóficas" ao invés de focarem as discussões para atingirem os resultados dentro do prazo estabelecido. É importante que o prazo maior seja subdividido em prazos menores (subtarefas). Prazos longos demais dificultam o acompanhamento das atividades, assim como "tiram" a pressão do time. Importante ressaltar que os prazos devem ser "apertados", porém atingíveis. Uma EAD tem a clara noção do que é possível ou não fazer. Caso a equipe sinta que os prazos não são factíveis, corre-se o grande risco de se desmotivar.

· **Comunicação**

EAD faz um esforço extraordinário para que todos os membros conheçam e entendam os planos e o progresso do trabalho a ser efetuado até a sua conclusão. Uma EAD usa todos os veículos de comunicação disponíveis para obter novas informações e transmiti-las a cada membro da equipe, e estes reconhecem que têm a obrigação de, além de manter-se informado, informar os demais.

· **Zona de Conforto**

A EAD não sabe como conseguir os resultados desejados, ou não sabe como realizá-los no tempo permitido. A primeira vista, parece uma ideia maluca: por que uma equipe quer tentar uma coisa que não sabe como fazer? Paradoxalmente, temos maior satisfação quando conseguimos resultados que, no início, não acreditamos que podemos realizar.

· **Qualidade Total**

A equipe para nos momentos adequados para verificar a qualidade do seu trabalho. Isto é feito para determinar onde o processo pode ser melhorado e o que pode ser compartilhado com outros membros. É este ato de parar para verificar a qualidade que faz com que a equipe interiorize a sua aprendizagem e melhore o seu desempenho coletivo.

· **Envolvimento Global**

EAD trabalha para se certificar que cada membro da equipe esteja envolvido e contribuindo de acordo com a sua competência. Cada integrante do time deve contribuir para que a equipe alcance êxito. É responsabilidade de cada membro da EAD pesquisar e descobrir as capacidades de todos os outros membros da equipe.

· **Autodirigida**

Membros da EAD são autodirigidos. Se a equipe está sendo gerenciada, o gestor deve ter o cuidado de concentrar a equipe em "o quê" deve ser atingido. "Como a tarefa será cumprida" deve permanecer da alçada exclusiva da equipe. Quando a gerência vai ao ponto de explicar a uma equipe como o trabalho deve ser realizado, a equipe se desmotiva e, talvez inconscientemente, diz "veremos se isto funciona".

· **Celebra o Sucesso**

EAD investem tempo para celebrar pequenas vitórias durante a realização do objetivo. Esta atividade desenvolve um sentimento de sucesso da equipe enquanto caminha para o objetivo. Algumas vezes, as celebrações são focadas no processo de aprendizagem, outras vezes a equipe celebra a conclusão de uma tarefa pequena. Juntas, essas celebrações "constroem" a moral e aumenta a determinação dos membros para alcançar o objetivo final. Agora que você já aprendeu o que é e como se forma uma Equipe de Alto Desempenho, mãos à obra e sucesso!

Adriano Batista

Graduado em Administração de Empresas com ênfase em Recursos Humanos, Pós-graduado em Psicologia Organizacional e MBA em Gestão Empresarial. Mais de 20 anos de experiência em Recursos Humanos em empresas nacionais e multinacionais de grande porte dos mais variados setores, dentre eles Telecom, Farmacêutico, Alimentício, Hoteleiro e Indústria. Experiência internacional adquirida através de trabalhos desenvolvidos em vários países da Europa, Estados Unidos e América do Sul. Como Consultor Organizacional especializou-se em Metodologia Antroposófica e Vivencial, além de ser Certificado como *Coach* Internacional pelo ICC (*International Coaching Community*). Atualmente é sócio diretor da Prognosis – Antecipando Resultados, consultoria especializada em desenvolvimento humano atuando com *Executive Coaching, Assessment*, Programas de Treinamento e Palestras.

Anotações

2

Liderança *Alpha* e *Team Coaching*: "combustão" para resultados em equipes de alto desempenho

Não há mistura mais "explosiva" para se obter resultados em equipes de alto desempenho do que quando se misturam um Líder *Alpha* e um processo de *Team Coaching*! É sobre essa combustão de que trata esse artigo, ressaltando inicialmente as características, tipos e habilidades de um Líder *Alpha* e, em seguida, a importância de um processo de *Team Coaching* a ser conduzido pelo primeiro

Adriano César Rosa da Costa

Ser + com Equipes de Alto Desempenho

Adriano César Rosa da Costa

A busca pela excelência (associada à qualidade) aliada a resultados (associada à quantidade e metas) jamais foi tão perseguida no âmbito das organizações quanto nos dias atuais.

Na mesma proporção, várias promessas têm sido as "fórmulas mágicas" apresentadas por acadêmicos e consultores nessa direção.

Assim sendo, ressalto desde já, que o presente artigo não se propõe a alongar o já extenso rol dessas "fórmulas mágicas". Longe disso! Apenas, de forma prática e objetiva, aponta aqueles que, na opinião e com base nas práticas de consultoria organizacional do autor, são os dois "ingredientes" que de forma alguma podem faltar para quem pretende alcançar aquele propósito inicial.

Nas linhas a seguir foram inicialmente relacionadas as características, os tipos e as habilidades que um Líder *Alpha* (primeiro "Ingrediente") precisa ter e/ou desenvolver e, em seguida, a importância de um processo de *Team Coaching* (segundo "Ingrediente") a ser conduzido por esse primeiro.

Sobre um Líder *Alpha*

Quatro são as características de personalidade que melhor definem um Líder *Alpha*, a saber: competitividade, assertividade, orientação para resultados e senso de urgência. Além dessas características, via de regra, são pessoas que pensam grande, planejam muito bem e vão em busca de seus objetivos com coragem, confiança e tenacidade.

A maneira de expressar essas qualidades acabou por resultar em quatro tipos de alfas básicos, sendo que cada um deles contém um conjunto específico de características principais:

1.   COMANDANTE: intenso, apaixonado, altamente energizado, líderes que definem o tom e mobilizam as tropas;

2.   VISIONÁRIO: curioso, expansivo, pró-ativo e direcionado ao futuro, eles veem possibilidades e oportunidades que outros nem percebem;

3.   ESTRATEGISTA: claro, pensador analítico, muitas vezes brilhante, com excelente senso e olho afiado para os padrões;

4.   EXECUTOR: direcionado a ação que impulsiona planos com disciplina incansável e mantém todos responsáveis pelos seus compromissos.

Além das características de personalidade e tipos básicos, um líder *Alpha* deve ter, em maior ou menor grau, as seguintes habilidades:

Ser + com Equipes de Alto Desempenho

✓ **MAPEAR E SELECIONAR OS MELHORES TALENTOS PARA A SUA EQUIPE**: uma das habilidades de uma liderança deve ser a sua capacidade (*feeling*) de convocar para o seu time os melhores especialistas em suas áreas de atuação.

✓ **ORQUESTRAR O TIME**: todavia, a convocação de talentos individuais sem a orquestração de um bom técnico pouco adianta, e por vezes chega até a atrapalhar, pois o céu é muito pequeno para muitas "estrelas". Logo, a constituição de um time não é algo natural, que se engendra pela simples disposição no campo. A tendência natural é para o caos, para o não consenso. Compete à liderança, e somente a ela, o papel da firme coordenação de esforços para a obtenção do propósito final. O fato de lidar com pessoas maduras, inteligentes, peritas e experientes não garante por si só a harmonia necessária, especialmente quando as vaidades e as excentricidades "inflam";

✓ **DESAFIAR OS LIMITES:** o líder *Alpha* é aquele que vai muito além desses primeiros passos básicos. Além de orquestrar com maestria a sua equipe, ele é especialista em empurrar para longe os limites que cada um dos membros de sua equipe pensa já ter chegado. Isso se dá por meio de projetos, desafios e missões sob medida para cada um dos membros do time. Para tanto, é mister que o líder conheça e estude a fundo e continuamente as características de cada um dos seus liderados.

✓ **APOIO/SUPORTE INCONDICIONAL**: selecionadas as pessoas adequadas, orquestradas sob o mesmo tom e empurradas para longo os seus limites, a presença apoiadora, inspiradora e destemida da liderança é a "cereja do bolo". Cobra resultados simplesmente (ainda mais se for na base do "chicote") é muito simples; coisa para chefes, não líderes. Viabilizar as condições físicas, financeiras e estruturais de trabalho, apoiar nos momentos de dificuldades, destravar trâmites burocráticos, intervir junto a outras áreas e pessoas, dentro ou fora da empresa, colocar a "mão na massa" sempre que necessário, estar ao lado do seu time pro que der e vier. Todas essas iniciativas não se encotram com facilidade em um líder, ou melhor, em pessoas que ocupam cargos e funções de liderança. Somente os que pertencem à "tropa de elite" – os Líderes *Alpha* – é que o fazem com perícia e maestria!

✓ **ENTUSIASMO, RECONHECIMENTO E CELEBRAÇÃO**: nada parece abalar os ânimos do Líder *Alpha*. Além disso, reconhecer em público os resultados da sua equipe e celebrar junto com ela os resultados obtidos são atitudes que coroam a sua liderança e cativam os seus seguidores/liderados.

Conforme acima referenciado, em maior ou menor grau, essas características e posturas precisam estar presentes e aliadas aos tipos de *alpha* para que se obtenha uma alta performance de sua equipe, além de gerar um ambiente de trabalho saudável e agradável para todos que estão sob o seu comando.

Team Coaching

Em linhas gerais, o processo de *Team Coaching* (*Coaching* de times/equipes) consiste no desenvolvimento e na otimização das competências profissionais de uma equipe de trabalho, apoiado no equilíbrio do campo de forças representado por cada um dos membros da equipe. Esse processo é a base da orquestração do time, acima mencionado.

Mais do que harmonizar a sua equipe, um Líder *Alpha* consegue obter por meio dela resultados que são a mera soma das individualidades. Ou seja, é um trabalho que por meio das conexões criativas que se estabelecem entre cada um dos membros do time, os resultados são exponenciais, não meramente aritiméticos.

Para tanto, o foco em resultados e em objetivos comuns, acima de qualquer individualidade ou vaidade, é uma das características do Líder *Alpha*. Conforme visto acima, é crucial para se obter resultados desse nível.

Convém ressaltar que um trabalho de *Team Coaching* conduzido por um Líder *Alpha* não é obtido em situações de laboratório ou artificiais como em dinâmicas de grupo, por exemplo (elas apenas ajudam a ressaltar a importância desse processo no dia a dia), mas sim, por meio de uma prática continuada do acompanhamento dos processos de trabalho, em geral, e principalmente, da atenção dada a cada um dos membros da equipe.

Portanto, trata-se de um processo cujo foco deve recair sempre na estimulação e acompanhamento dos resultados do trabalho da equipe como um todo (reuniões eficazes, indicadores de desempenho, etc.) e de cada membro do time (estabelecimento de acordo com resultados, suporte e eliminação de entraves etc.).

Desse modo, a concentração de esforços do Líder Alfa deve recair sobre os pontos fortes de cada membro da equipe, em primeira instância, aliado à correta adequação dos desafios e atividades que melhor possam contribuir para a devida utilização e reforço desses pontos fortes.

Via de regra, um processo de *Team Coaching* costuma ser utilizado em situações nas quais uma unidade da empresa (setor, de-

Ser + com Equipes de Alto Desempenho

partamento, área) precisa ser ajustada para a elevação de desempenho. Todavia, pode ser utilizada em pequenos grupos de uma unidade, pelas lideranças intermediárias.

Em resumo, o *Team Coaching* apresenta algumas vantagens, tais como:

1. É um processo de aprendizagem coletiva que aperfeiçoa e potencializa o trabalho da e/em equipe;

2. É focado na geração de resultados;

3. Pressupõe uma atitude colaborativa, gerando, portanto, um ambiente de trabalho saudável e motivador;

4. É uma experiência tanto individual quanto coletiva que maximiza os pontos fortes para o alcance de resultados da equipe como um todo e de cada um dos seus membros.

Podemos concluir, então, que a "alquimia" gerada pela combinação de um Líder *Alpha* que realize com a sua equipe um processo de *Team Coaching* é capaz de levar uma empresa a patamares até então não alcançados ou jamais almejados!

**Adriano César
Rosa da Costa**

Graduado e Doutorando em Psicologia pela Universidade Federal do Rio Grande do Norte (UFRN). Mestre em Administração pela Universidade Estadual do Ceará (UECE). *Master Coach* de Carreira e de Negócios. CEO, Consultor e Palestrante da FATORH Consultoria nas áreas de planejamento estratégico, gestão de pessoas, gestão da qualidade e gestão da inovação. Professor em cursos de graduação e de pós-graduações. Membro Instituto Brasileiro de Consultores de Organizações (IBCO).

Contatos:
www.fatorhconsultoria.com.br
http://www.facebook.com/fatorhconsultoria
adriano@fatorhconsultoria.com.br
(82) 3031-3932; (82) 9944-8338
@AdrianoCesar, @FATORHonline

Anotações

3

Formando Equipes de Alto Desempenho com *Agile*

Como a aplicação da filosofia Ágile de gerenciamento de projetos promove a quebra de paradigmas e evolução das pessoas para trabalhar em time e aumentar *performance* e resultados

Alércio Bressano

Ser + com Equipes de Alto Desempenho

Alércio Bressano

O século XXI trouxe muitas transformações nas relações de trabalho e, consequentemente, nas relações entre as pessoas. Estamos vivenciando a era do conhecimento. Entre os executivos de empresas, é praticamente unânime a opinião de que se encontram num cenário de alta competitividade e de concorrência acirrada. Com a globalização, os avanços tecnológicos e a quebra das fronteiras, constata-se que as empresas atualmente competem em nível global. Esse contexto vem impondo às empresas a revisão de suas estruturas e práticas de trabalho. Na revisão dessas práticas, o gerenciamento de pessoas vem se tornando uma atividade estratégica, visto que as pessoas é que geram conhecimento e inovação aos processos, produtos e serviços. Também torna-se essencial a competência do gerenciamento de projetos, pois as empresas estão cada vez mais dependentes dos resultados dessas iniciativas organizacionais para se destacar entre os seus concorrentes.

TEORIA DE EQUIPES DE ALTO DESEMPENHO

Muitos profissionais ainda não conseguem distinguir a diferença entre um grupo de pessoas e uma equipe. Muitos usam inapropriadamente o termo equipe para denominar um conjunto de pessoas. Na opinião de alguns autores, *grupo é um conjunto de duas ou mais pessoas que interagem entre si, de tal forma que cada uma influencia e é influenciada por outra*. Já uma equipe, é um tipo especial de grupo, onde existe uma alta interdependência na execução das atividades. Para se tornar uma equipe, um grupo precisa de uma identidade, um motivo, um significado (de natureza simbólica) e que promova a união entre as pessoas. O trabalho individual ainda é importante e valorizado para a execução de certas atividades. Entretanto, em função dos desafios atuais dessas organizações, é necessário fazer coisas extraordinárias e aproveitar ao máximo o potencial das pessoas. Além disso, na maioria dos projetos, se várias pessoas entregarem seus resultados e uma outra parte não entregar, o projeto como um todo não é entregue, o objetivo não é atingido! Portanto, exige trabalho em equipe. Quais as técnicas que podem ser utilizadas para fazer com que um grupo de pessoas se transforme em uma equipe? A seguir, a figura que mostra as fases de desenvolvimento de uma equipe.

Figura 1: Fases do Desenvolvimento de Equipes.

Ser + com Equipes de Alto Desempenho

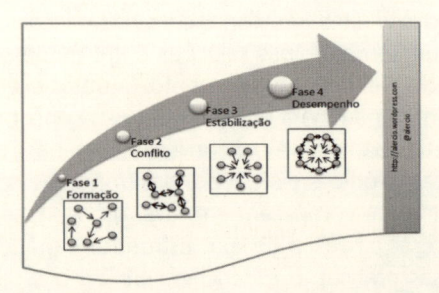

As características das equipes em cada uma dessas fases:

Fase 1 – Formação: predomina a ansiedade das pessoas, que terão muitas perguntas (o que se espera de mim? O que devo fazer? Quais são as regras?). É uma fase de exploração, em que todos estão se avaliando e onde a insegurança predomina. Nesse estágio, a produtividade é baixa e não se pode esperar que as pessoas realizem muito.

Fase 2 – Conflito (Tempestade): aqui as coisas parecem estar indo muito mal e todos começam a descobrir que o trabalho em equipe é muito mais complicado do que se imagina. A produtividade continua caindo e todos ficam frustrados. Nesse estágio, é comum a procura de culpados e de um comportamento defensivo. Existem conflitos e vários deles por questões pessoais ou por busca de maior espaço ou domínio. Começam a se formar subgrupos. Por outro lado, a equipe começa a definir sua missão, metas e papéis, e começa a definir a sua forma única de trabalhar em conjunto em prol do projeto.

Fase 3 – Estabilização: as coisas começam a melhorar, a equipe começa a desenvolver suas regras próprias para realizar o trabalho em conjunto e as pessoas param de querer "chamar atenção" e passam a perceber que "todos estão no mesmo barco". Começa a ficar mais evidente o espírito de cooperação, ao invés de competição. Existe um ambiente de confiança e compromisso, pois a produtividade começa a aparecer.

Fase 4 – Desempenho (Produção): o grupo vira uma equipe. O todo é maior do que a soma das partes. A equipe ganha confiança, chega a um consenso sobre o que é a equipe e o que se busca. Ela desenvolve e começa a utilizar procedimentos estruturados para se comunicar, resolver conflitos, alocar recursos e relacionar-se com a organização. Os conflitos são canalizados construtivamente para a descoberta de soluções para os problemas. As preocupações desse estágio são: evoluir a relação intergrupos (clientes, etc.); evitar uma relação "nós contra eles" com relação aos *stakeholders* do projeto.

POR ONDE COMEÇAR?
O roteiro abaixo foi definido como resultado de uma experiência real na formação de um time de projetos do setor de TI (Tecnologia da Infor-

mação) de um grupo empresarial, mais especificamente na área de desenvolvimento de produtos de *software*. Foram utilizados conceitos do Manifesto Ágil e do *framework* Scrum para gestão de produtos. Observe por onde pode começar:

1. Garanta que o trabalho executado pelo grupo que você quer implantar essa filosofia dependa do esforço conjunto de todas as pessoas que fazem parte da equipe (em alguns casos, manter o trabalho individualizado será mais adequado);

2. Consolide, num único documento, todos as demandas que serão objetivos/metas de entrega para a equipe;

3. Defina claramente os papéis (para o time existe um único papel), as regras envolvidas nos rituais (objetivo, tempo de duração) e o tamanho (tempo fixo) para o ciclo de entregas dessa equipe (pode variar de 1 a 4 semanas);

4. "Rode" um PDCA (figura 2), ou seja, execute as seguintes etapas:

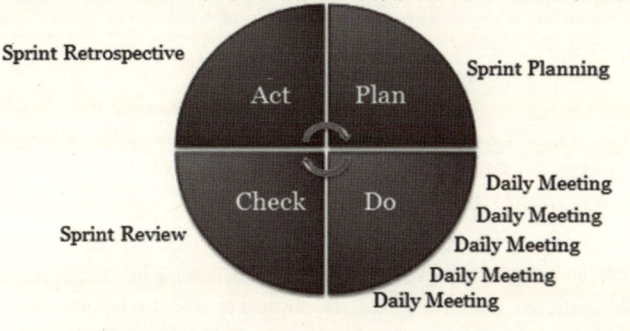

   4.1. Planejamento (*Plan*): reúna todos os membros da equipe junto com o cliente (solicitante das demandas) e execute com todos um plano de trabalho para este ciclo - o que a equipe vai entregar na(s) próxima(s) "x" semana(s);

   4.2. Execução (*Do*): crie o ambiente necessário para que a equipe se auto-organize para cumprir a meta definida. São sugeridas reuniões diárias para que a equipe avalie seu desempenho;

   4.3. Formalização (*Check*): ao final da execução, reúna todo o time e o cliente solicitante para uma apresentação das entregas feitas e a formalização do encerramento das atividades deste ciclo;

   4.4. Melhoria Contínua (*Act*): ao final do ciclo, promova com o time uma sessão de lições aprendidas, onde cada um deve expor o que houve de positivo (e que o time deve continuar fazendo) e o que precisa melhorar (o que foi negativo para os trabalhos).

5. Registre os resultados de cada ciclo. Garanta que o time possua apenas um resultado, pré-requisito para criação do ambiente colaborativo!

O gráfico abaixo apresenta os resultados de um time real (fruto desta experiência) e como aconteceu o seu processo de formação, após a aplicação do roteiro definido acima. O período analisado foi de 5,5 meses, totalizando 11 ciclos de 2 semanas.

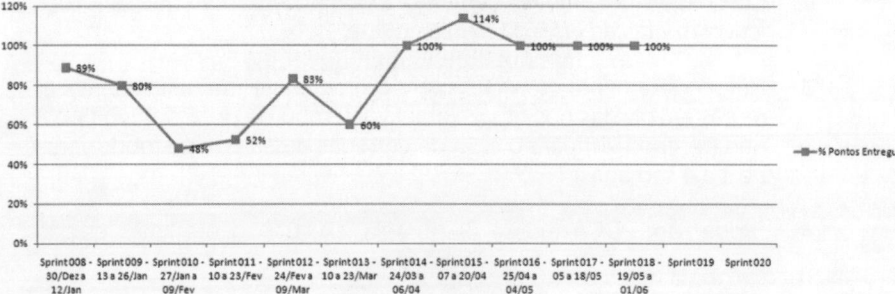

% Pontos Entregues (Velocity)

Sprint	Data	% Pontos Entregues
Sprint008	30/Dez a 12/Jan	89%
Sprint009	13 a 26/Jan	80%
Sprint010	27/Jan a 09/Fev	48%
Sprint011	10 a 23/Fev	52%
Sprint012	24/Fev a 09/Mar	83%
Sprint013	10 a 23/Mar	60%
Sprint014	24/03 a 06/04	100%
Sprint015	07 a 20/04	114%
Sprint016	25/04 a 04/05	100%
Sprint017	05 a 18/05	100%
Sprint018	19/05 a 01/06	100%
Sprint019		
Sprint020		

Alguns pontos que devem ser observados:

A teoria nos mostra que, inicialmente, a produtividade do time tende a cair e variar. Isso pode ser observado nos ciclos iniciais (fases 1 e 2 – formação e conflitos).

A dependência de conhecimento em uma única pessoa tende a ser menor, pois existe um processo de compartilhamento de conhecimento sobre as demandas (gestão do conhecimento). Num desses ciclos, houve a saída de um dos membros da equipe e, mesmo assim, eles cumpriram 100% do que foi prometido. Na etapa de formalização das entregas do ciclo, é um momento para comemorar, reconhecer o trabalho. Caso o resultado não tenha sido o esperado, é o momento para cobrar e criticar. Neste exemplo, somente a partir do 7º ciclo o time passou a estabilizar seu resultado e a entregar o que prometeu. Isso é indicativo de que está na fase 3 (estabilização);

O grande desafio de quem está liderando o processo é fazer com que a equipe não entre na zona de conforto quando está nos mais altos estágios de produtividade. Promova a reflexão da equipe para que ela se desafie, defina uma meta maior. Isso aconteceu nessa equipe e o time planejou a mais 15%. Ao final do ciclo eles entregaram! Isso é um indicativo de que o time está no mais alto nível de performance (fase 4 – desempenho).

Com a aplicação dessas técnicas, você poderá levar a sua equipe a maiores níveis de *performance*. Conheça as fases de evolução do time e saiba como agir em cada uma delas para promover o ambiente propício à produtividade, onde as pessoas colaboram e descobrem seu potencial.

Alércio Bressano

Alércio Bressano (@alercio) é Consultor (*Team Coach*), Professor Universitário e Mentor em Produtividade Pessoal. Desde 1999 atua com projetos de TI. Atualmente, é Consultor em Gerenciamento de Projetos, especialista na estruturação de PMO (Escritório de Projetos) e Implantação de Agile/Scrum para Gestão de Times. Desde 2006 atua como professor universitário, lecionando nas áreas de Gestão de Processos (BPM) e Gerenciamento de Projetos (PMI e SCRUM) em cursos de graduação e pós-graduação. Sobre a sua formação, é *Certified Scrum Professional*, *Certified SCRUM Master*, *Certified Product Owner* (CSP, CSM, CSPO) pela *Scrum Alliance*, especialista em Melhoria de Processo de *Software* pela Universidade Federal de Lavras (UFLA-MG), especialista (MBA Executivo) em Gestão Empresarial pela Fundação Getúlio Vargas (FGV-RJ) e graduado em Processamento de Dados pela Universidade Tiradentes (UNIT-SE). É Membro-Fundador e Diretor do PMI Sergipe *Brazil Chapter* e Articulista da trilha Agile do InfoQ Brasil.

Anotações

4

Líder 4.0 para Equipes de Alta Performance: além do *Coaching*

Apesar de falar-se muito da importância da liderança para formar e manter uma equipe de alto desempenho, poucas vezes é dito como fazê-lo. O ser humano é efêmero, e isto tem sido o grande desafio de todos que trabalham com pessoas nas organizações. O Líder 4.0 apresenta alternativas viáveis e efetivas, que vão além dos processos de *Coaching* e *Mentoring* convencionais, para fazer na prática o desenvolvimento individual dos seus colaboradores

Alexandre Jacques

Ser + com Equipes de Alto Desempenho

Alexandre Jacques

Falar sobre equipes de alto desempenho requer, primeiramente, discorrer sobre a importância do líder capaz de formá-la e mantê-la. Trabalhando como consultor em algumas das maiores empresas do mundo em seus setores e observando os perfis de líderes no mercado, foi possível perceber que muitos chegaram ao cargo por apresentarem desempenho técnico acima da média.

A oportunidade que, inicialmente, parece perfeita, vem acompanhada de um "ônus" para o líder: ter que lidar com situações para as quais, muitas vezes, não foi preparado na sua formação, seja ela de que nível for.

Mediar conflitos, gerir egos e frustrações, em geral, fazem parte do pacote de ações do líder. Além disso, é preciso saber lidar com pessoas de gerações diferentes convivendo num mesmo ambiente de trabalho. Como é o caso dos *baby boomers*, fiéis à empresa que lhes resgatou a dignidade perdida na guerra; da geração X que passou pelas mudanças da reengenharia; e os jovens inquietos, velozes e tecnológicos da geração Y, que precisam sentir que constroem com o seu trabalho algo que lhes seja significativo.

O crescimento econômico do Brasil nos últimos anos demanda um desempenho superior por parte das empresas, que dependem da produtividade e da capacidade inovadora das suas equipes, as quais têm no líder papel substancial para alcance desses indicadores. E as empresas vêm sentindo falta de líderes capacitados no mercado. Então, o que fazer? Para suprir essa necessidade, é preciso formar Líderes 4.0!

Criamos a nomenclatura "Líder 4.0" com base na evolução do processo de formação das lideranças. A partir da sua intitulada Experiência de Howthorne, em 1927, o teórico australiano Elton Mayo, objetivando identificar a relação entre produtividade e condições físicas no ambiente de trabalho em uma fábrica da Western Eletric Company, nos EUA, apresentou ao mundo corporativo a existência das Necessidades Psicossociais, onde concluiu que, independente do tipo de mudança realizada no local de trabalho, a produtividade aumentava simplesmente pela atenção dada às pessoas. Desde então, percebeu-se a importância da motivação, do clima organizacional, da comunicação e de líderes atentos às relações humanas no trabalho. Entendamos melhor como acontece a evolução até o Líder 4.0.

O Líder 1.0 aprende em treinamentos conceituais e teóricos as diretrizes que lhe permitiram absorção de conteúdos e melhoria do seu nível de conhecimento em termos de liderança, com base, por exemplo, na literatura de autores tais como James Hunter, Ram Charan, Kenned Blanchard, Larry Bossidy, dentre outros, visando a consolidar este aprendizado.

Ser + com Equipes de Alto Desempenho

O Líder 2.0 passou por treinamentos vivenciais de imersão, em que praticou os aprendizados do ponto anterior, obtendo um conhecimento e desempenho superior.

O Líder 3.0 desenvolveu-se nas competências de liderança e, assim, sustentou todo o aprendizado adquirido até então. Passou por processos como *Coaching, Mentoring ou Counseling*, que se mostram muito efetivas nas soluções de curto e médio prazos. Mesmo com toda a qualidade dos processos descritos acima, percebe-se que, com o tempo, velhos hábitos voltam a imperar na prática cotidiana dos líderes.

O Líder 3.0 pode também ter feito uma formação na área para se tornar um *Coach* profissional e aplicar tais conhecimentos na sua empresa. No entanto, assim como os demais, este líder apresenta fragilidades, uma delas é o investimento de tempo e dinheiro que demandam uma formação qualificada. Outra dificuldade é a de se estabelecer políticas adequadas para evitar conflitos de interesses entre o *Coach*, que pode querer buscar novas possibilidades profissionais, e a própria empresa que custeou este desenvolvimento.
Gerir as pessoas na operação é o dever do líder e não só do RH.

Quando surgem problemas por falta de habilidade da liderança podemos dizer que esta situação é de extrema gravidade, pois além de não cumprir seu papel como deveria, o líder despreparado acaba contribuindo negativamente para os indicadores da empresa. Para resolver este problema propomos então o desenvolvimento do Líder 4.0, onde tudo o que foi aprendido anteriormente é válido e importante. No entanto, exige-se do líder mais proximidade com sua equipe, para um maior nível de comprometimento e performance.
Segundo Ram Charam, um dos mais influentes consultores de negócios do mundo: "Pessoas entregam números. Números não entregam pessoas". Consciente desta verdade, o Líder 4.0 une comportamento, postura, conhecimento e tecnologia, para se aproximar das pessoas e conseguir que as mesmas deem seu melhor diariamente.

Ofereço 5 dicas, a seguir, para um candidato a Líder 4.0:

1) **Conheça a si mesmo:** conheça suas fortalezas e fraquezas. Use com energia seus pontos fortes e tenha a humildade de aceitar que você tem muito a aprender (afinal, quanto mais se aprende, mais percebe-se o quanto se tem a aprender). Aprenda, com suas experiências e com as oportunidades que lhe são oferecidas, seja através de cursos, *feedbacks*, treinamentos, etc.

2) **Conheça sua empresa**: é substancial entender o seu negócio como um todo e perceber os impactos das suas ações e omissões na corporação. Desenvolva a Visão Sistêmica em si e na sua equipe. Esta competência é valiosa no mercado.

3)   **Conheça as pessoas**: esta, talvez, seja a dica que representa o maior impacto sobre os resultados no curto prazo, e que por sua vez, também apoia a sustentabilidade da empresa. Saiba o nome das pessoas com quem você trabalha; nome de seus familiares; suas preferências; *hobbies*; e tudo o mais que você puder obter de informação. Isso será extremamente útil na hora de motivar e inspirar os colaboradores no seu dia a dia.

4)   **Desenvolva as pessoas**: os resultados e, é claro, o futuro da empresa, serão proporcionais ao nível de preparo de seus colaboradores. Muitos cursos ensinam que o líder deve desenvolver seus colaboradores, mas poucos ensinam "como" fazê-lo. Mais adiante apresentarei algumas alternativas neste sentido.

5)   **Cultive postura e hábitos profissionais**: tudo que você faz ou fala é superdimensionado pela sua equipe, devido ao seu papel. Por vezes, algo que você diz despretensiosamente, se torna um problema a ser resolvido. Tenha atenção e mostre para sua equipe que você é como eles, apenas, possui mais responsabilidades.

Aplicando efetivamente estas dicas, você estará alinhado ao que praticam os grandes líderes do mercado cotidianamente.
Como citado anteriormente, desenvolver pessoas é o caminho mais rápido e efetivo para obtenção de resultados superiores nas empresas. Ora, a conta é simples; se quem entrega os resultados são as pessoas, nada mais correto (e óbvio) que fazer com que elas tenham as condições adequadas para produzir melhor e com mais qualidade, percebendo um significado no seu trabalho. Sendo assim, mais felizes e realizadas. A pergunta é COMO?

Nossa experiência com as mais diversas lideranças de empresas de diferentes tamanhos e segmentos, mostra que ao se aproximar do colaborador, o líder obtém resultados muito efetivos. Mas, é importante destacar que esta aproximação precisa ser feita com técnica e, principalmente, com uma intenção verdadeira e ética, pois, caso contrário o problema tende a se agravar, gerando quebra de confiança, baixo comprometimento e demais consequências.

Saber como se comunicar com as pessoas, entendendo suas peculiaridades é uma poderosa ferramenta de influência. Conhecer os valores de seu liderado, por exemplo, poderá lhe dar uma capacidade de agir proativamente evitando problemas. Os valores são como um código genético comportamental. Suponhamos que para um determinado colaborador o principal valor é o reconhecimento. Com esta informação você poderia identificar oportunidades para

Ser + com Equipes de Alto Desempenho

reconhecer o seu desempenho e, assim, obter um elevado nível de motivação e comprometimento. Mas, se ao contrário, você simplesmente desconsiderasse isto e não reconhecesse o seu trabalho, a tendência é que ele ficasse cada vez mais desmotivado e, talvez, contribuísse para o indicador de *turnover*, buscando a felicidade em outra empresa.

Outra ação poderosa e simples é cumprimentar o colaborador pelo seu aniversário ou o de um parente. Se acompanhado de alguma lembrancinha ou folga na escala fica ainda melhor. Isto gera empatia e proximidade entre líder e colaborador, o que não tem preço, mas tem muito valor.

Algumas lideranças se afastam de suas equipes por diversos motivos, e apenas determinam o "que deve ser feito", julgando que os colaboradores o entendem perfeitamente. Pesquisas mostram que existe um *gap* de até 40% entre o que o líder espera de uma pessoa, e o que esta pessoa acha que o líder espera dela. Ou seja, de cada 10 coisas que o líder quer, o colaborador poderá desconhecer 4 delas, e assim, ao não fazê-las acaba gerando descontentamento. Esta situação nem sempre é colocada às claras em *feedbacks* estruturados contribuindo para a existência de um clima organizacional destrutivo.

Visando diminuir este *gap* sugerimos que haja um alinhamento constante e periódico entre o Líder 4.0 e cada um dos seus colaboradores. Para isto, se faz necessária uma conversa rápida e individual para acompanhamento das tarefas de trabalho, onde além de tirar as dúvidas, o líder obtém o compromisso do colaborador, diminuindo o subgerenciamento e melhorando efetivamente os resultados.

Quanto vale um "Bom Dia"? Não imagino algo mais simples e fácil do que cumprimentar a equipe com energia e satisfação. No entanto, relatos que ouvimos de colaboradores de algumas das maiores empresas do mundo é que nem isto acontece. Perceba que muito pode ser conseguido, com pouco esforço por parte do líder.

Sou prático e entendo que a teoria precisa ser aplicável para termos resultados consistentes, por isto, eu e minha equipe criamos um conjunto de soluções, que poderão lhe ajudar a ser um Líder 4.0. Navegue no site www.invistanobomdia.com.br e conheça as inovações revolucionárias em Gestão de Pessoas e Equipes de Alta Performance.

Alexandre Jacques

Diretor e Fundador do Grupo Alexandre Jacques, Administrador CRA/SC 15056, Professor da Fundação Getúlio Vargas, *Coach* formado pelo ICI (*Integrated Coaching Institute*), consultor credenciado do SEBRAE/SC, MBA em Gestão de Pessoas pela Fundação Getúlio Vargas, Conferencista com habilidade de tornar agradável e motivante os temas técnicos de Liderança e Gestão de Pessoas, *Master Practitioner* em Programação Neurolinguística. Reconhecido Instrutor e Dinamicista responsável pela capacitação de equipes de alta performance em grandes corporações de classe mundial como: Arcelor Mittal, WEG, John Deere, Tigre, Malwee, Atlas Schindler, Bunge, Dudalina, Marcopolo, Lojas Colombo, Magazine Luiza, Ponto Frio, Unimed, Brasil Foods, dentre outras. É autor do livro "Técnicas Irresistíveis para Convencer e Influenciar Pessoas".

Contatos:
www.alexandrejacques.com.br
alexandre@alexandrejacques.com.br
(48) 3348-9550

Anotações

5

Condicionantes para Alto Desempenho

Organizações interessadas em melhorar os seus desempenhos e de suas equipes precisam estar abertas para investir em competências relacionadas à aprendizagem organizacional, considerando as diferentes visões de mundo e experiências pessoais (tácitas) de seus colaboradores, a necessidade de compartilhamento de competências e os processos de aprendizagem na busca de dinâmica complexa entre os meios físicos e financeiros, gestão de competências e pessoas necessárias à constituição e manutenção de equipes de alto desempenho

Ana Cristina Carneiro
& Ivan Rocha Neto

Ser + com Equipes de Alto Desempenho

Ana Cristina Carneiro & Ivan Rocha Neto

O conceito de alto desempenho adotado neste capítulo envolve três critérios: liderança nos negócios ou missões em relação à concorrência; governança e grupos de interesse (*stakeholders*) satisfeitos; e, colaboradores motivados (ROCHA NETO, 2006). O desenvolvimento de grupos de alto desempenho nas organizações está relacionado à sua capacidade de integrar entre essas três variáveis e processos: gestão de pessoas (visão positiva ou variável positividade/negatividade); inteligência e competências (capacidade de realização); e, meios físicos e financeiros (ROCHA NETO, 2006).

A busca de dinâmica complexa é um desafio que envolve diferentes perfis de profissionais do conhecimento. A questão que se propõe é: como apropriar, criar e compartilhar conhecimentos para obter resultados positivos em grupos formados por pessoas com grande diversidade de competências (Conhecimentos, Atitudes, Habilidades e Valores)? Diversidade é condicionante importante para as equipes e organizações lograrem alto desempenho (CARNEIRO, 2007). Também a interação de pelo menos três variáveis para desenvolver dinâmica de natureza complexa ou caótica no sentido da ciência. Equipes com competências homogêneas são limitadas aos talentos de seus participantes.

Os resultados são consequências das ações motivadas pelas interpretações que os observadores fazem a partir do diálogo com a realidade, condicionadas por suas visões de mundo, construídas a partir das experiências pessoais (conhecimentos tácitos). As pessoas desenvolvem visões de mundo a partir de suas experiências particulares e histórias de vida. Como fazer com que as distintas visões de mundo tão diferentes possam ser combinadas para influir de forma positiva no desempenho de equipes e organizações?

A integração entre as visões individuais e as do grupo não é trivial, e para fazê-lo de forma adequada é imprescindível que as pessoas envolvidas desenvolvam competências essenciais, dentre estas as conversacionais.

Competências Conversacionais

Para propósitos didáticos, as competências conversacionais são as seguintes; (adaptado de LUCENA & MORALES, 2010):
Conhecimentos: cultura geral para poder ajudar as pessoas a dialogar com suas realidades sobre distintos pontos de vista (pensar complexo) e não apenas de acordo com suas próprias experiências de vida;
Habilidades: escutar, expor, indagar com efetividade e inferir de forma complexa, (compreendendo e respeitando as visões de mundo das

outras pessoas) de modo a facilitar o compartilhamento de ideias; negociar; resolver conflitos; entregar e escutar juízos (dar e receber *feedbacks*); construir e reconstruir a confiança.
Atitudes: disposição e abertura para escutar de forma ativa e dialógica;
Valores: o respeito às diferenças e visões de mundo.
Conforme mencionado anteriormente, as organizações de alto desempenho, sobretudo as intensivas em conhecimento (principal ativo) se desenvolvem segundo dinâmica complexa, envolvendo as variáveis: meios físicos e financeiros; inteligência e gestão (CARNEIRO, 2007). A relação entre essas variáveis condicionam e são condicionadas pelo processo pelo qual as equipes aprendem a conversar para:

- Fazer juízos e dar explicações;
- Coordenar ações;
- Identificar possibilidades;
- Identificar outras possíveis conversas; e,
- Construir relações.

É por meio das conversas que as equipes se formam e desenvolvem seus trabalhos, fazem acordos, compromissos, planejam e coordenam ações em busca dos resultados desejados.

Para Carneiro e Gaya (2010), a forma como as pessoas conversam envolvem inúmeros aspectos, dentre os quais os seguintes:
- Desenvolver Espaço Emocional Positivo ou Expansivo (LOSADA & HEAPHY, 1998);
- Organizar os Meios físicos e financeiros;
- Compreender as Visões de Mundo e experiências (tácitas) de vida das pessoas;
- Construir confiança;
- Compartilhar competências;
- Aprender com Profundidade ou aprendizagem de terceira ordem (mudanças na visão de mundo, estratégias e métodos nas ações fazer) (ROCHA NETO, 2011);
- Ampliar o olhar para identificar possibilidades; e,
- Coordenar ações.

As conversas – e suas várias dimensões relacionadas à fala e à escuta – têm o poder de construir ou destruir possibilidades.

Espaço Emocional

O Espaço Emocional de equipes e organizações envolve três dimensões ou variáveis: Positividade/Negatividade; relação Eu/Outro; e, (Advocacia/Crítica).

O quadro 1 mostra a relação de desempenho x variáveis do espaço emocional. Conforme demonstrado por Losada e Heaphy (1998) nas equipes de alto desempenho há uma relação entre a positividade/negatividade que estimula a experimentação de novas ideias gerando mais permissões do que restrições, sem, contudo, levar ao *laissez faire*.

Permissões são muito importantes para desenvolver alto desempenho. As outras duas variáveis precisam estar centradas, conforme o quadro 1 a seguir.

Desempenho	Variáveis		
	Indagação Proposição	Eu/Outro	Positividade/ Negatividade
Alto	Balanceado	Balanceado	Expansivo
Médio	Tendência ao desbalanceado no sentido da proposição	Desbalanceado orientado a si próprio	Restritivo ou Permissivo
Baixo	Desbalanceado no sentido da proposição	Inteiramente desbalanceado orientado a si próprio	Altamente restritivo

Quadro 1. Matriz de Desempenho x Espaço Emocional
Fonte: adaptado de LOSADA& HEAPHY, 1998

Aprendizagem

Segundo Senge (2005), a capacidade de aprender produz impacto significativo e mensurável sobre o desempenho das equipes. O desempenho desses grupos está diretamente ligado à sua capacidade de compartilhar conhecimentos e aprender juntos. As conversas são condicionadas pelas visões de mundo dos interlocutores.

Para Krogh (2001), o processo de criação do conhecimento exige muito dos relacionamentos na organização. Segundo o referido autor – confiança mútua, empatia ativa, acesso à ajuda, leniência no julgamento e coragem – são dimensões essenciais para o desenvolvimento de equipes de alto desempenho.

Confiança - confiança é um condicionante essencial para conversações efetivas (ECHEVERRÍA, 1999).

Empatia - empatia está no procurar compreender os outros, de maneira proativa. Manifestar solicitude em relação aos outros por meio de perguntas explícitas e de observação atenta. Krogh (2001) chama atenção para a importância da busca dos significados ocultos nas palavras; do desenvolvimento de sensibilidade e disposição para atender às necessidades dos outros, nem sempre expressas em palavras; e, da ajuda ao outro para o real entendimento das suas necessidades.

Solicitude e Ajuda - indivíduos em seus ambientes de trabalho, em geral mostram-se comprometidos com as ideias de solicitude e ajuda, mas, na prática nem sempre estão disponíveis. Ambientes que investem no alto desempenho dos seus grupos devem estimular a solicitude entre as pessoas, colaboradores ou não.

Leniência no julgamento é parte essencial do processo de criação do conhecimento individual e social (KROGH, 2001).

Coragem demonstrada pelos indivíduos uns em relação aos outros interfere no resultado das suas relações e nos resultados obtidos pelo grupo. É preciso coragem para: acolher experimentos dos membros do grupo ou mesmo de si próprio; submeter seus conceitos a um processo de julgamento, e; manifestar opiniões ou proporcionar *feedback* como parte de um processo que ajuda os outros a crescer.

Para Carneiro e Gaya (2010), cuidar do processo de aprendizagem é fundamental como gerador da sinergia, capaz de desenvolver os condicionantes necessários ao alto desempenho.

O caminho para gerar alto desempenho

De acordo com o estudo aprofundado por Carneiro (2007), equipes de alto desempenho são caracterizadas por ambientes organizacionais inspiradores e estimulantes. Ambientes baseados no controle e na desconfiança restringem os espaços emocionais, conduzindo a baixos desempenhos ou a desempenhos medíocres.

Dessa forma, considerando as diferentes visões e experiências individuais, a necessidade de compartilhamento de conhecimentos entre as pessoas que formam grupos e equipes e o processo de aprendizagem existente na busca pelos meios, competências e gestão necessária à constituição e manutenção de equipes de alto desempenho – instituições interessadas em melhorar o desempenho dos seus grupos devem estar abertas a investir em competências relacionadas à aprendizagem das suas equipes.

Ana Cristina Carneiro
& Ivan Rocha Neto

     Ana Cristina é Mestre em Gestão do Conhecimento e da Tecnologia da Informação pela Universidade Católica de Brasília, possui especialização em Educação pela Universidade Federal do Rio de Janeiro, extensão em Elaboração e Análise de Projetos pela Fundação Getúlio Vargas e especialização em Análise de Sistemas pela União Educacional de Brasília. É certificada PMP, docente do MBA em Gerenciamento de Projetos da AESA/DF e consultora em gerenciamento de projetos da Fundação Getúlio Vargas.

     Ivan Rocha Neto é PhD em Eletrônica pela University of Kent at Canterbury, possui mestrado em Engenharia Elétrica pela Universidade Federal da Paraíba e graduação em Engenharia Elétrica pela Universidade Federal de Pernambuco. Docente-Pesquisador do Mestrado em Gestão do Conhecimento e da Tecnologia da Informação da Universidade Católica de Brasília. Seus interesses acadêmicos atuais se concentram em Política, Planejamento, e Gestão de Educação e Ciência, Tecnologia e Inovação.

Anotações

6

Team Building
As Três Crises Essenciais

O propósito deste artigo é gerar uma reflexão sobre necessidades essenciais que precisam, corajosamente, começar a serem discutidas mais profundamente nas organizações.
O que queremos para nossas empresas?
Queremos criar âmbitos humanos, éticos e de resultados econômicos sustentáveis?

Ana Lúcia Costa Couto

Ser + com Equipes de Alto Desempenho

Ana Lúcia Costa Couto

Há alguma prerrogativa para liderar um time? A meu ver, sim, há. Para liderar um time um líder precisa gostar de gente, ter alguma ideia de como gente funciona e precisa querer assumir a responsabilidade por cuidar. Muitos problemas detectados em pesquisas de Clima Organizacional têm como causa a omissão da liderança em assumir essa responsabilidade e trabalhar nas condições que favoreçam ao alinhamento, engajamento e ao sentido do trabalho.

A maioria dos problemas que tenho encontrado são decorrentes dessa omissão. Que omissão? Comunicações que não são feitas, decisões que não são tomadas, parâmetros que não são definidos, valores que não são claramente sinalizados, atitudes negativas não coibidas, comportamentos desalinhados não corrigidos. Junta-se a isso a falta de uma visão compartilhada, claros indicadores de performance, ausência de *feedback* e *feedforward* e, ainda, fazer a constante e necessária tarefa de alinhar constantemente os esforços em prol de um bem comum. Ausência desses cuidados levam o time a disfunções.

Por que? Quantos líderes realmente se importam? Quantos realmente querem cuidar? Quantos estão dispostos a nutrir o seu time?

Parece que há um entendimento intelectual do papel do líder, mas em muitos casos, não há um compromisso autêntico com este papel. A crise essencial que percebo é uma crise de responsabilidade pessoal. Vejo líderes que se pudessem diriam: "alguém, por favor, cuide dessa gente e me deixe em paz para eu fazer o meu trabalho!".

No entanto, a crise essencial da responsabilidade pessoal, não se inicia e nem finda na liderança. Essa crise está em todos e em cada um de nós. As pessoas em geral parecem não reconhecer como sua a responsabilidade de cultivar boas relações, ajudar a criar um clima saudável de coleguismo, examinar seus próprios comportamentos e como estes impactam os demais, enfim, responsabilidade por criar uma ambiência positiva. Hoje já sabemos que o clima de uma organização impacta de 20 a 30 % nos resultados[1]. O clima sozinho não garante resultado, mas uma boa ambiência alavanca-o. Quem é responsável por isso? Claro que o líder tem um papel relevante e essencial. A forma como as pessoas avaliam o clima é impactada em algo entre 50 a 70%[2] pela forma como percebem seu líder. Sim, é papel do líder criar um ambiente favorável ao desempenho, mas muitas vezes isso pode lhe parecer uma tarefa hercúlea.

Ele/ela pode não saber por onde começar, ou sentir que os conflitos dentro do time são maiores do que sua capacidade de resolver e, decidir, pedir ajuda. Parece um bom momento para reunir o time, expor os problemas e discutir ações concretas para corrigir o curso dos acontecimentos. Tudo fica mais fácil, e melhor para todos, quando os colaboradores também percebem e assumem sua responsabilidade

---

[1]Fonte: O Poder da Inteligência Emocional, Primal Leadership - Daniel Goleman.
[2]Idem

pessoal em ajudar a criar um clima que favoreça a um trabalho em time alinhado e eficaz, incorporando alguns comportamentos e eliminando outros.

Tenho começado muitos dos meus *team buildings* trabalhando responsabilidade pessoal. Esta tem sido uma abordagem que surpreende as pessoas, pois no geral estão esperando, e temendo, que se trate de mais um programa "abraça árvore."

Quando ajudo o líder a fazer seu dever de casa – entender melhor o ser humano e como promover as forças que impulsionam o trabalho em time - e ajudo as pessoas a serem mais protagonistas da realidade que querem criar, os resultados têm se mostrado mais duradouros e crescentes. As pessoas evoluem e fazem melhorias, conflitos que pareciam sem solução são minimizados em prol de um bem maior.

Outra crise essencial nas organizações, e que tem impacto direto na performance de um time, é a crise de sentido. As pessoas querem fazer algo que tenha sentido, querem contribuir com algo maior do que elas mesmas mas, no geral, essa necessidade é achatada numa miopia de sentido no dia a dia nas organizações. Cada pessoa é responsável por encontrar o sentido do seu trabalho, mas à liderança cabe esclarecer e manter vivo o sentido e a visão comum.

Tenho realizado um trabalho que intitulei *Team Building Social*. Nesses, o cliente é de verdade e a causa é maior e mais importante que quaisquer diferenças pessoais. Nesse trabalho, o grupo tem como missão uma ação social. A missão dada pode ser desde fazer um almoço ou uma festa de natal para crianças carentes, até uma simples oficina de brinquedos recicláveis. A ação por si só tem seu valor, mas o que fica demonstrado é a força de um sentido, de um propósito de valor. As pessoas se superam, superam divergências e se movem de forma harmoniosa e criativa quando enxergam um sentido no que estão fazendo. Depois de um esforço que põe a todos numa "nova zona de conforto", o que se vê é um clima de admiração e respeito mútuos que alavanca qualquer performance. Claro, há uma estratégia e um bom plano de trabalho, conhecidos e compartilhados por todos, os papéis e o que é esperado como resultado final estão claramente definidos, isso cria alinhamento.

Todos estes cuidados garantem o sucesso da missão. Nada motiva mais que o sucesso, e a missão última de um líder e levar seu time a experimentar o sucesso.

Logo, qualquer intervenção relevante para melhorar a performance de um time de trabalho não pode negligenciar essas duas forças motriz da humanidade: responsabilidade pessoal e um sentido de valor. Mas além delas e sobre elas está a necessidade de criar um ambiente humano para SER humano. As organizações em geral têm estimulado

Ana Lúcia Costa Couto

um ambiente que privilegia a competição, a racionalidade e o "profissionalismo" asséptico em detrimento da conversa, do coleguismo e da cooperação. As relações têm se tornado superficiais e apressadas, sendo muitas vezes, na melhor das hipóteses, cordiais. Isso tem consequências diretas no nível de confiança entre as pessoas, na qualidade, na saúde, no desempenho, no nível de entrega e na felicidade das pessoas em seu trabalho. Todo fazer humano é movido por uma emoção que dá sentido ao fazer da pessoa que o realiza. As pessoas executam suas entregas numa dinâmica relacional que suprime ou nutre esse sentido. Portanto, se queremos empresas melhores precisamos rapidamente ampliar nossa consciência da classe de ser vivo que somos e do que é ser humano.

Então o que fazer?

Primeiro, precisamos inspirar as pessoas a assumir responsabilidade pelo ambiente que criam e pelo ambiente que desejam. Pois, é neste ambiente que a performance acontece, que as competências produzem entregas e que a vida humana se desenrola boa parte do tempo. Inspirar é colocar AR no sistema. Em geral, as pessoas não conseguem ver com clareza a relação entre seus comportamentos e atitudes e o ambiente que ajudam a criar. Perceber que mudando a forma como estão reagindo a determinadas circunstâncias pode disparar uma mudança fundamental em seu entorno, e que esse entorno transformado facilitará sua própria transformação é ao mesmo tempo que assusta, uma inspiração. Essa percepção coloca AR num sistema que estava viciado a respostas automáticas e dá ao indivíduo a visão de sua responsabilidade e poder. A pessoa percebe que pode deixar de apenas sofrer o entorno para uma ação mais responsável por mudar este entorno. Que uma transformação em um, inevitavelmente gera uma transformação no outro. É o que Humberto Maturana em sua Biologia Cultural chama de autopoiésis, a capacidade do ser vivo se auto produzir, e ao fazê-lo provocar em seu entorno transformações, pois é nesta relação que se forma o nicho. O nicho que vivemos se configura instante a instante, e nossos nichos interagem entre si. Indivíduo e entorno mudam juntos e isso se transforma numa "unidade operacional" que se transforma junto.

Em suma, falamos da capacidade do Ser Humano de se auto formar e transformar seu entorno, mas trata-se antes de tudo, da capacidade humana de ampliar seu nível de consciência de quem é, para determinar suas escolhas em função das consequências que deseja criar para si e para outros. Por isso, acredito que fortalecendo a responsabilidade pessoal podemos operar mudanças rápidas e significativas num time de trabalho.

Ser + com Equipes de Alto Desempenho

Segundo, é necessário nutrir as pessoas constantemente com uma visão que dê sentido ao seu fazer. Apenas o fazer com sentido nutre nossa necessidade de realização. Quando trabalhamos em time, o sentido do que estamos construindo juntos fortalece os elos, amplia nossa consciência do outro e de nossa interdependência, do valor que cada pessoa e seu trabalho adiciona, aprendemos a valorizar as diferenças e isso nos convida a conversar – conviver em uma rede - para, então, desenhar soluções. O propósito comum faz com que tenhamos de coordenar nossos "sentires", nossos "pensares" e nossos fazeres", de acordo com Maturana.

E, por último, mas não menos importante, precisamos resgatar nossa humanidade nas relações dentro das organizações. Não somos seres unicamente cerebrais, somos seres da emoção também, e isto longe de ser um estorvo é o que nos permite colaborar, compartilhar, ouvir, conversar, apoiar-nos mutuamente. É desse encontro que conectamos coisas separadas e criamos o novo, construímos alternativas de solução, superamos a nós mesmos. Quando a competição domina o ambiente e passa a ser um valor, destruímos nossas relações e com elas essas possibilidades que nos fortalecem. Muitas vezes em meu trabalho, tudo que preciso fazer é criar um espaço de confiança para que as pessoas se aproximem, se reconectem, se sintam vistas, respeitadas, de valor para o grupo a que querem pertencer. Ao fazê-lo, um pequeno milagre se opera, o milagre de SER HUMANO outra vez.

Ana Lúcia Costa Couto

Diretora da **Grupo & Companhia Consultoria e Treinamento,** atua na área há mais de 20 anos. Possui larga experiência profissional no desenvolvimento e aplicação de programas de treinamento para profissionais de todos os níveis, nos mais diversos setores de negócio, com foco nos aspectos comportamentais. Vem atuando em toda a América Latina ministrando cursos e palestras. Já treinou mais de 60.000 pessoas. Sua consultoria tem se especializado em temas relativos a **Liderança Pessoal e Trabalho em Time.** Atualmente é professora convidada da Fundação Dom Cabral para programas customizados de Liderança. Possui o *International Master in Business Administration* pela Faap**;** Graduada em *Adult Training and Development* pela Universidade de Toronto Canadá; International Coaching Certification, pela Lambent do Brasil, membro da ICC e também formada em *Coaching* pelo Instituto Ecosocial. Formada em Psicologia pela Universidade Federal da Bahia, com especialização em Recursos Humanos pela PUC - Rio de Janeiro. Possui ainda formação complementar em: Administração de Empresas pela Fundação Getúlio Vargas de São Paulo; Formação em Facilitação de Grupos Operativos pelo Instituto Pichon-Rivière; *Practitioner* em PNL pela SBPNL; *Master Wizard Avatar* pela Star's Edge International.

Anotações

7

Unidos Venceremos...
Uns aos Outros!

Se o processo de construção de uma equipe de alta performance cumprir escrupulosamente todas as suas etapas, não se pode esperar menos que excelentes resultados, os quais são a expressão do talento humano, somado às emoções e sentimentos que envolvem o trabalho feito por gente que se respeita, se aprecia...

Benedito Milioni

Ser + com Equipes de Alto Desempenho

Benedito Milioni

Essa observação me ocorreu depois de inúmeras situações que desnudaram diante dos meus olhos a enorme diferença entre a lírica teorização e, às vezes, a sombria realidade a respeito do que é "maravilhoso", "milagroso", "espetacular": o trabalho em equipe. E decidi que havia visto o bastante quando testemunhei o comportamento de uma consultora que havia passado o dia todo dirigindo uma série de animadas atividades sobre trabalho em equipe, ao fim das quais ela sempre enfatizava a sua "original" verdade: segundo ela, "trabalho em equipe é ver o outro como a si próprio em primeiro e todos os lugares". A frase, nada de original, nem um pouco brilhante, certamente foi esquecida quando, no estacionamento, minutos após o evento, a consultora bloqueou a fila de acesso à cabine de saída, porque recusava sair de ré da vaga ocupada. Teimosa e individualista, optou por dobrar à esquerda na alameda estreita, mesmo que, para isso, tivesse, como de fato fez, que executar várias manobras para frente e para trás no que não era exatamente uma das mais peritas criaturas. O segurança do estacionamento em vão mostrava-lhe o quanto seria muitíssimo melhor engatar uma ré, girar o volante para a direita suavemente e sair da vaga em paz, facilitando a vida de todos, mas aquela criatura que ensinava belas verdades, era mesmo incapaz de praticar simples comportamentos do dia a dia de quem vive numa megalópole, como a São Paulo dos nossos dias. Ao invés de "espírito de equipe", o fantasma de equipe, assustador espectro de feições inexistentes, mas que debocha de nós, pobres mortais, que apenas insistimos em querer acreditar em algo que nos permita dividir o enorme peso das atribuições e desafios da existência. E, como todo fantasma que se preza, ninguém sabe se existe mesmo, ninguém viu, todos falam e teorizam sobre ele, só de neles pensar todos tremem até o núcleo dos elétrons das células, mas todos sentem a sua presença! E o tal "espírito de equipe" é assim: todos sabem que é ótimo, que cabe em toda descrição de mais uma das maravilhas do mundo corporativo e que são descritas alegremente nos eventos de RH por messiânicos palestrantes como panaceias ao alcance de todos: "Vinde a mim as ovelhas perdidas e as untarei com a poção milagrosa EQUIPOS MILAGROSUS e as farei ser um rebanho, todas caminhando juntas, uma olhando o traseiro da outra e pisando nas cacas alheias!". Venho observando o trabalho em equipe funcionando de maneira livre, solta, diligente, as pessoas agindo como se as unisse um fio invisível, entre elas distribuindo uma energia luminosa, uma sinfonia de todos os instrumentos, de todas as composições, nas quais todos são compositores, músicos, regentes e ouvintes! Observei esse comportamento nas arquibancadas dos estádios de futebol, milhares de pessoas agindo na mesma direção, em alegre entoar de hinos e refrões guerreiros, estendendo suas sagradas bandeiras e por elas cobertos como uma benção! Fantástico! Fiquei fascinado com o trabalho em

Ser + com Equipes de Alto Desempenho

equipe mobilizado entre as pessoas por ocasião das tragédias como enchentes, desabamentos e outras situações igualmente dolorosas: todos trabalhando em perfeita sintonia, ajudando-se, apoiando-se, sem se importar com fome, frio, machucados aqui e ali, tudo porque alguém ouviu um gemido num canto escuro! Comovente, nos devolve a fé no ser humano! E me detive horas, sem contar na respeitosa observação do trabalho que é desenvolvido pelas senhoras das famílias italianas nas tradicionais festas do Bixiga, em São Paulo, capital, como a de São Genaro, a lindíssima festa de Nossa Senhora de Achiropita: infatigáveis, preparando desde cedo e distribuindo pratos e mais pratos típicos, sempre com um italianíssimo sorriso no rosto. Contudo, o que mais me impressionou e comprovou que o propalado espírito de equipe é um estágio de evolução desafiante e importante para o ser humano, "educado" para ser individualista, pelo menos em nossa formação antropológica e social, foi a meia hora que dediquei a observar os trabalhadores de uma empresa terceirizada, labutando sob um sol terrível, em pleno centro poluído da cidade de São Paulo. Juntos, em perfeita sintonia, suavam na vala aberta para um conserto na tubulação de água. Eu sabia o que era o molhar dos seus corpos pelo suor derivado do esforço e o que era o molhar pela água que jorrava da fenda aberta numa tubulação de grosso calibre: o suor, era do rosto e brilhava intensamente, mais que a água que até parecia fresca, para um poeta menor, uma "cachoeira urbana, a ciciar entre os negrumes do asfalto". Respeitosamente, aprendi muito com aqueles dez ou doze trabalhadores, eles foram mestres e nem souberam! O que aprendi com eles? Aprendi que todos trabalhavam **com, pelo e para o outro**, de forma natural, sem regulamentos ou procedimentos! Uma pérola comportamental valiosíssima ali no asfalto!

Quero, a par do que disse nas linhas anteriores, focar meu raciocínio em dois tópicos fundamentais, dentre todos que compõem o escopo desse livro: recrutar, selecionar, treinar, motivar e dirigir equipes de alta performance. Escolhi as fases de recrutar e selecionar. Elas são decisivas e as mais importantes, uma vez que, em erro, nada mais poderá ser feito pelas fases posteriores. É como se fosse a lógica que permeia as obras de arte da moderna gastronomia: o talento do "*chef*" e seus auxiliares, bem como o requinte das instalações da cozinha de nada servirão se a matéria prima (os ingredientes) vier a ser ordinária, de baixa qualidade, de procedência duvidosa e sem o frescor que leva todos os anjos a se lamentar por não ter paladar (e nem sexo, segundo dizem). Os grandes "*chef de cuisine*" sabem o que estão fazendo ao cuidar, pessoalmente, da aquisição dos ingredientes chave exigidos pelas receitas em suas cabeças: sem matéria prima adequada não há processo que seja capaz de chegar a bom termo.

RECRUTAR E SELECIONAR PESSOAS ORIENTADAS PARA EQUIPES
Treinar é sempre uma boa opção. Treinar de forma adequada é melhor ainda. E treinar adequadamente pessoas com inclinação e per-

meabilidade para atuar em equipes é a única garantia de que se possa construir uma efetiva equipe de alto desempenho. Em face disso, a montagem de uma equipe de alta performance deve ser conduzida de forma estratégica, cada passo dado com segurança, o que inicia na rigorosa seleção de possíveis membros da equipe. E esse é um trabalho para profissionais preparados! Trabalhar em equipe não é mero exercício de papel, bastando seguir as especificações ou os delírios de quem ainda acredita que em curso de curtíssima duração alguém venha a transformar um comportamento (des)construído em décadas de vida às cegas, sem saber a extensão do certo e do errado. Eis alguns preciosos procedimentos para melhor identificar potenciais membros sadios para uma equipe vitoriosa, todos eles de fácil aplicação, mas que não dispensam a habilidade profissional no seu manejo:

a) Utilizar dinâmicas de grupo e jogos tecnicamente consistentes, para observar as manifestações legítimas de vocação para trabalhar em sintonia estreita com outras pessoas;

b) Efetuar uma série de entrevistas de profundidade, para levantar os indicadores de valores, atitudes e comportamentos que reflitam a intenção de trabalhar em equipe de forma construtiva;

c) Pesquisar a extensão em que as pessoas estejam dispostas a ser competitivas e buscar a vitória pessoal e o quanto essa escolha as leve a ser mais individualistas.

E quem não serve MESMO para ser um possível membro de uma equipe de alta performance? Pelo que tenho visto e experimentado em quatro décadas de trabalho com pessoas, eis o que mais se evidenciou:

a) **Os arrivistas.** Esses, que escolhem a sua carreira como a meta e a justificativa para agir focado apenas nos interesses pessoais, são os maiores inimigos do espírito de equipe, porque dele sugam as energias e fluídos vitais para alimentar a sua própria carreira, mesmo que às custas das carreiras dos demais;

b) **Os imaturos psicologicamente.** Essas pessoas não têm discernimento para compreender os papéis que devem ser exercidos para que a equipe persiga e alcance as suas metas, o que exige uma delicada combinação entre Razão e Emoção, o que se encontra muito mais nas pessoas maduras psicologicamente do que naquelas distantes disso.

c) **Os egoístas.** Tanto no sentido das emoções e sentimentos, quando apenas as necessidades de ego têm importância na vida, quanto no sentido material, dimensão que se nota pela incapacidade de dividir meios e recursos, muito menos os bons resultados.

d) **Os dominadores.** Seja qual for o motivo em seu passado, essas pessoas que buscam incessantemente dominar as demais não têm a menor aderência a uma situação social em que o domínio, apenas pelo domínio, inexiste, substituído pelo consenso, pela compreensão natural de papéis.

e) **Os donos da verdade.** Se é que servem para alguma coisa, essas pessoas não conseguem conviver em situações nas quais a opinião do outro deva ser atentamente ouvida e ponderada. Trabalhar em equipe é, muitas vezes, ceder para crescer!

f) **Os maledicentes.** Quem opta por falar mal dos outros apenas reflete o estado interno: ruim, corroído, doentio. Por isso, não tem a menor chance de ser um membro ativo de um todo em busca do melhor de todos.

g) **Os inflexíveis.** Pessoas duras, de coração empedrado e alma feita com lona de freio não são a melhor escolha para compor uma equipe que tem que atuar em harmonia no cumprimento de missão. Elas não são capazes dos sempre necessários ajustes de trajetória e até mesmo das rápidas e radicais mudanças de trajetória, determinadas pelas turbulências e variáveis não controláveis dos caminhos.

h) **Os desmotivados.** Embora não seja exclusivo para o trabalho em equipe, o quadro desmotivacional é frontalmente oposto à vibração que deve permear os sentimentos e emoções individuais e coletivas, quando se trata de correr atrás de resultados.

i) **Os desprovidos de senso ético.** Lidar com pessoas dividindo os recursos e a responsabilidade do cumprimento de missão requer graníticas posturas éticas, e quem não esteja na mesma escala dessa exigência simplesmente não serve para trabalhar em equipes que tenham escolhido a alta performance como vetor de conduta.

Ao cabo desse processo, escolher as pessoas que realmente apreciem trabalhar no regime ombro a ombro, que gostem de se sentir parte igual às demais no esforço coletivo e que saibam dividir todos os momentos do trabalho em equipe, os difíceis e os de celebração dos resultados alcançados.

E não há a menor dúvida: se o processo de construção de uma equipe de alta performance cumprir escrupulosamente todas as suas etapas, não se pode esperar menos que excelentes resultados, os quais são a expressão do talento humano, somado às emoções e sentimentos que envolvem o trabalho feito por gente que se respeita, se aprecia. E, é claro, o título desse artigo pode ser assim modificado para UNIDOS VENCEREMOS...E SEREMOS UM!

Benedito Milioni

Graduado em Sociologia e Administração, 41 anos de carreira em RH, autor de 27 livros e 25 manuais técnicos, coautor de 11 livros, gerador de tecnologia em RH. Dirigiu treinamento para mais de 3.150 grupos (cerca de 71.000 treinados), dos quais perto de 34.000 da especialização de RH. Participa, regularmente, como conferencista sobre Tecnologia de Gestão em T&D em eventos nacionais e internacionais. É Diretor Técnico da ABTD Nacional (Associação Brasileira de Treinamento e Desenvolvimento), pela qual foi o Coordenador Científico do CBTD 2001 - Congresso Brasileiro de Treinamento e Desenvolvimento, bem como do CBTD 2002, 2003, 2004 e membro da Comissão Científica em 2005, 2006 e 2007. *E-Member* Internacional da ASTD (*American Society for Training and Development*). Publica 10 artigos técnicos em média por mês, em jornais, revistas especializadas e portais da internet. Prestou serviços para mais de 340 empresas no Brasil e no exterior (América Latina, América Central, África e Europa). Júri de prêmios de Excelência na Gestão de Pessoas. *Publisher* da GESTÃO DE PESSOAS EM REVISTA.

Contatos:
www.milioni.com.br
b.milioni@uol.com.br
milioni@milioni.com.br

Anotações

8

Grupos x Equipes Eis a questão!

Entendemos que GRUPO é um conjunto de pessoas com objetivos comuns e, em geral, se reúnem por afinidades e normalmente produzem resultados de aceitáveis a bons. Já a EQUIPE é um conjunto de pessoas com objetivos comuns, atuando no cumprimento de metas específicas, contemplando as competências individuais necessárias e atuando em respeito aos princípios e valores da equipe

Carlos Basso

Ser + com Equipes de Alto Desempenho

Carlos Basso

Segundo Walt Disney *"O único limite para o crescimento de nossa organização é a capacidade de imaginação de nossos colaboradores".*
Nos últimos anos, o ambiente organizacional e cada profissional em particular teve a oportunidade de vivenciar as rápidas mudanças de forma desenfreada. Estas ocorrências vêm colocando a prova todos os gestores, e exigindo deles uma maior atenção quanto à formação e aprimoramento de suas equipes.

Entendemos que GRUPO é um conjunto de pessoas com objetivos comuns e, em geral, se reúnem por afinidades. O respeito e os benefícios psicológicos que os membros encontram no grupo produzem resultados de aceitáveis a bons. Já a EQUIPE é um conjunto de pessoas com objetivos comuns atuando no cumprimento de metas específicas.

A formação da equipe deve considerar as competências individuais necessárias para o desenvolvimento das atividades e atingimento das metas. O respeito aos princípios e valores da equipe, a interação e, especialmente, o reconhecimento da interdependência entre seus membros no atingimento dos resultados deve favorecer ainda os resultados das outras equipes e da organização como um todo. É isso que torna o trabalho desse grupo um verdadeiro TRABALHO EM EQUIPE. Concluímos, portanto, que:

GRUPO:
- São pessoas interagindo em uma causa comum;
- Há respeito comum e benefícios psicológicos entre os integrantes do grupo;
- É um conjunto de pessoas que se reúnem, inclusive por afinidades;
- A associação de pessoas torna a atividade em grupo de plausível à desejável execução.

EQUIPE:
- Grupo de pessoas atuando para alcançar metas e objetivos específicos;
- Grupo de pessoas com elevado grau de interdependência;
- Grupo de pessoas trabalhando, aprendendo e crescendo interdependentemente;
- Grupo de pessoas capazes de se tolerar o bastante para trabalharem estreitamente unidos;
- Grupo de pessoas constituído essencialmente sobre as competências de seus integrantes;
- Grupo de pessoas que chegam ao consenso sobre uma meta e concordam que a única maneira de alcançá-la é trabalhando junto.
- Grupo de pessoas dispostas a tornar comum o respeito e a prática de valores por todos os seus membros.

Existem grupos com metas comuns que, no entanto, não são equipes. A chave é a necessidade de interdependência. Grupos podem até ser equipes de trabalho, mas não necessariamente o trabalho ocorre em equipe. A chave é o envolvimento, participação e comprometimento de TODOS para os resultados!

As organizações são compostas de departamentos/ áreas funcionais. Temos, portanto, uma diretoria com seus respectivos gerentes e, abaixo deles, supervisores e demais colaboradores. A empresa não trabalhará em equipe se o supervisor e o gerente não fizerem parte do grupo.

O que vemos, em geral, são pequenos agrupamentos de pessoas que trabalham apoiando a atuação de umas com as outras. Porém, a existência de diversos agrupamentos liderados por diferentes supervisores não atuará em equipe se estes também não atuarem unidos em torno de objetivos comuns da empresa.

Se não bastasse isso, vemos que os vários gerentes de um departamento vinculados a um mesmo diretor podem não necessariamente atuar em equipe se não comungarem dos mesmos objetivos. O que na prática ocorre é que cada um elege suas prioridades. É como se esquecessem que há um resultado maior a ser obtido, não pela área ou pelo departamento, e sim pela empresa. É comum chamarmos isso de "feudos". Embora velado, é muito comum ainda nas organizações e em pleno ano 2012.

O verdadeiro trabalho em equipe funciona quando há:
- Interdependência – Todos trabalham em assuntos importantes, em que cada membro tem um papel, isto é, o trabalho da equipe é a condição central.
- Confiança – Os membros desenvolvem credibilidade.
- Liderança – O Gestor está comprometido com a melhoria do desempenho da equipe a ponto de assumir riscos.
- Decisão conjunta – Todos os membros são envolvidos e concordam em participar.
- Influência compartilhada – Cada participante tem oportunidade de influenciar a agenda do trabalho.

CARACTERÍSTICAS DA EQUIPE EFICAZ

Segundo Glenn M. Parker, em seu livro *Team Players & Team Work*, há 10 características que fazem o sucesso de uma equipe de alto desempenho. São eles:

PROPÓSITO CLARO	A visão, missão, meta ou tarefa da equipe é sempre bem definida e aceita por todos. Há um plano de ação.
INFORMALIDADE	Na equipe, o clima tende a ser informal, à vontade, confortável e descontraído. Não há tensões óbvias ou sinais de tédio.
PARTICIPAÇÃO	Na equipe, há muita discussão e todos os membros são incentivados a participarem.

OUVIR COM ATENÇÃO	Os membros da equipe utilizam técnicas para ouvir com eficácia perguntas, paráfrases e resumos para coletar ideias.
DIVERGÊNCIA CIVILIZADA	Quando há divergências, a equipe sente-se à vontade com isso e não evita e nem reprime o conflito.
DECISÕES DE CONSENSO	Para as decisões importantes, a meta é essencial. Fazem sim a discussão aberta de todas as ideias e evitam a votação formal e concessões fáceis.
COMUNICAÇÃO ABERTA	Os membros da equipe sentem-se livres para expressar seus sentimentos quanto às tarefas e ao seu funcionamento. Há poucas questões escondidas. A comunicação ocorre inclusive fora das reuniões.
PAPÉIS E ATRIBUIÇÕES BEM DEFINIDAS	Na equipe, ao se iniciar um trabalho, as atribuições de cada um são claramente definidas, aceitas e cumpridas. Há uma justa distribuição de trabalho entre os membros.
LIDERANÇA COMPARTILHADA	Embora a equipe tenha um líder formal, as funções de liderança mudam de tempos em tempos, conforme as circunstâncias, necessidades e habilidades dos membros. O líder dá o exemplo de comportamento e contribui para estabelecer normas positivas.
RELAÇÕES EXTERNAS	Há dedicação para desenvolver relacionamentos importantes fora da equipe, mobilizando recursos e ganhando credibilidade junto a membros importantes em outras áreas da organização.
DIVERSIDADE DE ESTILOS	A equipe possui uma grande variedade de tipos de membros, inclusive há aqueles que enfatizam a atenção à tarefa, à definição de metas, o ponto principal do processo e ainda a questões sobre o funcionamento e relacionamento da equipe.
AUTOAVALIAÇÃO	Periodicamente, a equipe analisa sua atuação e o que pode estar interferindo em sua eficácia.

Se você avaliar essas características em sua empresa e em suas equipes, que resultados obterá?

VALORES PESSOAIS E DA EQUIPE

Em meus trabalhos focados no desenvolvimento e aprimoramento do trabalho em equipes, observo que o fator crucial para unir as pessoas em torno de objetivos comuns é a comunhão dos valores.
Todos sabem que valores são universais, são significados que atrelamos às coisas. Nossos valores mais antigos giram em torno de pessoas que cuidaram de nós. Inicia na família, se estende em torno do que aprendemos na escola, na comunidade e nos relacionamentos em geral. Os valores são motivadores. Cada um de nós já os elegeu inclusive pelas

Ser + com Equipes de Alto Desempenho

organizações que cada um tenha trabalhado. Ocorre que, quando as pessoas se encontram num ambiente de trabalho e são de diferentes origens, formação, família, crenças, ela elege diferentes valores para guiar suas vidas. É nesse momento que é importante trabalhar os valores da empresa, começando pelas ações de integração.

As empresas, para serem eficazes, precisam de algum acordo em relação ao que valorizam. Ela precisa transformar estes valores, aos poucos, em políticas, práticas e padrões para o comportamento. Valores organizacionais são conjuntos de ações que a empresa respeita e pratica na entrega de sua missão.

Se todos tivessem os mesmos valores, seria fácil trabalhar em equipe, mas existe uma diversidade de crenças, pois as pessoas têm origens e expectativas diferentes. É preciso que os membros da equipe comunguem os mesmos valores que a empresa. Não significa abrir mão de seus valores. Significa respeitar e praticar os valores da organização.

E quando os valores da organização se chocam com os valores pessoais, me perguntam alguns. Neste caso, o profissional terá que fazer uma opção e avaliar o custo da opção. O que tenho visto nas organizações é que nem sempre os valores são definidos e declarados e, quando isso ocorre, não há um trabalho intenso de valorização daquilo que todos devem respeitar. Sim, por que os valores devem ser de cima para baixo. Começa pelo presidente, diretores e chegam aos demais níveis hierárquicos. Portanto, para nos ajudar a trabalhar melhor em equipe e a tomar decisões que levem ao compromisso e à ação, é necessário ver os valores que influenciam o processo de tomada de decisão e encontrar formas de priorizar e clarificar os valores usados. Trabalhar a questão dos valores iniciando por sua sensibilização com todos os membros de equipes para criar sinergia é ponto fundamental se queremos "quebrar" a gestão por feudos.

METAS ESPECÍFICAS DE PERFORMANCE

A necessidade do trabalho em equipe surge quando há um desafio de performance que tenha significado para todos. É um processo contínuo e interativo de um grupo de pessoas aprendendo, crescendo e trabalhando interdependentemente para alcançar metas e objetivos específicos no suporte a uma missão comum.

O compromisso partilhado ajuda a diminuir o medo do fracasso e encoraja os participantes a aprender e se aperfeiçoar. As carências de conhecimentos e as capacidades são melhoradas através do trabalho desenvolvido em conjunto. O individualismo natural e o senso de responsabilidade pelo trabalho motivam o membro ao aprendizado. Basta existir potencial para desenvolvimento para que a equipe o desenvolva.
PARA QUE UMA EQUIPE SE MOTIVE, ESTABELEÇA METAS.

Carlos Basso

Sócio Diretor da CR BASSO Consultoria e Treinamento, é um profissional que atua em educação há 32 anos. Consultor Organizacional que há 16 anos acumula experiências de consultoria e treinamento em Planejamento Estratégico e BSC, Habilidades em Negociação, Administração do Tempo, Comunicação & *Feedback*, Desenvolvimento Gerencial, entre outros. Administrador de Empresas, com especialização em Finanças pela FGV-SP e New York University e MBA em Marketing pelo IBMEC-SP. Autor de dezenas de Manuais Técnicos sobre o ambiente Corporativo. Especialista na apresentação e condução de Palestras, Seminários e Treinamentos a executivos e outros profissionais em todo o Brasil.

Contatos:
www.crbasso.com.br
carlosbasso@crbasso.com.br
(11) 5591-3000 / (11) 99968-7779

Anotações

9

Transformando grupos em equipes de alta performance

Grandes avanços sobre trabalho em equipe e liderança ocorreram no período da 1º e 2º guerra mundial. Pessoas diferentes, muitas sem preparo, precisaram sobreviver e vencer em grupo. Esse contexto inspirou autores como Kurt Lewin, Katzenbach, Smith e Fela Moscovici. A globalização, competição e tecnologia transformaram o atual cenário econômico. Entretanto, no passado ou na atualidade, são pessoas em equipe que fazem a diferença

Daniel Scharf

Ser + com Equipes de Alto Desempenho

Daniel Scharf

O que facilita e dificulta trabalhar em equipe?

Durante três anos pesquisei essa questão em organizações de grande porte, por todo o Brasil, nos meus *workshops* e consultorias sobre o tema. Observe as respostas com as porcentagens em que foram citadas:

O QUE FACILITA?		%	O QUE DIFICULTA?	%
1º	Comunicação eficaz	65%	Individualismo	45%
2º	Comprometimento	55%	Comunicação ineficaz	35%
3º	Metas claras	50%	Metas confusas	25%
4º	Liderança	45%	Falta de liderança	25%
5º	Cooperação	25%	Falta de comprometimento	20%
6º	Respeito	25%	Inflexibilidade	20%
7º	União	20%	Resistência a mudanças	20%
8º	Distribuição das tarefas	20%	Incompetência	20%
9º	Troca de experiências	15%	Competição desleal	15%
10º	*Feedback*	15%	Desmotivação	15%
11º	Objetivo comum	15%	Desconfiança	15%
12º	Confiança	10%	Falta de relacionamento	15%

©2012 *copyrights*. Daniel Scharf, todos os direitos reservados.

A comunicação, considerada um dos maiores problemas das organizações (e das pessoas também) desponta em 1º lugar, acompanhada pela cooperação (5º) e a união (7º), fatores que alavancam ou prejudicam as entregas. A liderança em 4º, confirma a pesquisa do Instituto Gallup sobre sua influência positiva ou negativa no manejo da equipe. O comprometimento (2º), a falta ou total desconhecimento das metas (3º) prejudicam o alinhamento com a estratégia. A motivação e a confiança, citados em 10º e 11º lugar, são bases para o relacionamento, enquanto o *feedback* ajusta ações e atitudes rumo ao objetivo comum (11º).

Ser + com Equipes de Alto Desempenho

Para transformar grupos em equipes precisamos desenvolver três distintas dimensões humanas: a Interna, a Externa e a Sistêmica.

A Interna

> *"A primeira e maior vitória é a conquista de si mesmo."* Platão

Essa dimensão demanda autoconhecimento *versus* atenção aos resultados. Quando sentimos dificuldades, provavelmente falta-nos saber algo (**C**onhecimentos), saber fazer (**H**abilidades), ou agir de forma distinta (**A**titudes). A questão é que não adianta saber (**C**), nem saber fazer (**H**), se a forma como você faz (**A**) gera problemas para os outros ou para a organização. A base chama-se: Atitude! Com a certa, você adquire conhecimentos, aprende habilidades e amplia o repertório de opções e ações. Sem ela, as outras duas (**CH**) desmoronam...
Conhecer seu perfil comportamental (www.modelodisc.com.br)[1] facilita o processo. Existem quatro estilos que formam nosso "tempero". A intensidade que temos de cada revela talentos e limitações.

FATORES	FORÇAS	FRAQUEZAS
DOMINÂNCIA	Direto, rápido e focado em resultados.	Não ouvir, ser agressivo, precipitar-se.
INFLUÊNCIA	Relacionamentos com pessoas, comunicação.	Desfocar, confiar demais, dificuldade em dizer não.
ESTABILIDADE	Saber ouvir, apoiar os outros, organização.	Resistência às mudanças.
CONFORMIDADE	Analítico, preciso e seguidor de regras.	Demorar em agir/decidir, criticar em excesso.

Fonte: Livro The Emotions of Normal People. Marston, W. M.

Identificou-se com algum? O sucesso demanda administração das forças e fraquezas em relação ao ambiente. Quantas vezes não nos arrependemos por reagir de determinada maneira? Assuma o controle das atitudes. Caso a função requeira atributos comportamentais diferentes do seu estilo, precisa-se de estratégia: adaptar, buscar complementaridade com alguém da equipe, ou, mudar de função.

---

[1] Modelo DISC (www.modelodisc.com.br). Metodologia informatizada para a identificação do perfil comportamental com 98% de assertividade.

Daniel Scharf

Lembre-se: você é seu maior gestor.

A Externa

As pessoas são diferentes. Têm percepções, significados e visões particulares do mundo. Julgar, criticar e ter preconceito só cria mais distância. A compreensão, por outro lado, é grande virtude. Leva-nos a entender (não é concordar), a forma de pensar do outro, abrindo caminhos para comunicação e entendimento. Nossa imagem do outro é tão boa, quanto nossa forma de pensar sobre ele.

O momento como percebemos estar no grupo nos faz sentir distantes no início e mais próximos, à medida que interagimos e mostramos a que viemos. Saber "chegar" com humildade e colaboração facilita este processo, abrindo caminhos para conexões de qualidade entre as pessoas. Os problemas de relacionamento precisam ser trabalhados assertivamente, evitando acúmulos "embaixo do tapete", causadores dos conflitos.

Comunicar é entender de gente. Trate o outro como o outro gostaria de ser tratado. Uns são mais tarefas, outros mais relacionamentos. Ajuste a comunicação para cada estilo e sinta a diferença.

Ouvir, por outro lado, demanda presença. Discutir internamente, às vezes, criticando o que o outro fala, esperando-o respirar para expor o que pensa, não é ouvir! Ouvir é prestar atenção, questionar e entender outros pontos de vista.

Também é preciso controlar nossa interpretação (às vezes errada) dos fatos. Caso sinta algo de errado entre você e outra pessoa, aborde educadamente a questão no momento apropriado. Questione bastante e compreenda, antes de ser compreendido. Isto gera sinergia e verdade nas relações.
Entretanto, em algumas situações, precisamos entender o que está sendo "pedido", pelos outros por "canais" diferentes das palavras. Os gestos, tom de voz e expressões não verbais representam 93% da comunicação. Por eles, passam-se "os recados", que precisam ser questionados, conversados e compreendidos.

A Sistêmica
Na beira de um rio o menino joga uma pedra na agua... pluft! Ao bater na superfície, ela afunda rápido, provocando ondas que vão de encontro

Ser + com Equipes de Alto Desempenho

às margens. É nítida a mobilização de energia através do impacto da pedra lançada. O menino sorri - como se algo importante fosse aprendido naquele momento.

O sistema pode ser uma equipe, unidade operacional, empresa, comunidade, mundo. Imagine-se avistando do alto o sistema em que você se encontra agora. Perceba seu funcionamento - desde a produção até a entrega dos produtos e serviços ao usuário final. - Onde está você neste contexto? Qual é o impacto da sua entrega no todo? Quanto mais sua visão for sistêmica (entendendo para quê faz o que faz) mais eficaz serão suas ações locais (o que fazer?). As ações resultantes dessa atitude farão de você um colaborador estratégico, valorizado e focado nos clientes (internos e externos).

Antes de prosseguir, convido-o a refletir: como tem interagido e colaborado com o seu sistema atual? Se ele "pedisse" algo a você, o que seria? O que aprendeu com isso?

Não precisa ser perfeito para ser maravilhoso
Quando vivenciará a equipe perfeita? Talvez nunca, pois, certamente, não habita neste mundo! Por outro lado, podemos crescer, como indivíduo e grupo, através de relações saudáveis embasadas na ética, comunicação e cuidando com o funcionamento da equipe. Nem sempre sua opinião será aceita e saber ceder, em benefício dos objetivos comuns, demonstra responsabilidade e maturidade.

Equipes dão muito certo!

Espero que estes conhecimentos auxiliem você no desenvolvimento pessoal e profissional. Convidando-o a compartilhar suas dúvidas e conquistas sobre trabalho em equipe, por email, *Facebook*, ou em minhas palestras, consultorias e *workshops*.

Boa jornada!

Bibliografia:
Scharf, Daniel. (2008). Apostila Trabalho em Equipe. Rio de Janeiro.
Moscovici, Fela. (2004). Equipes dão certo. Rio de Janeiro: José Olympio.
SCHUTZ Will. (1989). Profunda Simplicidade: uma nova consciência do eu interior. São Paulo: Ágora.
Marston, W. M. (1928). The Emotions of Normal People.
SENGE, Peter. (2004). A Quinta Disciplina. Best Seller.

Daniel Scharf

Palestrante, consultor e facilitador de *workshops* é especialista em grupos formado pela SBDG - Sociedade Brasileira de Dinâmica dos Grupos. Agente de mudança, profundo e divertido é reconhecido por desenvolver, de forma prática, as competências: Trabalho em Equipe, Liderança, Vendas, PNL e *Coaching*. Há mais de 20 anos sua metodologia é comprovada por centenas de relatos pós-evento em organizações como Petrobras, Vale S.A., Rede Globo de Televisão, TSE, Drogasil S.A., Mercedes Benz, APSA, Grupo SR Pneus, entre outras. *Coach* certificado pelo *International Association of Coaching Institutes* é Master e *Trainer* em Programação Neurolinguística. Realiza análises de perfil (Modelo DISC, Valores e Axiologia) para desenvolvimento pessoal e profissional. Coautor dos livros Ser+ com Excelência no Atendimento e Manual Completo de PNL. Publica artigos em jornais, revistas e portais da web.

Contatos:
www.danielscharf.com.br
contato@danielscharf.com.br
Facebook e Skype: danielpositivo

Anotações

10

A Grafologia como instrumento de seleção, motivação e desenvolvimento de pessoas

"Tenho uma fé absoluta na Grafologia e, ainda assim, desconfio da ciência dos "grafólogos". Minha fé na matemática tem a mesma limitação, temo pelo erro dos homens que manejam os números e as operações."
Mauricio Xandró – Grafologia Superior

Dilca Nascimento

Ser + com Equipes de Alto Desempenho

82

Dilca Nascimento

O que é grafologia?

O que significa a palavra grafologia para você? Uma nova moda, uma adivinhação ou uma ciência?
A grafologia é uma ciência experimental, que tem um longo histórico de utilização e pesquisas.
Grafologia é o estudo da personalidade a partir da escrita de uma pessoa.

No ato mecânico da escrita, muitas vezes, focamos as mãos de quem escreve. Porém, sabe-se que a escrita tem sua origem no cérebro, mais especificamente no Tálamo, cerebelo e córtex. O que escrevemos, portanto, é resultado de impulsos neurológico-musculares.

Neste ato mesclam-se o consciente e o inconsciente, gerando símbolos gráficos repletos de significância.

O objeto da análise grafológica é a massa gráfica disposta no papel resultante deste processo. A escrita então, é este ser humano completo (corpo e mente) expresso no papel. Simbolicamente, representando o próprio "eu" em relação ao mundo no qual está inserido e que se movimenta através de conhecimento consciente e emoções inconscientes.

Breve histórico

Remonta-se às civilizações egípcia, grega e chinesa o interesse por conhecer as características de uma pessoa através da escrita. Em 1622 é escrito o livro "*Trattato come de uma lettera missiva si cognoscano la natura e qualitá dello scritore*" (Tratado de como, através de uma carta, chega-se ao conhecimento da natureza e qualidade do escritor) pelo médico italiano Camilo Baldo. Este tratado foi traduzido para o idioma francês e utilizado como base para os estudos realizados pelo abade Jean Hyppolyte Michon, considerado o Pai da Grafologia moderna, e por seu discípulo Jules Crépieux-Jamin, fundador da Escola Francesa de Grafologia.

Crépieux-Jamin estruturou o método de análise grafológica, agrupando e hierarquizando as características gráficas em Gêneros, Espécies e Modos. Jamin identificou que um sinal gráfico sofre influência de outro, minimizando ou maximizando suas características. Estabeleceu também que toda escrita é composta pelos seguintes elementos: direção, dimensão, forma, ordem, continuidade, pressão e velocidade.

A partir do século XVIII, a grafologia se espalhou pela Europa por meio de estudiosos franceses, italianos, alemães, suíços e ingleses. No Brasil, a grafologia chegou em 1900, através da obra do médico baiano José A. Costa Pinto. Somente em meados de 1950, com a chegada de multinacionais ao Brasil, iniciou-se a utilização da grafologia no recrutamento e seleção de pessoas dessas empresas, acostumadas ao uso desta ferramenta em seu país de origem.

Uso da grafologia na formação de equipes

"Grupos existem em todas as organizações,
equipes são raras ainda,
embora ostentem essa denominação com frequência"
Fela Moscovici – Equipes dão certo

Empresas nascem e morrem diariamente. Isso ocorre apesar de estratégias, apesar de investimentos volumosos em tecnologia. O que diferencia empresas perenes das demais?

Se olharmos uma empresa no microscópio, veremos que aquele ser jurídico é constituído de pessoas das mais diversas. Cada célula, cada membro colaborando para o crescimento do corpo.

O que buscam as empresas que desejam se tornar perenes? Buscam por pessoas que sejam compatíveis com suas estratégias e detenham as habilidades, competências e atitudes adequadas a implementação de suas estratégias. Isso por si só é o bastante? Num primeiro momento, pode funcionar. Acontece que a simples reunião de um grupo de pessoas não significa necessariamente a criação de uma equipe.

À medida que as pessoas se relacionam, surgem as divergências, os egos florescem. Nos grupos há então a tendência de buscar os próprios interesses em detrimento do todo.

Qual a diferença entre um grupo e uma equipe?

A diferença é que na equipe existe uma busca pelo interesse comum, por fazer acontecer mesmo abrindo mão temporariamente da opinião particular. Os objetivos são compartilhados e perseguidos até serem alcançados. As pessoas continuam com suas características individuais, claro, mas usam-nas para complementar um ao outro em lugar de sobrepor-se. A concorrência cruel dá lugar a colaboração.

Não se encontram equipes de alta performance à venda em gôndolas de supermercados. Elas são construídas no útero da organização. São formadas a partir de uma intenção clara.

A maturidade de uma equipe caminha em proporção direta à maturidade organizacional, haja vista somente florescer equipes de alta performance se o terreno organizacional o permitir. É necessário que a organização estimule a troca de conhecimento e o trabalho interdependente como alternativa para atingir objetivos comuns.

É importante que a empresa tenha consciência de que a equipe de trabalho tem melhor desempenho que um indivíduo trabalhando sozinho. Não apenas pelo fato de que várias cabeças pensam melhor do que uma, mas pelo fato de que a síndrome do profissional herói gera desgastes ao longo do tempo e aumenta o risco do negócio, pois a empresa tornar-se dependente de uma pessoa específica.

Muitos são os casos conhecidos de empresas que por diversos motivos, inesperadamente perdem um desses heróis e com ele, perde-se boa parte do conhecimento organizacional.

O que a empresa deve fornecer para a avaliação grafológica?

É importante que a organização formalize as competências e habilidades desejáveis em cada cargo. Na equipe de alta performance essas competências e habilidades individuais se complementam de forma sinérgica, gerando resultados efetivos.

Se não conheço o que preciso, qualquer um poderá preencher a vaga. O problema é que, após algumas semanas ou meses, percebe-se que o profissional "não corresponde às expectativas". Expectativas essas que, de fato, são extremamente subjetivas, mal conhecidas por quem seleciona e nunca informadas a quem foi contratado.

Ter um profissional em um cargo ou função onde ele poderá utilizar seus talentos, corresponde a dizer que temos um profissional atuando na plenitude de seu potencial. Da mesma forma, poder identificar talentos internos para desenvolvimento garantirá a empresa a constante disposição de mão de obra qualificada.

A partir de uma definição clara das habilidades, competências e atitudes exigidas para a função, um grafólogo poderá realizar a análise tanto dos colaboradores atuais, quanto de candidatos que estão desejando adentrar a organização.

Como acontece a avaliação grafológica?

Na avaliação grafológica, o colaborador ou candidato estará fazendo algo muito simples, que é escrever. O profissional receberá, além de papel e caneta, instruções simples do que deverá ser feito. Isso é tudo o que o candidato ou colaborador irá precisar para produzir o material que será analisado. Processo prático e de baixo custo. Caberá então ao grafólogo experiente a análise imparcial do conteúdo gráfico utilizando-se de técnica adequada.

Ser + com Equipes de Alto Desempenho

O que esperar do perfil grafológico?

A avaliação grafológica permite identificar características ligadas a intelectualidade, a personalidade e ao caráter. Permite-nos também identificar situações do momento de vida do profissional. Como exemplo podemos citar: capacidade de tomada de decisão, flexibilidade, assertividade, sociabilidade, maturidade, estilo de liderança, estresse, depressão entre outros.

Identificados os profissionais que possuem os atributos mais próximos ao cargo ou função, será suficiente juntá-los em uma sala e ordenar-lhes que comecem a produzir?

Com certeza não. A sinergia é resultado da convivência entre os membros do grupo, onde cada qual se percebe como dependente e contribuinte. A compatibilidade dos estilos é importante assim como a divergência entre eles. O que seria do amarelo se todos votassem no azul? As diferenças individuais de perfil permitem que a visão da equipe seja ampliada e que surjam alternativas realmente inovadoras.

A questão está em conhecer os pontos fortes de cada indivíduo e estimular sua utilização. O uso da grafologia permitirá que a empresa obtenha melhor relação custo-benefício identificando esses pontos fortes de cada colaborador ou candidato e gerando equipes com indivíduos que se complementam.

Em lugar de uma fotografia tirada no momento da seleção, a avaliação grafológica como uma constante na organização, permitirá avaliar o desenvolvimento do profissional.

Muitas vezes, vemos líderes elogiando publicamente um colaborador e este pensando em seu íntimo "minha parte eu quero em dinheiro". Outras vezes, a recompensa é financeira e não existe o elogio, o reconhecimento público que o profissional valoriza.

O conhecimento do corpo de colaboradores através da análise grafológica permitirá que a liderança opte por ações de motivação e recompensa que realmente sejam significativas para o indivíduo.

A grafologia, portanto, oferece a empresa a combinação da simplicidade, a agilidade e o baixo custo.

Dilca Nascimento

Master Coach pelo *Behavioral Coaching Institute*. Certificada pela *Success Insights International* na aplicação de *Assessment* nas teorias Comportamental DISC, Valores e Quociente de Atividade. Master Practitioner em PNL, pelo American *Board of Neuro-Linguistic Programming*. Palestrante e Consultora Especialista em Projetos e Processos Organizacionais com vasta experiência no mundo corporativo.

Contato:
www.santosenascimento.com.br

Anotações

11

Alta performance em grupos de saúde

"O trabalho de equipe de alto desempenho ocorre quando cada membro é tão consciente das capacidades e responsabilidades de seus companheiros, como é de suas próprias"

Dr. Sérgio Eduardo Oliveira Reis

Ser + com Equipes de Alto Desempenho

Dr. Sérgio Eduardo Oliveira Reis

O desempenho de grupos de saúde está a receber maior atenção. Relativamente pouco trabalho conceitual ou empírico existe que examina as várias dimensões do desempenho do grupo médico.

O trabalho nas instituições de saúde é realizado invariavelmente por grupos de indivíduos. Estes indivíduos, de diferentes disciplinas (médicos, enfermeiros, técnicos, farmacêuticos e outros), devem coordenar suas atividades em prol de um objetivo comum: cuidar do paciente de forma segura e eficiente. É também verdade que um grupo de profissionais especializados não necessariamente forma uma equipe de alto desempenho. Entretanto, quando a equipe atua de forma efetiva, serve como um sistema adaptativo para a redução de erros e aumento da segurança.

O que há de tão admirável no desempenho de uma equipe que transcende as excepcionais capacidades individuais de seus membros? Talvez a capacidade de exercer o trabalho do companheiro quando a situação exigir; a capacidade de aceitar as mudanças de planos com rapidez e de comum acordo; de confiar que seus companheiros farão o trabalho necessário para chegar ao objetivo; de colocar os objetivos do grupo em primeiro plano. Seriam estas as principais qualidades que deveríamos esperar também nas equipes médicas?

Diferenciando Grupos de trabalho x Equipes de Alto Desempenho

"Uma equipe ou time é um grupo de indivíduos cada qual com funções bem definidas, que interagem dinamicamente entre si, de forma interdependente e adaptativa em direção a um objetivo comum"

Especialistas que estudam a fundo a questão do trabalho em equipe definem dois tipos principais de equipes que seriam relevantes no contexto médico, as quais denominaremos a partir de agora de: "grupos de trabalho" e "equipes de alto desempenho".

No grupo de trabalho, as pessoas em seus subgrupos tendem a conhecer bem uns aos outros, mas eles não conhecem tão bem seus companheiros de outros departamentos. Sua forma de comunicação torna-se mais formal e distante, dificultando a liberdade de questionar e trocar ideias em tempo real. Por isso, este tipo de equipe atua melhor diante de situações rotineiras, onde mudanças bruscas de planos são raras e os processos muito bem definidos.

Assim como os grupos de trabalho, as equipes de alto desempenho também são compostas por indivíduos especializados em suas funções, com tarefas bem definidas. No entanto, cada membro desta equipe deve ter algum domínio ou entendimento sobre as capacidades de seus companheiros. O treinamento dessas equipes de outros domínios de atuação favorece o entrosamento entre seus membros, o aprendizado das funções cruzadas, a comunicação mais informal, direta e objetiva, tornando-as verdadeiras equipes de alto desempenho.

Que lições podemos extrair destas equipes?
Primeiramente, as funções de cada membro são bem definidas e claras para todos. Do líder espera-se que saiba articular para atingir os objetivos da equipe e promover mudanças quando forem necessárias. Outra característica importante destas equipes é a sua capacidade de alocação ou utilização dos recursos humanos e materiais. Devido à prática do treinamento cruzado, onde todos conhecem e sabem realizar as funções dos seus companheiros, um membro da equipe poderá cobrir a falta ou as deficiências de outro, sem grandes problemas.
Finalmente, as equipes de alta performance estão sempre revendo suas ações, seus resultados e antevendo futuros problemas.

Resumo das características de uma equipe de alto desempenho

- Tarefas bem claras e definidas;
- Boa comunicação;
- Suporte mútuo;
- Boa utilização dos recursos humanos e materiais;
- Entendimento e revisão dos fatos;
- Adaptabilidade a mudanças bruscas.

O que ocorre com as equipes de saúde?
Na saúde, há uma tendência maior para equipes atuarem no modelo ¨grupo de trabalho¨. Mesmo nas unidades fechadas, onde as equipes são compostas por diversos subgrupos de profissionais, não costumamos investir muito tempo no treinamento cruzado entre eles. Indivíduos de um subgrupo conhecem bem seu trabalho e de seus companheiros, mas de forma limitada os de outros membros da equipe.
Aperfeiçoamento e bom trabalho de equipe nas instituições de saúde devem envolver investimento de tempo e esforço para estabelecer uma rotina de treinamento contínuo em diversas capacidades. A realização de *briefings* para todos os membros da equipe deve se tornar uma norma. As discussões devem ser realizadas não somente quando ocorre um problema, mas também para casos rotineiros. Todas estas rotinas podem ser demonstradas e ter seus conceitos reforçados através da prática de exercícios simulados e vivências comportamentais.

Dr. Sérgio Eduardo Oliveira Reis

Influência das equipes de saúde na segurança do paciente

A importância do treinamento de equipes na saúde de uma forma geral surgiu a partir do relato do Instituto Americano de Medicina, to Err is Human: Building a Safer Health System em 1999, quando começamos a perceber o impacto que os erros médicos podem provocar nos pacientes e nos sistema de saúde.
Cerca de 44.0000 a 98.0000 mortes anuais são causadas por erros médicos, a um custo anual de cerca de 29 bilhões de dólares ao ano. Este número é maior do que as mortes causadas por acidentes automobilísticos, câncer de mama ou AIDS nos EUA! E mais da metade poderiam ter sido evitadas...
Este relato conclui que erros médicos estão mais relacionados a falhas do sistema do que individuais e uma das soluções propostas seria implementar programas de treinamento baseados em simulação.
Em resumo, a atuação efetiva de uma equipe requer uma conscientização de cada membro sobre as funções, responsabilidades e capacidades de seus colegas. Sem esta conscientização, eventos adversos graves e evitáveis, poderão ocorrer.
Extensas pesquisas neste campo estudaram diversos modelos de equipes, procurando identificar as principais competências inerentes às equipes de alto desempenho. Especificamente, Parry definiu o termo "competências" como sendo um conjunto de conhecimentos, habilidades e atitudes que afetam de forma significativa o trabalho (correlacionando-se com um melhor desempenho), que podem ser mensuradas por meio de testes padronizados e que podem ser aperfeiçoadas com o treinamento contínuo.
Conhecimento e habilidades são competências importantes, mas as atitudes proativas e a confiança mútua entre os membros de uma equipe e uma boa comunicação serão determinantes nos seus resultados.

Estratégias de Treinamento
O treinamento tradicional na área da saúde, da forma como é feito atualmente, envolve a abordagem de aspectos técnicos no manuseio do paciente crítico e invariavelmente incorpora temas como a segurança do paciente e a análise de erros. No entanto, aspectos considerados imprescindíveis no treinamento de equipes em outras áreas de atuação, aqueles ligados à liderança, comunicação, planejamento, e distribuição da carga de trabalho são ainda estranhos aos profissionais da saúde. Estes fatores humanos ou não técnicos são fundamentais para o bom desempenho das equipes de saúde.
A estratégia de treinamento cruzado, que expõe os membros de uma equipe a tarefas e responsabilidades de seus companheiros, tem como

objetivo promover uma melhor coordenação, comunicação e desempenho. O treinamento consiste na realização de tarefas cruzadas, troca de papéis, para estimular o entendimento da interdependência e responsabilidades entre membros de uma mesma equipe. Estudos com grupos submetidos a este tipo de treinamento demonstraram melhor sistematização de ações, além de comunicação mais efetiva, em comparação com grupos não submetidos a esta intervenção.

Finalmente, a estratégia de treinamento focada no desenvolvimento da meta-cognição objetiva o aperfeiçoamento dos processos de tomada de decisão coletiva, particularmente útil durante situações inusitadas ou estressantes.

Conclusão

Com relação às equipes de alto desempenho, é notória a necessidade da conscientização do processo de interdependência que existe entre seus membros. Equipes de alto desempenho são dinâmicas, otimizam seus recursos, são engajadas em aperfeiçoamento contínuo e promovem a cooperação mútua. Estas equipes são capazes de proporcionar soluções rápidas e efetivas em situações críticas e estressantes. Equipes efetivas não podem funcionar no vácuo. Tannembaum e col. enfatizam a importância do clima organizacional, com sistemas de recompensas e de suporte normativo, para o sucesso do trabalho de equipes nas instituições de saúde. Finalmente, equipes de alto desempenho demonstram comportamento adaptativo frente a situações complexas e desafiadoras. Em toda área de atuação, o treinamento de equipes requer uma estratégia que aborde as reais necessidades individuais e do grupo, de forma continuada e utilizando métodos de avaliação que reflitam a transferência das mudanças comportamentais e culturais para o ambiente real.

Um trabalho em equipe de excelência é o que todos esperamos das equipes de saúde. No entanto, o trabalho em equipe é algo que não é treinado ou mesmo discutido rotineiramente. A simulação de situações críticas e vivências comportamentais são oportunidades para agregar valor ao trabalho destas equipes, ao aprimorar seu desempenho.

Criar equipes de alto desempenho para lidar com diversas situações difíceis requer atitude e mudanças comportamentais de seus membros. Portanto, quatro rotinas podem ser estabelecidas (prática, planejamento, discussões construtivas e celebração de sucessos) para desenvolver continuamente as competências essenciais de um bom trabalho de equipe.

"É impossível ter resultados extraordinários fazendo exatamente o que os outros fazem".

Dr. Sérgio Eduardo Oliveira Reis

Formado pelo Instituto Brasileiro de *Coaching*, IBC (Brasil), reconhecido pela: ICI - *International Association of Coaching-Institutes* (EUA), ECA - *European Coaching Association* (Alemanha / Suíça), GCC - *Global Coaching Community* (Alemanha). BCI - *Behavioral Coaching Institute*. ICC - *International Coaching Council*.

Formação:
Terapia Familiar Sistêmica desde 2003.
MBA em Gestão de Empresa pela INPG.
Médico Pediatra há 22 anos.
Medicina do Tráfego pela USP.

Contatos:
sergioreis@viacoaching.com.br
(12) 3029-4110

Anotações

12

Feedback ou *Feedforward*?

Em vez de, "O que eu fiz de errado?", o *feedforward* questiona, "Eu estou tentando melhorar nessa área. Quais coisas eu poderia fazer no futuro para ser melhor?"

Fernando Santi

Ser + com Equipes de Alto Desempenho

Fernando Santi

Dar *feedback* tem sido uma característica fundamental dos grandes líderes, pois dessa forma os colaboradores ficam sabendo constantemente se estão alinhados com os objetivos e seguindo a linha de ação que a empresa espera de cada um. Normalmente, esta informação é obtida na forma de "*feedback* descendente", dos líderes para os liderados, mas da mesma forma os líderes podem se beneficiar a partir do *feedback* de seus colaboradores quando estes fornecem elementos úteis sobre a eficácia dos procedimentos, processos ou sobre o desempenho da liderança. Este "*feedback* para cima" tornou-se muito comum com o advento do *feedback* 360 graus.
Mas há um problema fundamental com todos os tipos de *feedback*: eles concentram-se sobre o passado, sobre o que já ocorreu, e não na variedade infinita de oportunidades que podem acontecer no futuro.
Através da metodologia do **FEEDFORWARD** amplamente difundida pelo Dr. Marshall Goldsmith podemos realizar essa experiência no sentido inverso do usual, que trará um resultado gratificante e revelador a líderes e colaboradores.
Os participantes são solicitados a desempenhar dois papéis. Em um papel, eles são convidados a **fornecer *feedforward***, ou seja, dar a alguém sugestões para o futuro e ajudar tanto quanto puderem. No segundo papel, eles são convidados a **aceitar o *feedforward***, ou seja, ouvir as sugestões para o futuro e aprenderem o máximo possível.
O exercício pode durar de 10 a 15 minutos e você pode seguir o roteiro abaixo com os participantes:

• Escolha um comportamento que você gostaria de mudar. A mudança deste comportamento deve fazer uma diferença significativa e positiva na sua vida.

• Descreva esse comportamento para outro participante, selecionado aleatoriamente. Isto pode ser feito de forma simples e objetiva como "Eu quero ser um ouvinte melhor".

• Peça duas sugestões de ***feedforward*** que possa ajudá-lo a alcançar, no futuro, uma mudança positiva no comportamento desejado. Se os participantes trabalham juntos eles não estão autorizados a dar qualquer *feedback* sobre o passado. Eles só estão autorizados a dar ideias para o futuro.

• Ouça atentamente as sugestões e tome notas. Os participantes não estão autorizados a comentar de nenhuma forma as sugestões, nem criticar ou fazer declarações positivas de julgamento, tais como: "Isso é uma boa ideia."

Ser + com Equipes de Alto Desempenho

• Agradeça ao participante as suas sugestões.

• Pergunte a outra pessoa o que ele gostaria de mudar.

• Forneça o *feedforward* - duas sugestões destinadas a ajudar a mudança da outra pessoa.

• Agradeça as sugestões. Todo o processo de dar e receber *feedforward* normalmente leva cerca de dois minutos.

• Encontre outro participante e repita o processo até que o exercício termine.

Quando o exercício chegar ao fim, peça aos participantes para dizer a palavra que melhor descreve a sua reação a esta experiência. Peça para completarem a frase:
"Este exercício foi ...".
Os participantes são, então, perguntados por que este exercício é visto como divertido e útil ao invés de doloroso, constrangedor ou desconfortável. Suas respostas fornecem uma grande explicação de porquê o **feedforward**, muitas vezes, pode ser mais útil do que o *feedback* como uma ferramenta de desenvolvimento.
Dez razões para experimentar o *feedforward* com a sua equipe:

1. Nós podemos mudar o futuro, mas não podemos mudar o passado. O **feedforward** ajuda a visualizar e se concentrar em um futuro positivo, não em um passado fracassado.

2. Ele pode ser mais produtivo para ajudar as pessoas aprendem a fazer "certo", do que provar que elas estavam "erradas". *Feedback* negativo, muitas vezes torna-se um exercício de "deixe-me provar que estavam errados". Isso tende a gerar atitude defensiva por parte do receptor e desconforto por parte do remetente.

3. O *feedforward* se encaixa perfeitamente para pessoas bem-sucedidas. Essas pessoas gostam de ouvir ideias que possam ajudá-las a atingir seus objetivos. Porém tendem a resistir a julgamentos negativos.

4. O *feedforward* não requer experiência pessoal com o indivíduo. Uma reação muito positiva comum para o exercício descrito anteriormente é que os participantes são surpreendidos com o quanto eles podem aprender com as outras pessoas!

5. As pessoas não tomam o *feedforward* pessoalmente como acontece com o *feedback* – que tende a ser visto como crítica ou ataque pessoal. O *feedforward* não envolve críticas, uma vez que está discutindo algo que ainda não aconteceu!

6. O *feedback* pode reforçar estereótipos negativos pessoais, enquanto que o *feedforward* pode reforçar a possibilidade de mudança. O *feedback* pode reforçar o sentimento de fracasso lembrando nossos "pecados" anteriores e ressaltando a história das nossas imperfeições. *Feedback* negativo pode ser usado para reforçar a mensagem, "esta é apenas a maneira que você é", já o *feedforward* é baseado na suposição de que o receptor de sugestões pode fazer mudanças positivas no futuro.

7. O *feedforward* pode cobrir quase todo o "material" do *feedback*. Imagine que você acabou de fazer uma apresentação terrível em frente ao comitê executivo. Seu gerente está na sala. Ao invés de fazê-lo "reviver" esta experiência humilhante, o gerente pode ajudá-lo a se preparar para futuras apresentações, dando-lhe sugestões para o futuro. Estas sugestões podem ser muito específicas e ainda são entregues de uma forma positiva. Desta forma o seu gerente pode "cobrir os mesmos pontos" sem se sentir envergonhado e sem fazer você se sentir ainda mais humilhado.

8. *Feedforward* tende a ser muito mais rápido e mais eficiente do que *feedback*. Uma técnica excelente para dar ideias para as pessoas bem-sucedidas é dizer: "aqui estão quatro ideias para o futuro. Se você só puder usar duas das ideias, você ainda sai ganhando, no mais, simplesmente ignore o que não faz sentido para você." Com esta abordagem, quase nenhum tempo fica desperdiçado em julgar a qualidade das ideias ou "provar que as ideias estão erradas". Ao eliminar o julgamento das ideias, o processo se torna muito mais positivo.

9. *Feedforward* pode ser uma ferramenta útil para se aplicar com os gestores, colegas e membros da equipe. Com ou sem razão, o *feedback* está associado com o julgamento. Isso pode levar a muitas consequências negativas não intencionais, quando aplicada aos gestores ou colegas. *Feedforward* não implica superioridade de julgamento, é mais focado em ser um "companheiro de viagem" útil, do que um "*expert*". Como tal, pode ser mais fácil de ouvir de uma pessoa que não está em posição de poder ou autoridade. Um excelente exercício para construção de equipes é fazer com que cada membro pergunte:

Ser + com Equipes de Alto Desempenho

"como posso ajudar a melhorar nossa equipe no futuro?". E ouvir o *feedforward* dos membros da própria equipe em diálogos individuais.

10. As pessoas tendem a ouvir mais atentamente a um *feedforward* do que um *feedback*. Um participante do exercício de *feedforward* observou: "Eu acho que eu ouvi de forma mais eficaz neste exercício como jamais ouvi em meu trabalho!". Quando lhe perguntaram porquê, ele respondeu: "normalmente, quando os outros estão falando, eu estou tão ocupado compondo uma resposta que soe inteligente que eu não ouço inteiramente o que a outra pessoa está dizendo. No *feedforward* a única resposta que eu estou autorizado a dizer é "muito obrigado".

A intenção deste artigo não é demonstrar que os líderes não devem fazer comentários ou avaliações de desempenho, mas mostrar como o *feedforward* muitas vezes pode ser preferível ao *feedback* nas interações do dia a dia. Além de sua eficácia e eficiência, o *feedforward* pode tornar a vida muito mais agradável. Quando os gerentes perguntam: "Como você se sentiu na última vez que recebeu *feedback*?". As respostas mais comuns são muito negativas. Quando os gestores são questionados sobre como se sentiu depois de receber *feedforward*, eles respondem que *feedforward* foi não só útil, mas também divertido!

A qualidade da comunicação entre as pessoas e entre todos os níveis de cada departamento é a cola que mantém as organizações unidas. Usando-se o *feedforward* e incentivando todos a usá-lo podemos melhorar dramaticamente a qualidade da comunicação. Com a garantia de que a mensagem certa é transmitida, e que aqueles que a recebem são receptivos ao seu conteúdo, o resultado é muito mais dinâmico, e cria uma organização com os integrantes focados no futuro, em vez de deterem-se sobre os erros do passado.

Fernando Santi

É um empreendedor anônimo que aliou à sua prática diária o que aprendeu com especialistas de todo o mundo, conseguindo resultados excepcionais em todas as áreas da sua vida. Atua há mais de 20 anos desenvolvendo habilidades e comportamentos de empreendedores em todo o Brasil que buscam atuar em alta performance. Atende pessoalmente presidentes e executivos de empresas e instituições, esportistas profissionais e lideranças políticas no Brasil e exterior. Realiza isto através das mais modernas técnicas de programação neurolinguística, *coaching* transpessoal, aprendizagem acelerada, *gestalt training*, análise de perfil comportamental, neurociências da liderança e autoconhecimento de pontos fortes. É empresário, sócio-diretor da Fastheon Desenvolvimento Humano e membro da ABTD - Associação Brasileira de Treinamento e Desenvolvimento.

Contatos:

www.fernandosanti.com.br
contato@fernandosanti.com.br
(11) 4063-7321 - (21) 4063-3278 - (21) 7933-4433

Anotações

13

Desenvolvendo e acompanhando equipes executivas de alto desempenho através de um processo estruturado de Eficácia Coletiva

O artigo contextualiza a necessidade crescente de desenvolver equipes de alto desempenho no ambiente empresarial, especialmente nos níveis de liderança. Após descrever conceitualmente as vertentes chave de uma equipe de alto desempenho, apresentamos a abordagem metodológica e ferramentas úteis para um processo estruturado de Eficácia Coletiva. Concluímos através de resultados obtidos em casos práticos

Fred Donier

Ser + com Equipes de Alto Desempenho

Fred Donier

1) O contexto e a importância das equipes de alto desempenho no Século XXI

Desenvolver equipes de alto desempenho tornou-se uma necessidade central das empresas que querem alcançar sucesso sustentável no Século XXI.

No Século XX, uma grande parte do desempenho empresarial decorreu da otimização de recursos e dos processos de negócio. Prevalecia o modelo de gestão 1.0, originado por Frederick Taylor e Henri Fayol, baseado nos princípios de comando e controle. Neste contexto, o indivíduo-líder era premente sobre a equipe de liderança e o restante do corpo social. Fazendo uma analogia com o esporte coletivo, o processo de formação dos líderes empresariais era centrado nos treinamentos técnico-físico individual e tático (competências técnicas individuais e saber quem faz o quê dentro da equipe).

No Século XXI, a partir dos trabalhos de Gary Hamel, surge o modelo de gestão 2.0, baseado nos princípios de conexão e colaboração. E uma gestão humanista, orgânica e pautada pela criação de sentido para os colaboradores. O foco está em responder à pergunta 'por que', e não mais apenas 'o que' e 'como'. Retomando a analogia esportiva, as equipes de executivos-atletas passam a usar sua inteligência emocional, sua mente e até sua alma, por exemplo, ao cocriar uma visão de futuro. Tal como uma equipe olímpica, um comitê executivo não se limita a exercitar suas capacidades *hard*, integrando também o *soft*, para maximizar o seu desempenho.

Alguns fatores reforçam a necessidade de desenvolver equipes de alto desempenho:

- Com a liderança autocrática cada vez menos aceita pelas novas gerações (Y, Z), a coesão dos times de liderança perante o corpo social torna-se crítica. Os líderes precisam estar pré-alinhados entre eles para evitar a propagação de desalinhamentos dentro da empresa.
- A maior complexidade das organizações, tais como a ampliação do escopo funcional dos líderes (*mayor span of control*) e o aumento dos vínculos de *reporting* nas estruturas matriciais, faz do trabalho eficaz em time um impacto direto na performance empresarial.
- A maior diversidade cultural, provocada pelas fusões, internacionalização e globalização dos executivos, aumenta a necessidade de investir no alinhamento interpessoal.
- O impacto das novas tecnologias de comunicação que aumenta exponencialmente o fluxo de informações requer a revisão das regras de

Ser + com Equipes de Alto Desempenho

trabalho em equipe: uso de e-mail e mídias sociais, prazos e horários para responder às consultas via *smartphones*,...
- A pressão crescente do tempo (viagens, organizações multi sites, multiplicação de reuniões), obriga os membros das equipes a otimizar o reduzido tempo que passam juntos.

2) O que caracteriza uma equipe de alto desempenho

Uma equipe de alto desempenho caracteriza-se por dois atributos bem específicos. Ela atinge ou supera os resultados esperados, ou seja, as finalidades que a organização lhe atribui. Em segundo lugar, os resultados são atingidos de uma forma sustentável, respeitando os valores da organização e as pessoas, equilibrando o *hard* e o *soft*.

Segundo Vincent Lenhardt, renomado *coach* na França, o estágio de alto desempenho de uma equipe (estágio 3), que segue o primeiro estágio de "Coleção de indivíduos" e o estágio 2 de "Grupo Solidário", é atingido mediante as seguintes condições:

- O modo de pensamento da equipe é holístico, baseado em uma visão compartilhada,
- Existe uma crença compartilhada que promove equilíbrio entre o eu, o você e os outros,
- Os valores da equipe são pautados pela coerência,
- O foco da equipe está centrado no sentido;
- Cada membro da equipe identifica-se com a organização, sua ecologia e parceria.

Conforme nossa experiência prática, passar do estágio 1 ao estágio 3 leva em média 15 a 24 meses para uma equipe que se beneficia de um acompanhamento periódico através de consultores ou *coaches* especializados.

Patrick Lencioni, autor de vários livros de sucesso, propõe um interessante modelo que destaca cinco alavancas de uma equipe de alto desempenho:

1 - Alta confiança mútua,
2 - Alta capacidade de explicitação de conflitos,
3 - Alto grau de compromisso em relação às decisões da equipe,
4 - Alto grau de responsabilização mútua;
5 - Foco elevado no resultado coletivo.

Mediante um diagnóstico realizado nestes cinco itens, a equipe desenvolve e implanta um plano de ação específico para corrigir os pontos mais críticos.

É comum observar no Brasil e nos países latinos que, por razões culturais, a explicitação dos conflitos costuma ser um desafio relevante. A confiança mútua ou capacidade de cada indivíduo abrir as suas vulnerabilidades perante os pares é o grande alicerce para desenvolver as quatro outras alavancas. Equipes com baixa confiança mútua não atingem alto desempenho.

3) Como desenvolver uma equipe de alto desempenho / Processo de Eficácia Coletiva

Princípio: uma equipe de alto desempenho constrói-se sobre três pilares:

1. Um projeto comum compartilhado ou sonho coletivo: onde queremos chegar juntos daqui a alguns anos?
2. Conhecer-se e reconhecer-se mutuamente para capitalizar sobre a diversidade da equipe e para garantir em permanência uma boa convivência e capacidade de compartilhar problemas dentro da equipe.
3. Exercer no dia a dia práticas virtuosas e comportamentos gerenciais, que se tornem um patrimônio coletivo.

A construção de equipes de alto desempenho é um processo que contempla várias etapas. Ele começa pela cabeça da empresa propagando-se através de comportamentos exemplares dos líderes. Ele se desdobra através dos níveis gerenciais, e é concluído quando levado até as equipes operacionais.

A metodologia que denominamos Eficácia Coletiva inclui tipicamente 4 etapas de trabalho:

1. O diagnóstico, para medir os *gaps* e criar a chamada para a transformação,
2. O alinhamento da equipe e decisão de adotar boas práticas,
3. A implantação das novas práticas;
4. A consolidação do processo, repassando periodicamente as etapas anteriores.

Algumas ferramentas podem contribuir ao processo, desde que empregadas com rigor por profissionais qualificados e experientes:

- Instrumentos de psicometria individual e de equipe (MBTI ou Birkman, por exemplo),
- Avaliação dos estilos gerenciais,
- Ferramentas de governança operacional e de boas práticas gerenciais,

Ser + com Equipes de Alto Desempenho

- Atividades lúdicas de integração
- Técnicas de *coaching* de equipe.

4) Resultados obtidos

A equipe da Crescendo Consultoria empregou mais de 70 vezes, desde 2004, o processo de Eficácia Coletiva em prol do desenvolvimento de equipes de alto desempenho junto a times executivos e gerenciais oriundos de grandes empresas nacionais e internacionais. Várias vezes, nossa equipe foi convidada para exportar esta metodologia em outros países a partir da experiência bem-sucedida no Brasil.

Citamos 3 casos práticos cujos resultados de sucesso foram compartilhados publicamente pelos seus líderes:

- O caso da integração pós-fusão do Comitê de Direção Sanofi-Aventis Brasil em 2005. A elevada integração da equipe de liderança foi reconhecida pela Casa Matriz como sendo um dos principais pontos fortes da fusão no Brasil. A empresa tornou-se líder do mercado farmacêutico nacional e reconhecidamente a mais brasileira entre as farmacêuticas internacionais.
- O caso "Liberar as energias" da ex-Acesita (atual Aperam South America) entre 2006 e 2008. O processo de Eficácia Coletiva foi decisivo para consolidar um importante programa de transformação organizacional e cultural da empresa. O programa foi exportado para a casa matriz na ArcelorMittal Stainless na Europa onde foi aplicado junto às equipes de liderança, de RH e Comunicação.
- O caso Eficácia Coletiva do Comitê de Direção Galderma Brasil entre 2009 e 2012. A nova equipe de direção, formada em 2009, assumia em um contexto de perda de participação de mercado e de perda de talentos para a concorrência. Dois anos depois, com base em uma equipe de liderança de alto desempenho, a empresa aumentara seu tamanho em 60% e seu lucro em 140%, atingindo todas suas metas e reconquistando participação de mercado e reduzindo fortemente o seu *turnover*. Tive o privilégio de coapresentar este case com o ex-CEO da Galderma Brasil, Juan Carlos Gaona, em outubro de 2011 na FIA.

Bibliografia:
LENHARDT, Vincent: *Les responsables porteurs de sens: Culture et pratique du coaching et du team-building*. Paris: Editions Insep Consulting, 2002.
LENCIONI, Patrick. Os cinco desafios das equipes: uma fábula sobre liderança. Rio de Janeiro: Elsevier, 2003.
HAMEL, Gary: O futuro da administração. Editora Campus, 2007.

Fred Donier

Frédéric Donier, 47 anos, nascido na França, tem 23 anos de vivência no Brasil. Mestre em Engenharia pela Ecole des Mines de St-Etienne, com especialização em Mercado de Capitais (FGV–EAESP) e em Inteligência Competitiva (Fuld, Gilad Herring Academy of CI). Formado e certificado em *Coaching* pelo Prof. Joseph O´Connor da ICC. Atua há 18 anos como consultor em estratégia e gestão através de projetos realizados em mais de 10 países na América Latina, Europa, EUA e países emergentes. Fundador da Crescendo Consultoria em 1999, é atualmente sócio diretor da Crescendo Kea & Partners, consultoria que representa no Brasil um grupo internacional de 350 consultores, 26 nacionalidades e 13 escritórios. Atua junto a grandes grupos nacionais e internacionais na condução de programas de transformação empresarial, na facilitação de reflexões estratégicas e no desenvolvimento de processos de eficácia e inteligência coletiva. É professor convidado de MBA da FIA e da FIPE. É membro do Conselho de Administração da Câmara de Comércio França-Brasil de São Paulo e coordenador do Comitê de Empreendedorismo. E frequente palestrante sobre temas de gestão empresarial em parceria com instituições renomadas no plano nacional (FGV/EAESP, FNQ, SBGC, SCIP, FIA, FAAP, FIESP, Banco do Brasil, ESG-RJ) e internacional (Câmara de Comércio do Brasil na França, Maison de l´Amérique Latine de Paris, IHEDN, Universidade de Louvain).

Contatos:
www.crescendo-keapartners.com.br
fred@crescendo-keapartners.com.br e donier@uol.com.br
Twitter: @freddonier

Anotações

14

Projetos de alta performance

Neste artigo iremos abordar COMO DIAGNOSTICAR AS COMPETÊNCIAS para atingir o alto desempenho na implantação de projetos, por meio da identificação de aspectos de melhoria e pontos fortes. Aconselho fortemente que antes de iniciar a implantação de qualquer projeto, você deve analisar seus potenciais, a cultura organizacional e a capacidade de sua equipe. Muitas são as dúvidas em torno deste tema, como por exemplo: MINHA EMPRESA está preparada para assumir um projeto de alto desempenho? MINHA EQUIPE está preparada para implantar um projeto de alto desempenho? OU ainda, Estamos preparados para participar de um projeto de alto desempenho?

José Geraldo Falcão Britto

Ser + com Equipes de Alto Desempenho

José Geraldo Falcão Britto

Um artigo prático

Este artigo procura fornecer um guia prático para uma adequada análise crítica de suas potencialidades ou potencialidades culturais de sua organização. Neste artigo iremos tratar de forma prática como diagnosticar e planejar os pontos fortes e fracos organizacionais antes da implementação de projetos, por meio do exercício coordenado de um plano de ação sobre as áreas de competência pessoais e em grupo.

Abordaremos neste artigo um método de diagnóstico prático, das seguintes competências culturais organizacionais:

Comunicação da visão e as diretrizes
Utilização de metas e objetivos
Cultura para a motivação
Como projetar e controlar
Execução e busca por resultados

Boa leitura!

Iniciaremos nossa leitura da primeira competência.
Vamos a ela:

COMPETÊNCIA 1: Desenvolver e comunicar uma visão

Desenvolver e comunicar uma visão é uma das mais importantes habilidades que os gestores precisam dominar e aplicar com maestria. Sobretudo, um correto <u>diagnóstico da situação real de viabilidade de implantação da visão</u>, é fundamental para que não ocorram erros nesta implantação.

Desenvolvemos sempre um exercício a cada competência, para ajudar você a avaliar em que nível está sua experiência atual, anterior e futura. Ainda ajudará a identificar sua habilidade de tratar alguns problemas principais associados à comunicação efetiva da visão.

Parta sempre do princípio que o nível de entendimento entre todos os colaboradores é diferente e distinto, portanto, você deve certificar-se que sua comunicação é ou será eficaz.

A partir do resultado encontrado, você poderá elaborar um Plano de ação nos pontos que precisam ser aperfeiçoados (ANEXO I). Quanto mais alta a pontuação do item individual ou coletiva demonstrará que sua experiência anterior em cada item.

Perguntas para discussões:

Ser + com Equipes de Alto Desempenho

Pergunta: quando faço sugestões para tomada de uma ação eu...	Pontuação				
	Raramente 1	Com pouca frequência 2	Às Vezes 3	Frequentemente 4	Com muita frequência 5
1-Explico como minha ideia se encaixa melhor naquilo que queremos alcançar					
2-Justifico minha sugestão e explico porque seria a coisa certa a ser feita					
3- Enfatizo os argumentos racionais para executar essa ação					
4-Tento relacionar as necessidades e interesses dos outros com a ação que estou sugerindo					
5- Falo sobre minha sugestão em termos do que é ideal e que gostaríamos de alcançar					
6- Tento tornar minha sugestão o mais interessante possível					
7- Ofereço exemplos convincentes de como minha abordagem fará a diferença para as pessoas					
8- Evito tratar de muitos detalhes até os outros concordarem com minha ideia básica					
9- Tento explicar como minha sugestão beneficiará a todos nós no futuro					
10-Procuro maneiras de relacionar o que desejo fazer com o que os outros também desejam fazer					
Total de itens por classificação:					

José Geraldo Falcão Britto

Instruções: Após avaliar a quantidade de questionamentos com notas 3 ou menor, incluir os temas em Plano de Ação (ANEXO I). Eles significam os pontos que precisam ser melhorados.

COMPETÊNCIA 2: Estabelecer metas e objetivos

Agora que aprendemos quais os pontos a serem aperfeiçoados em nossa competência de Comunicação dos Objetivos, devemos ter claro COMO estabelecer estas METAS E OBJETIVOS.
Sem que se estabeleçam metas e objetivos, será muito difícil fazer com a visão se concretize. Essa habilidade de estabelecer metas e objetivos trará a você e sua equipe uma visão concreta dos passos necessários para que se consiga atingir a visão comunicada. Coloco a vocês uma pequena e rápida avaliação com a intenção de ajudá-lo a pensar sobre como tornar prática as metas acadêmicas, profissionais, pessoais.
Instruções: ao serem estabelecidos, os indicadores devem ser avaliados antes de sua implementação. Crie então 3 exemplos de indicadores hipotéticos e submeta-os aos questionamentos abaixo:

Pergunta para reflexão	Respostas	O que fazer	É viável? (S/N)
1- Estas metas são consistentes com a visão que comuniquei?			
2- Estas metas são possíveis de serem atingidas?			
3- As metas e objetivos são possíveis de serem atingidas por mim e pela equipe? Em qual prazo?			
4- Possuo a qualificação necessária para atingir a meta?			
5- Pode haver conflitos ao se alcançar a meta?			
6- Quais são os desafios ou dificuldades que terei ao procurar atingir a meta?			
7- Como medirei o progresso? Como saberei se estou no caminho certo?			
8- Como resolverei problemas de condução ou qual o plano alternativo que tenho se a meta não for atingida?			

Ser + com Equipes de Alto Desempenho

9- As metas são mensuráveis?			
10- As metas são conflitantes? Conflitam com outras metas existentes na empresa?			
11- Outras questões sobre metas e objetivos...			
Total de perguntas INVIÁVEIS e que precisam ser aperfeiçoadas:			

Instruções: após avaliar a quantidade de questionamentos INVIÁVEIS, incluir em Plano de Ação (ANEXO I) os pontos que precisam ser aperfeiçoados.

COMPETÊNCIA 3: **Diagnosticar a automotivação e dos membros da equipe**

Passo 1: avaliar a cultura organizacional para a motivação

Agora que aprendemos a ESTABELECER E COMUNICAR A VISÃO, e , ESTABELECER METAS E OBJETIVOS, devemos antes de implantá-los procurar <u>identificar a cultura atual da organização e de sua equipe</u>, para elevar os níveis de motivação em torno destes objetivos. Para que possamos elaborar um bom Plano de Ação em torno da competência da motivação, devemos mapear as 3 condições que precisam existir nas organizações: 1) motivação individual, 2) motivação de sua equipe e 3) cultura empresarial para a motivação.

Para que se identifique esta competência em sua organização, comece aplicando um questionário de levantamento de informações, da mesma forma que você fez nas competências de Comunicação da visão e na competência de estabelecer metas e objetivos. O objetivo desta atividade de avaliação é conhecer a cultura organizacional para a motivação.

Uma análise crítica ponderada é uma ótima oportunidade para você refletir sobre a experiência real que você terá quando for implantar seu projeto. Você verá que os pontos colocados neste questionário identificarão, de forma assertiva, os pontos que normalmente motivam as equipes.

Instruções: reserve alguns minutos para pensar a respeito de situações em que a motivação foi um tema tratado dentro de sua organização. Relembre uma situação passada que motivou sua equipe ou você no passado, e que trouxe resultados de produtividade acima do esperado.

Veja que as situações descritas devem ser claramente anotadas por você para que as metas estabelecidas sejam factíveis ou possíveis de serem atingidas.

Perguntas para discussões:

Pergunta para reflexão	Respostas	É viável criar, melhorar ou implantar? (S/N)
1- Qual foi a situação que trouxe motivação no passado e que trouxe resultados de produtividade esperados?	Situação 1: Situação 2: Situação 3:	
2- A empresa já praticou a avaliação formal de desempenho? Quais foram os resultados?	Resultados não satisfatórios:	
3- Os Gestores de departamento sabem motivar suas equipes? Os critérios são claros e bem definidos?	- Ações não satisfatórias que merecem ser mudadas: - Ações a manter:	
4- Como a sua organização motiva os departamentos em torno de sua visão?	- Ações não satisfatórias que merecem ser mudadas: - Ações a manter:	
5- Como sua organização promove a motivação?	- Ações não satisfatórias que merecem ser mudadas: - Ações a manter:	
6- Como ela comunica os resultados e monitora os mesmos?	- Ações não satisfatórias que merecem ser mudadas: - Ações a manter:	
7- Outras perguntas a incluir...		
TOTAL DE ITENS QUE TORNAM A IMPLANTAÇÃO VIÁVEL?		

Instruções: após avaliar a quantidade de questionamentos INVIÁVEIS, incluir em Plano de Ação (ANEXO I) os pontos que precisam ser aperfeiçoados.

Ser + com Equipes de Alto Desempenho

COMPETÊNCIA 3: Diagnosticar a automotivação dos membros da equipe

Passo 2: Avaliar o grau de engajamento e capacitação de sua equipe

Agora que possuímos um retrato da cultura organizacional para a motivação, e já elencamos em um plano de ação os pontos que precisam ser melhorados, o próximo passo é o de <u>diagnosticar a atual situação de engajamento e motivação de sua equipe,</u> de forma a permitir um planejamento dos pontos fracos.

Motivar a si próprio e aos outros são dois grandes desafios que devemos constantemente superar. As dificuldades são individuais e podem se tornar coletivas, quando mal comunicadas ou disseminadas. Reforçar sua automotivação, ou incentivar sua equipe exigirá uma análise crítica profunda e periódica em torno dos motivos e como monitorar o grau de motivação individual e coletiva.

Instruções: para que seja avaliado o grau de engajamento de sua equipe, você deve avaliar de forma direta os fatores que provocam reações positivas, ou como mais conhecido, o que exatamente motiva os membros da equipe.

Mapeie de forma clara e direta e identifique os pontos que mereçam ser aperfeiçoados.

Pergunta para reflexão	Respostas	É viável criar, melhorar ou implantar? (S/N)
1-Qual foi a situação que trouxe motivação no passado e que trouxe resultados de produtividade esperados?	Situação 1: Situação 2: Situação 3:	
2- Qual o peso da remuneração para a motivação de sua equipe?		
3- Qual o peso do reconhecimento formal de desempenho que você considera fundamental para motivar sua equipe?		
4- Qual o peso que metas e indicadores possuem no grau de motivação de sua equipe e você?		

5-Qual o peso do relacionamento interno sobre a motivação da equipe?	
Total de questões que devem ser melhoradas	
Total de questões que devem ser criadas	

Instruções: após avaliar a quantidade de questionamentos INVIÁVEIS, incluir em Plano de Ação (ANEXO I) os pontos que precisam ser aperfeiçoados.

Passo 3: Conhecer os critérios usados pelos integrantes da equipe

O próximo passo (ainda dentro da Competência: AUTOMOTIVAÇÃO E AOS MEMBROS DA EQUIPE), será o de <u>diagnosticar os critérios individuais de cada membro da equipe</u>, inclusive você. Se você estiver se autoavaliando, seja o mais honesto possível ao responder este questionário. Se você estiver aplicando este questionário em uma equipe, solicite o maior grau de sinceridade possível ao respondê-lo. Quanto mais transparente for a resposta, mais assertivo será seu Plano de Ação.

Perguntas a serem respondidas	Pontuação						
	Discorda totalmente 1	Discorda bastante 2	Discorda 3	Neutro 4	Concorda 5	Concorda bastante 6	Concordo totalmente 7
O trabalho que faço é muito importante para mim							
Estou confiante a respeito de minha capacidade para fazer meu trabalho							
Tenho grande influência no que acontece na minha unidade de trabalho							
Confio que meus colegas de trabalho sejam completamente honestos comigo							
As atividades que exerço significam muito para mim							

Ser + com Equipes de Alto Desempenho

O trabalho que executo está dentro do meu escopo de competência						
Decido sobre como desempenhar meu trabalho						
Tenho uma grande parcela de controle sobre o que acontece na minha unidade de trabalho						
Confio que meus colegas de trabalho compartilhem informações importantes comigo						
Estou sempre preocupado com o que faço no meu trabalho						
Sou independente e tenho liberdade para executar meu trabalho						
Tenho influência significativa sobre o que acontece na minha unidade de trabalho						
Confio que meus colegas de trabalho mantenham suas promessas						
Total de itens por classificação:						

Instruções: após avaliar a quantidade de questionamentos com notas 3 ou menor, incluir em Plano de Ação (ANEXO I) os pontos que precisam ser aperfeiçoados.

Bem, meu caro leitor ! Chegou a fase de sabermos se possuímos a cultura para o planejamento.
Nesta fase, devemos da mesma forma que nas fases anteriores, sermos sinceros em apontar nossas deficiências para o planejamento. Um resultado mal diagnosticado nesta fase, e podemos negligenciar nossos defeitos.
Negligenciar nossos defeitos nesta fase poderá acarretar na iniciação da implantação de qualquer projeto, ignorando assuntos importantes.

Instruções de preenchimento: para que você possa avaliar sua real capacidade, ou a capacidade de sua equipe para o planejamento, procure registrar a resposta deste questionário com exemplos passados. Caso não existam exemplos em que você possa se basear, então assinale a coluna "não tenho referência passada".

Pergunta: quando eu planejo, considero em meu planejamento...	Pontuação				
	Não tenho referência passada	Raramente 1	Com pouca frequência 2	Às Vezes 3	Frequentemente 4	Com muita frequência 5
1-Planejo o escopo adequadamente de minha atividade e/ou planejamos adequadamente as atividades de nossa minha equipe?					
2-Planejamos o gerenciamento das etapas e tempos de cada etapa do projeto?					
3-Consideramos os custos em nossos planejamentos para cada fase do projeto?					
4-Detalhamos um planejamento da qualidade com pontos de controle e monitoramento?					
5- Realizamos o planejamento de recursos e pessoas para cada fase da implantação?					
6- Planejamos meu sistema de comunicações em todas as fases do projeto?					
7- Fazemos um estudo/planejamento detalhado dos riscos reais e potenciais do projeto?					
8- Planejamos as subcontratações do projeto contemplando a participação de terceiros?					
9- Outras questões sobre planejamento...					
Total de itens por classificação:					

Instruções: após avaliar a quantidade de questionamentos com notas 3 ou menor, incluir em Plano de Ação (ANEXO I) os pontos que precisam ser aperfeiçoados.

Ser + com Equipes de Alto Desempenho

Chegamos em nossa última etapa de diagnósticos. Iremos agora nos preparar para diagnosticar nossa cultura para gerenciarmos a execução de um projeto.
Nesta fase, muitas informações estarão disponíveis para coletarmos, pois muitos são os projetos que vivemos no dia a dia e, certamente, teremos muitos exemplos para considerar em nossas respostas.
Conseguiremos relembrar como no passado discutimos os problemas, como realizamos os diagnósticos, como tratamos os problemas, entre outras situações do dia a dia da empresa.
Instruções de preenchimento: registre sempre este questionário com base somente em exemplos aceitos por todos. Esta aceitação pode fazer com que muitas barreiras de negar a verdade possam deixar de existir. Lembre-se que neste capítulo, trata-se de um momento delicado, onde você colocará a prova a sua competência e a competência de sua equipe.

Pergunta: quando executo projetos, eu ou a empresa...	Pontuação				
	Raramente 1	Com pouca frequência 2	Às Vezes 3	Frequentemente 4	Com muita frequência 5
1- Orientamos a todos como executar até mesmo quando surgem problemas?					
2- Procuramos sempre aprimorar o desempenho das pessoas buscando sempre resultados melhores					
3- Fornecemos sempre *feedback* a equipe contemplando os pontos fortes e pontos fracos e monitoro a melhoria					
4- Procuramos realizar o gerenciamento da qualidade, contemplando todos os aspectos do meu planejamento					
5- Procuramos sempre saber se a equipe está atendendo ao cliente ou contrato					
6- Procuramos saber se o que estão fazendo está alinhado com a missão					
7- Estimulamos sempre a produtividade e rapidez					

8- Procuramos estimular um clima positivo durante a execução				
9- Procuramos manter todos informados, inclusive aos envolvidos superiores ou patrocinadores do projeto				
10- Procuramos monitorar de perto a qualidade dos assuntos subcontratados que afetem os objetivos do projeto				
11-Procuramos não perder o foco dos resultados a serem alcançados				
13-Procuramos estimular novas formas de executar e aplicar, sempre que viável.				
12-Outras perguntas (incluir) ...				
Total de itens por classificação:				

Instruções: após avaliar a quantidade de questionamentos com notas 3 ou menor, incluir em Plano de Ação (ANEXO I) os pontos que precisam ser aperfeiçoados.

ANEXO 1:

MODELO DE PLANO DE AÇÃO SOBRE COMPETÊNCIAS PARA ALTA PERFORMANCE.

Neste anexo iremos abordar somente algumas competências, como exemplo didático do Plano de Ação em torno das competências em que você precisaria desenvolver e aperfeiçoar.

Não se trata de um plano completo, e sim, somente uma parcial das competências mapeadas.

Ser + com Equipes de Alto Desempenho

Plano de Autoaprimoramento de competências				Página		Rev
Competências	O que melhorar	O que fazer?	Quando e Status	Como avaliar a eficácia?		Quando e Status
	Raramente eu consigo explicar como minha ideia se encaixa melhor naquilo que queremos alcançar	Ação 1: Devo desenvolver habilidade de identificar os objetivos de minha equipe	Prazo: 1º. trimestre	Ação: - pesquisar com a equipe sobre minha performance		Prazo:
			Status: (25% 50% 75% 100%)			Status: (25% 50% 75% 100%)
DESENVOLVER E COMUNICAR UMA EQUIPE	Com pouca frequência justifico minha sugestão e explico porque seria a coisa certa as ser feita	Ação 1: Aprimorar meu estilo de gerenciamento, procurando em cada explanação justificar minha sugestão aplicando todos os conceitos Ação 2: Antes de explanar as sugestões procurar identificar os benefícios e procurar justificar minhas sugestões. Ação 3: - realizar treinamento externo	Prazo: Final de Janeiro	Ação: - pesquisar com a equipe sobre minha performance		Prazo: Final de Ano
			Status: (25% 50% 75% 100%)			Status: (25% 50% 75% 100%)
	Às vezes tento tornar minha sugestão o mais interessante possível	Ação 1: Antes de explanar as sugestões procurar identificar os benefícios e procurar justificar minhas sugestões.	Prazo: Fevereiro	Ação: - pesquisar com a equipe sobre minha performance		Prazo: Final de Ano
			Status: (25% 50% 75% 100%)			Status: (25% 50% 75% 100%)

Plano de Autoaprimoramento de competências

Competências	O que melhorar	O que fazer?	Quando e Status	Como avaliar a eficácia?	Quando e Status
Competência 2: ESTABELECER METAS E OBJETIVOS	As metas que comuniquei não são coerentes com a visão que comuniquei	Ação 1: Rever a visão e rever os objetivos que comuniquei Ação 2: promover correção nos objetivos Ação 3: Comunicar aos funcionários nova atualização de metas e objetivos	Prazo: Semana 4 Novembro Status:	Ação 1: - pesquisar com a equipe sobre o entendimento em torno dos objetivos novos Ação 2: - Reunião para avaliar o conhecimento em torno dos objetivos	Prazo: Status:
Competência 3: CRIANDO MOTIVAÇÃO EM SUA EQUIPE	O peso do reconhecimento formal é fundamental para minha motivação ou da minha equipe	Ação 1: Criar formas de reconhecer de maneira formal os resultados conquistados pela equipe	Prazo Dezembro Status:	Ação 1: - pesquisar com a equipe sobre o entendimento em torno dos objetivos novos Ação 2: - Após implantar método de reconhecimento, pesquisar com integrantes de sua equipe o grau de satisfação do projeto	Prazo: Final de Ano Status:
Competência 4: AVALIANDO O ENGAJAMENTO E COMPETÊNCIA DE SUA EQUIPE	Sou independente e tenho liberdade para executar meu trabalho	Ação 1: Procurar formalizar as responsabilidades e autoridades para a função dentro dos limites de sua competência e cargo	Prazo 2°. trimestre Status:	Ação 1: - pesquisar com a equipe sobre o entendimento de suas responsabilidades e autonomia	Prazo: Final do trimestre Status:

José Geraldo Falcão Britto

Ser + com Equipes de Alto Desempenho

José Geraldo Falcão Britto

Administrador de Empresas, Pós-graduado em Qualidade e produtividade pela USP, Gestão Ambiental pela Escola de Saúde pública da USP, Administração de Marcas pela FAAP. Consultor empresarial da empresa Marcasbrasil Consultoria em Gestão Empresarial desde 1998 em temas como Planejamento Estratégico, Plano de negócios, Gestão de projetos, Gestão da qualidade e produtividade, Reestruturação organizacional, Gestão Ambiental, Gestão Organizacional e de Processos. É membro do comitê da União Global para a sustentabilidade, www.globalunionforsustainability.org/pt-br. Atuou em projetos nos segmentos: metalmecânico, químico, papel e celulose, construção civil, máquinas e equipamentos, defensivos agrícolas, autopeças. Profissional credenciado por órgãos internacionais: auditoria em sistemas de gestão da qualidade pelo IRCA (Inglaterra), auditorias em sistemas de gestão de responsabilidade social pelo SAI (Estados Unidos). Membro de comitês técnicos de elaboração das normas NBR 16001 Responsabilidade social pela ABNT e ISO26000 pelo Instituto Ethos. Professor da Fundação Getúlio Vargas (Alphaville) em cursos de Pós-graduação e MBA em administração de empresas.

Contatos:
www.marcasbrasil.com.br
projetos@marcasbrasil.com.br

Anotações

15

Relacionando Alta *Performance* e Disciplina

Por acreditar na necessidade primeira em saber lidar com um mundo tão instável e dinâmico, podemos cometer o erro de esquecer a importância da disciplina para um ambiente de alta *performance*

Graziela Merlina

Ser + com Equipes de Alto Desempenho

Graziela Merlina

Ao falar de alta *performance* com muitos CEO's e executivos, percebo que a palavra **ENTREGA** é a mais recorrente e presente. Muitas dúvidas, queixas e comentários giram em torno da capacidade de entrega das equipes e da organização. Alguns exemplos:
"Parece básico, mas eu espero que os líderes da minha empresa estejam comprometidos com as **entregas** combinadas".
"Ao final do dia, eu costumava me perguntar – o que **entreguei** hoje? E sempre me frustrava. Então aprendi a perguntar – O que me **entregaram** hoje? O que estava acordado? Como reconheço as superações? Como incentivo os comprometidos? Como desafio e desenvolvo quem não tem desempenho satisfatório? Ou seja, o que eu preciso fazer para **todos entregarem** a *performance* esperada?".
"Porque as pessoas se preocupam tanto em superar expectativas, se o primeiro passo para a alta *performance* é garantir as **entregas**?".
E o que essa ENTREGA tão citada significa?
Pesquisando em alguns dicionários da Língua Portuguesa, encontramos que entrega significa comprometimento em fazer chegar algo a alguém, colocar algo em poder de alguém; dedicar-se inteiramente.
Quando conseguimos entender que somente por meio de uma BOA ENTREGA, ou seja, do comprometimento em fazer chegar algo a alguém dentro da qualidade e prazo combinados, é que concretizamos nosso poder de realização e, por consequência, também damos ao outro o poder de realizar, aí então isso passa a fazer parte essencial de qualquer objetivo de Alta *Performance*.
Uma organização que persegue níveis cada vez mais eficientes de *performance* precisa ter clareza das entregas de cada equipe e indivíduo, e usar seu sistema de gestão para que tais entregas possam ser medidas e valorizadas, para que as pessoas tornem-se mais empoderadas[1] e responsabilizadas por fazer boas entregas.
E isso nos provoca uma primeira grande reflexão: a importância da disciplina para a alta *performance*. Como garantir boas entregas sem uma cultura de disciplina?
Jim Collins, um grande pensador de temas de gestão e consultor dos principais CEOs do mundo, abordou o tema em um dos seus depoimentos: "Acredito que ser criativo é ser humano, é algo natural a todos nós. O difícil é ser disciplinado, e é isso que diferencia uma pessoa".
É por isso que em sua última obra, *Great by Choice* ([2]), Collins aponta que as empresas de sucesso sempre têm três comportamentos de destaque: disciplina fanática, criatividade empírica e paranoia produtiva.

---

1 a palavra empoderada aqui é usada com o significado daquele que assume para si o poder e a responsabilidade por suas tarefas, metas e realizações.

Ser + com Equipes de Alto Desempenho

A criatividade empírica (que significa a utilização da observação direta, a condução de experiências práticas, o envolvimento direto com as evidências, por oposição a confiar somente nas nossas opiniões, caprichos ou análises próprias), e a paranoia produtiva (que consiste na capacidade de estar em vigília para potenciais acontecimentos negativos, que podem atingir as empresas, criando planos de prevenção e de ação bem claros) também tem seu papel representativo nas empresas vencedoras, mas neste artigo o destaque está para a relação entre disciplina e alta *performance*.
O autor destaca que essa disciplina fanática significa consistência com os valores da organização todos os dias, consistência com os objetivos de curto e longo prazos e consistência com os padrões de *performance*. Mas, ao mesmo tempo, há um alerta. Collins cita que acredita ser mais fácil passar da disciplina para a criatividade, já que a criatividade é um estado natural do ser humano. Ele lembra que quase tudo que o homem criou desde a Antiguidade nasceu do impulso criativo, mas lembra que a grande maioria das pessoas não é disciplinada.
A disciplina ajuda a diferenciar uma equipe que apenas está em movimento, agitada e ansiosa daquela que atua de forma produtiva e dinâmica. Conquistamos alta *performance* quando colocamos em prática nossa capacidade de transformar o que sabemos no que fazemos. Para um líder, isso significa transformar estratégia em ação e, desejos em resultados.
No livro Execução ([1]), a disciplina para atingir resultados, Bossidy & Charan citam que a capacidade de transformar estratégia em ação e, portanto, a capacidade de atingir alta *performance*, depende da capacidade de execução da organização e suas equipes. E execução é tratada como uma parte integrante da estratégia. Algo que deve ser aprendido, estudado e aperfeiçoado com a prática. Somente desta forma os líderes conseguirão preencher a lacuna que é criada quando a organização não consegue executar sua estratégia.
É por isso que os autores destacam algumas características essenciais ao líder que busca alta *performance*. Aqui estão algumas delas:

1. Conheça seu pessoal e sua empresa: estar próximo das pessoas significa que não são somente os relatórios e os números que te contam sobre a *performance* das pessoas. P*erformance* é percebida e sentida na proximidade e na interatividade com as pessoas.

2. Estabeleça metas e prioridades claras: como medir o nível de *performance* se as pessoas não sabem onde precisam chegar?

3. Conclua o que foi planejado: projetos e iniciativas abandonadas pela metade tiram a motivação da equipe. Pior ainda, as iniciativas

futuras não serão levadas a sério. Se realmente for necessário cancelar um projeto, isto deve ser feito formalmente, registrando as lições aprendidas e ações corretivas no planejamento. Isso é a disciplina em ação.

4.Recompense quem faz: a organização que diferencia de forma justa e objetiva o desempenho que cada colaborador criará uma cultura baseada em alta *performance* e crescimento pelo mérito.

Kaplan e Norton também destacam a importância de colocar a estratégia em movimento associando-as com iniciativas de curto prazo. Embora pareça óbvio, uma pesquisa conduzida pelos autores na publicação do livro A Execução *Premium* ([3]), revelou que 50% das organizações não conectam a estratégia a planos e orçamentos de curto prazo. Um dos executivos pesquisados declarou: "Metade de minhas iniciativas atinge os objetivos estratégicos. Só não sei que metade".

Por isso, os autores ressaltam que além de escolher e financiar as iniciativas estratégicas, uma organização de alta *performance* precisa definir responsabilidades e quem presta contas por elas.

Um bom caminho para aumentar a capacidade de execução de uma equipe é definir conquistas de curto prazo, ou seja, desmembrar as grandes entregas em várias pequenas. Uma equipe que se percebe capaz e eficiente na execução, sente prazer em praticar a disciplina, e, assim se constrói o hábito, quando percebe-se que este hábito traz resultados, facilita nossas conquistas e é reconhecido pelos outros.

David Ulrich, em seu livro O Código da Liderança ([4]) alerta "Execução sem estratégia pode ser cega, mas estratégia sem execução é uma esperança em vão".

Se por um lado, a disciplina é essencial a alta *performance*, por outro vale a pena lembrar que uma das grandes ameaças a uma boa *performance* é a busca indisciplinada pelo crescimento e pelo sucesso que fazem as empresas quererem crescer em primeiro lugar, deixando de lado alguns fundamentos e ENTREGAS essenciais ao negócio.

A necessidade de uma cultura de alta *performance*, e portanto de disciplina na execução, fundamenta-se no objetivo constante de adicionar valor a todos os *stakeholders*. Algumas estratégias quando adotadas pelos líderes da organização, podem fazer a diferença:

- Garantir que todos os gestores estejam aptos a desenvolver suas equipes todos os dias. Isso significa a capacidade deles em:
  - Definir objetivos e metas para os indivíduos e os times.
  - Mensurar e acompanhar os indicadores de *performance*.
  - Fazer *follow up* constante para monitorar progressos.
  - Fornecer *ongoing feedback* tanto quando a *performance* ex-

cede, quando não atinge as expectativas.
- Identificar as diferenças na prática das competências essenciais em cada nível de gestão e assim, garantir que o sistema de *performance* incorpore essas diferenças para que os gestores sejam:
- Recompensados pelo nível adequado de competências demonstradas.
- Treinados, capacitados, ou que sejam expostos a qualquer outro tipo de ação de desenvolvimento adequado para ajudá-los a entregar as habilidades exigidas.
- Garantir que toda e qualquer ação de desenvolvimento esteja alinhada com as competências essenciais e então dar espaço de atuação para sua equipe, fazendo-os participar de tomada de decisão e projetos, além de encorajar a troca de boas práticas entre pessoas, áreas e unidades de negócio.

Dessa forma, o artigo nos ajuda a construir a relação entre *performance*, disciplina e liderança. Com a crença de que são as reflexões para as quais nos abrimos que nos promove mudanças, crescimento e evolução, seguem algumas reflexões que equipes que se propõem a um modelo de alta *performance* podem fazer, para contribuir com a identificação de seus pontos de atenção e AÇÃO:
- Você e sua equipe se percebem rediscutindo pontos já validados e decididos anteriormente com muita frequência? Por qual motivo? Falta de aderência à decisão, falta de entendimento ou falta de disciplina?
- Onde está o maior investimento do seu tempo: garantir a entrega do que foi combinado, agindo preventivamente em caso de dificuldades ou na dedicação diária em fazer algo sempre melhor e diferente do que já foi feito antes mesmo que vá além do combinado?
- No dia a dia, nos projetos, nas metas e nas reuniões, você e sua equipe estão valorizando o quê? Onde há e onde não há disciplina?
- Segundo o dicionário, uma das definições para disciplina é o conjunto de princípios e métodos estabelecidos para o funcionamento adequado de qualquer atividade. É a disposição, determinação e constância para realizar algo. Então, como está o seu nível de disciplina para a alta *performance*?

Bibliografia
1. Bossidy,L. & Charan, R. Execução, a disciplina para atingir resultados. Editora Campus. São Paulo, 2004.
2. Collins, J. Great by Choice. Harper Collins. New York, 2011.
3. Kaplan, R.S. & Norton, D.P. A Execução *Premium*. Editora Campus. Rio de Janeiro, 2008
4. Ulrich, D. The Leadership Code. HBP. Boston, 2009.

Graziela Merlina

Mestre em Comportamento Organizacional pelo COPPEAD/UFRJ, graduada em Engenharia de Produção com pós-graduação em Administração de Empresas. Especialização em Psicodrama Aplicado, *Coaching* e Certificação Executiva em *Supply Chain*. Ocupou cargos de liderança em organizações multinacionais na área de *Supply Chain* e Operações. Doze anos de experiência em consultoria de gestão e desenvolvimento organizacional. Criação e Condução de Programas de Desenvolvimento de Líderes, Gestão por Competências, Gestão da Mudança, e Times de Alta Performance. *Coach* de executivos e professora de Comportamento Organizacional em curso de Administração de Empresas.

Anotações

16

Equipe de Alto Desempenho demanda Gestão de Alto Desempenho

Acertar a engrenagem entre os diferentes papéis que atuam simultaneamente no ambiente organizacional é a essência da alta performance. Líderes, colaboradores e demais elementos da gestão devem ser solidários nessa busca pois desempenham papéis complementares

Izabel Cristina Folli

Ser + com Equipes de Alto Desempenho

Izabel Cristina Folli

As pressões sobre as empresas e, consequentemente, sobre as pessoas que as gerenciam, são crescentes e cada vez mais intensas. Forçam o enfrentamento das situações adversas, com agilidade e eficácia, em prol de resultados que contribuam para o desenvolvimento da organização, para satisfação dos clientes, dos acionistas e dos colaboradores.

Nesse contexto, as pessoas são cobradas para atuarem no máximo da sua performance, cabendo às lideranças o papel de facilitar a sinergia entre desempenho individual e coletivo para construir o lucro, a sustentabilidade da organização o desenvolvimento e a qualidade de vida.

Por esta razão é tão importante dar atenção às demandas das pessoas dentro das empresas: necessidades não satisfeitas criam pessoas desmotivadas e geram interferências negativas na entrega do potencial existente. É preciso propiciar um ambiente onde as pessoas possam expandir esse potencial e aprimorar continuamente a sua performance. Não existe excelência no desempenho coletivo sem equivalência individual.

Trazendo sua experiência de *coach* esportivo para o mundo corporativo, Tim Gallwey descreve a perfomance a partir do potencial, descontadas as interferências. Em seu livro *The Inner Game*, ele apresenta esse conceito de forma bastante prática com a seguinte fórmula:

$P = p - i$ onde P = performance p = potencial
i = interferências

Usando esse raciocínio, e conscientes da complexidade que está por trás desta simples fórmula, será descrito a seguir um caso bem-sucedido de intervenção, com o propósito de divulgar uma prática que proporcionou resultados positivos em ganho de performance organizacional.

Para preservar a identidade do cliente, serão relatados apenas dados necessários para compreensão do caso, que transcorreu no setor de produção de uma empresa multinacional sediada nos arredores de São Paulo, no período de 2009 a 2011.

A demanda: um profissional de média gerência que figurou na lista dos talentos da organização em alguns anos, apresentava inexplicável queda no desempenho e mudanças desfavoráveis no comportamento. Esse desvio estava afetando também a performance do grupo sob seu comando e, em cadeia, causando impacto nos níveis de produtividade da empresa.

Para facilitar, trataremos essa pessoa como **Gestor** e sua liderança como **Gerência**. Algumas queixas apresentadas: baixo rendimento, não cumprimento de prazos, distanciamento da equipe e da Gerência, baixa participação na resolução de problemas, falta de iniciativa e de demonstração de energia, ausência de análise no controle dos indicadores e demonstração de insatisfação com a Gerência.

O Gestor: colaborador jovem, Geração Y, na empresa há mais de dez anos, com sucesso na atuação anterior em diversas áreas. No comando da produção há dois anos, sem mostrar resultados desejáveis. O desgaste avançado trazia dúvidas sobre possibilidade de resgate do profissional.

A consultoria foi demandada para coaching e a intervenção foi um pouco além, levando em conta conceitos da gestão da complexidade, a partir do pensamento de *David J. Snowden e Mary E. Boone*:

"Numa organização, a maioria das situações e decisões é complexa porque uma grande mudança — um trimestre fraco, uma troca no comando, uma fusão ou aquisição — traz imprevisibilidade e fluxo. Neste domínio, só é possível entender o porquê de alguma coisa em retrospecto. Mas, se o líder incentivar a realização de experimentos nos quais errar é permitido, podem surgir padrões instrutivos. É por isso que, em vez de tentar impor um curso de ação, o líder deve ter paciência e permitir que esse caminho se revele por si só. Precisa sondar primeiro, perceber depois e só então responder".

O papel da Gerência e da equipe de recursos humanos da companhia foi fundamental para os resultados alcançados. Juntos, foram muito atuantes ao longo do processo. Mais do que permissão para ousar, houve concordância, apoio e participação: tanto na investigação como na implementação de ações, com sinalização de ajustes a cada desvio percebido.

As atividades foram lastreadas no ciclo de desenvolvimento de melhoria DMAIC, derivado da estratégia Seis Sigma, onde:
D= Definir, **M**= Medir, **A**= Analisar, **I**= Implementar e **C**= Controlar

Na **definição**, foram decididos os indicadores de sucesso do trabalho, representados por KPIs - *Key Performance Indicator*. Eles correspondem ao **P** da fórmula de Gallwey. Também foram descritos os comportamentos esperados do Gestor para validar melhorias, associando desempenho técnico com atitudes desejáveis. O Gestor participou desde o início do processo, atuando na discussão do programa e na apuração dos KPIs. Houve total transparência e engajamento.

Na **medição,** os KPIs foram apurados pelo Gestor em uma das primeiras tarefas do coaching: registrar a situação real no início do processo. A fim de medir comportamentos foi utilizada uma ferramenta de diagnóstico do perfil comportamental e pesquisa 360° para complementar com a visão dos colaboradores, dos pares e dos clientes internos. Também foi realizada uma entrevista presencial, com Gerente e Gestor, mediada pela consultoria. Nessa prática foram destacados os pontos críticos de desenvolvimento e investigados os dados e fatos que tornavam concretas as queixas apresentadas.

O arcabouço de dados obtidos na definição e na medição deu suporte à fase de **análise**. Com o processo de coaching já em andamento o Gestor pode observar essas informações e construir uma visão clara do seu potencial e das lacunas. Foi uma oportunidade para reconhecer os problemas pessoais que se acumulavam com *gaps* de gestão e de relacionamentos no trabalho. Houve concordância com as queixas iniciais e a tomada de responsabilidade para resolução.

Gradativamente foi percebendo e diminuindo interferências (i), que comprometiam a entrega do seu potencial (p). Foram utilizadas técnicas de coaching para ampliar o autoconhecimento e a percepção do impacto que os seus comportamentos causavam no ambiente.

Em paralelo, foi investigada a congruência entre os valores e objetivos pessoais com o equivalente na organização. O Gestor foi intensamente estimulado a *ouvir o seu diálogo interno,* extrair dele a aprendizagem necessária e o impulso para ir em frente, desafiando-se em cada etapa a *dar um passo a mais*; ampliando o seu desempenho.

Na **implementação** foi criado um plano de ação com atividades técnicas, de gestão e de autodesenvolvimento. Foram definidos e estimulados os comportamentos necessários para sustentar a manutenção das novas ações.

Para apoiar a superação de obstáculos houve uma intervenção adicional envolvendo colaboradores diretos do Gestor. Foi uma prática ousada, acordada com o Gestor, que o dispôs a discutir e alinhar as diferenças individuais entre os membros da equipe e também a capturar *feedback*.

Nessa fase, a Gerência e apoio de recursos humanos voltaram a ser envolvidos para validar os rumos indicados no plano de ação e acrescentar referências para ajustes. O processo esteve o tempo todo engrenado e todas as peças se moviam conjuntamente.

Gradativamente o Gestor intensificou suas práticas de comando na produção: implantou novas ferramentas de gestão, assumiu outras que já existiam; criou métodos de acompanhamento e controle dos indicadores e das atividades; sistematizou reuniões periódicas individualizadas e coletivas; criou mecanismos de organização das próprias atividades e passou por intenso processo de autorregulação no gerenciamento de suas emoções.

Como parte de suas tarefas, buscou e encontrou apoio da Gerência, que lhe proporcionava *feedback* de reforço, auxiliando no ganho de autoconfiança. Aumentou a proximidade com a equipe de recursos humanos para auxiliar nas demandas de gestão de pessoas e

Ser + com Equipes de Alto Desempenho

movimentou-se para dinamizar conexões com pares e clientes internos em prol de maior efetividade nos processos.

Menos de um ano após início da intervenção, o Gestor foi promovido a Gerente de Produção. Suas práticas comprovadamente surtiam efeitos positivos.

Na fase de **controle**, foram revisados os KPIs e todos os pontos investigados apresentaram evolução. Os ganhos de produtividade alavancaram resultados acima das metas estabelecidas. O nível de engajamento e de satisfação dos colaboradores foram detectados em performance individual e coletiva.

Apenas a revisão da pesquisa comportamental indicou pontos que ainda demandavam cuidados. Estes foram acompanhados por mais algum tempo, com breve prolongamento do *coaching*. A relação entre Gerência e Gestor elevou-se ao ponto da sua indicação para sucessor, passando a figurar como um dos potenciais a serem preparados como *backup* na área.

Conclusões: as ações em busca da alta performance devem levar em conta a complexidade do cenário e das múltiplas variáveis que afetam o desempenho individual e coletivo.

Cabe às lideranças a responsabilidade de prestar atenção nas pessoas. É delas o papel de perceber os desvios, propor correções e fornecer os recursos. A gestão das pessoas é uma responsabilidade intransferível da liderança. *Coaches* e consultores são elementos de apoio.

A gestão das pessoas deve ser feita com proximidade, com acompanhamento, com sistematização de controles, acompanhamento regular e *feedback*s de reforço e oritentativo, no tempo oportuno, de forma específica, neutra e preferencialmente suportados por exemplos.

A correção de desvios em busca de alta performance implica em ação multidisciplinar, engajamento de *stakeholders*, conduta inclusiva e total transparência no enfrentamento da realidade.

Por fim, a gestão de pessoas em busca de melhor desempenho não pode ser tratada de forma meramente intuitiva. Ela requer estrutura conceitual de apoio aos processos, métodos e ferramentas que proporcionem suporte e orientação à tomada de decisões.

Bibliografia
ROBBINS, Stephen P. **Comportamento Organizacional**. São Paulo, Prentice Hall, 2002
CHIAVENATO, I. **Gestão de Pessoas**. Rio de Janeiro, Campus, 2008
JOHNSON, S. **Emergência**. Rio de Janeiro, Zahar, 2003

Izabel Cristina Folli

Formada em *Business Coaching* na Alemanha e com bagagem adquirida em diferentes atuações no Brasil, dispõe de versatilidade para apoiar o crescimento de pessoas, equipes e empresas, em busca de melhores resultados pessoais, profissionais e corporativos. Atua no desenvolvimento do capital humano organizacional, com sólida experiência na carreira anterior de economista no mercado financeiro, por 15 anos. Desempenha no ambiente corporativo o papel de coach de executivos e de pessoas com potencial ou interesse na progressão de carreira e realização de metas pessoais. É responsável pela criação de programas para desenvolvimento de equipes de alta performance e de lideranças, em empresas nacionais e multinacionais.

À frente do Idecaph Instituto de Desenvolvimento do Capital Humano há mais de 5 anos, dispõe de portifólio de clientes com posições estratégicas relevantes no comando organizacional. Como membro do Grupo de Excelência em *Coaching* do CRASP – Conselho Regional de Administração de São Paulo, tem contribuído de forma atuante com reflexões sobre práticas adequadas nesse segmento nas organizações.

Contatos:
www.idecaph.com.br
crisfolli@idecaph.com.br

Anotações

17

Por quem os sinos dobram?

Nenhum homem é uma ilha,
Isolado em si mesmo.
Cada um é um pedaço do continente
Uma parte da terra firme.
Se um torrão de terra for levado pelo mar,
A Europa fica menor.
Assim como se fosse um promontório.
Como se fosse o solar dos teus amigos
Ou o teu próprio.
A morte de cada homem me diminui,
Porque sou parte da humanidade.
Portanto, não me perguntes
Por quem os sinos dobram;
Eles dobram por ti.

John Donne (1572-1631)

Janaina Seibert

Ser + com Equipes de Alto Desempenho

Janaina Seibert

As palavras de John Donne ressoam como vozes da atualidade; lembrar constantemente que nenhum de nós é uma ilha é um dever de cada dia.

Muito se espera das organizações modernas: investimentos tecnológicos, comprometimento com a qualidade total em atendimento aos requisitos do cliente, responsabilidade social e ambiental, mas fundamentalmente a coerência entre o discurso e a prática empresarial. Para tanto não basta teorizar a respeito de que o maior capital da organização são as pessoas, exige-se também competência para exercitar o discurso e validar aquilo que se quer alcançar.

A receita é simples: associar forças, somar competências, interagir de forma a superar as diferenças de personalidade e unir os talentos para alcançar objetivos comuns, construindo um resultado melhor.

Na perspectiva do "como se faz", da execução, seguir oito passos é fundamental na estruturação de uma equipe de alto desempenho.

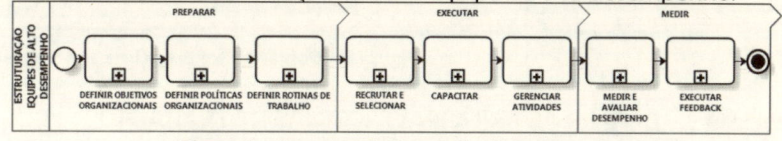

Figura 1 – Processo de Formação de Equipes de Alto Desempenho

PASSO 1 – DEFINIR OS OBJETIVOS ORGANIZACIONAIS

Para uma equipe de alto desempenho, os propósitos organizacionais devem ser claros e explícitos, orientando sobre as intenções da organização para que o comprometimento com o planejamento seja a contrapartida. Essas intenções são representadas pela Missão, Visão e Valores.

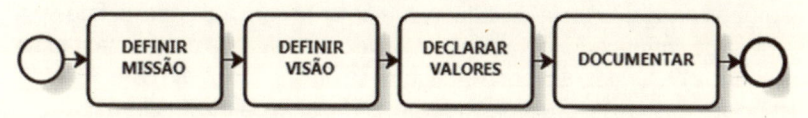

Figura 2 – Definir os objetivos organizacionais

A organização existe para satisfazer as necessidades de seus consumidores, logo, a missão é o posicionamento da empresa diante deste mercado. Indiscutivelmente, a missão deve responder o que a organização se propõe a fazer e para quem.

A visão é a descrição do futuro desejado pela organização, resultado dos esforços individuais, da equipe e da alocação dos recursos. A declaração da visão deve ser prática, realista, visível e facilitar a resposta quanto a o quê a organização quer se tornar e em que direção deve apontar seus esforços.

Valores são os princípios ou crenças que servem de critério para os comportamentos, atitudes e decisões de todos dentro da organização. Devem guiar o exercício das atribuições e responsabilidades de cada colaborador.

Registros Associados: *banner*, quadros, murais, site e material institucional devem referenciar os objetivos organizacionais.

PASSO 2 – DEFINIR AS POLÍTICAS ORGANIZACIONAIS

Políticas são as regras de negócio da organização para o atingimento das metas e objetivos estabelecidos. Ao refletir sobre quais políticas definir, pode-se utilizar modelos que representem as partes do negócio (política de conduta, política de compras, política de vendas etc), desde que exista ligação entre as partes em um modelo mais abrangente.
Além disso, devem ser documentadas, publicadas e periodicamente revisadas, através de fiscalização de sua aplicação, a fim de que se torne uma pratica comum.

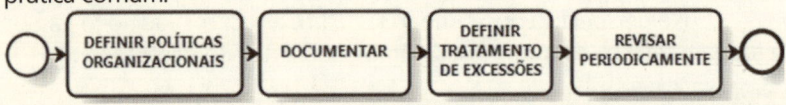

Figura 3 – Definir as políticas Organizacionais

PASSO 3 – DEFINIR AS PRINCIPAIS ROTINAS DE TRABALHO

Uma equipe de alto desempenho possui rotinas de trabalho formadas de inúmeras atividades e tarefas prioritárias que precisam ser definidas. Após a definição das tarefas prioritárias, o passo seguinte é padroniza-las, identificando dentre elas as críticas. Para tanto, se faz necessário avaliar como o trabalho é conduzido pelos indivíduos, verificando todos os locais e grupos onde a tarefa é executada. Juntamente com a equipe, define-se a sequência correta para o trabalho. Uma vez padronizada e documentada a sequência de tarefas, é preciso assegurar-se de que todos os colaboradores em todos os locais e grupos conduzam o trabalho da mesma forma.

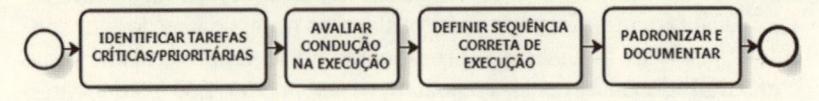

Figura 4 – Definir rotinas de trabalho

Registros Associados: Lista de Tarefas, Instruções de Trabalho, Procedimentos Operacionais.

PASSO 4 – RECRUTAR E SELECIONAR

Recrutar e selecionar é um processo estratégico na organização e deve ser de responsabilidade da área de recursos humanos ou de uma agência especializada na inexistência da área internamente.

Além de ter em mãos a descrição do cargo com os requisitos da vaga, conhecer os principais desafios esperados pela área solicitante é fundamental. O solicitante da vaga deverá obrigatoriamente participar do processo seletivo, a fim de apoiar o recrutador no entendimento e alinhamento do perfil comportamental e técnico esperado de cada membro de sua equipe.

Figura 5 - Recrutar e Selecionar

Registros Associados: Descrição de Cargo, Formulário de Solicitação de Vaga, *Check-list* de Execução da Entrevista, Laudo da Entrevista.

PASSO 5 – CAPACITAR

Uma equipe de alto desempenho está permanentemente em aperfeiçoamento (treinamento contínuo). Para tanto, um rigoroso plano anual de treinamento, minuciosamente pensado, deve ser desenvolvido, executado e avaliado.

Figura 6 - Capacitar Colaborador

Registros Associados: Plano Anual de Treinamento, Registro Presença de Treinamento, Avaliação Eficácia Treinamento, Cadastro Profissional Colaborador, Metas e Indicador de Desempenho.

PASSO 6 – GERENCIAR AS ATIVIDADES (O TEMPO)

Quando há impressão de que as horas são curtas demais, é importante lembrar que o problema não é a falta de tempo, mas a maneira como irá utilizá-lo. Ao definir as tarefas prioritárias e críticas, o passo seguinte é empenhar-se para gerenciar o tempo disponível na execução das atividades propostas. Manter registro do que planejar *versus* o que executar é fundamental para avaliar a efetividade do planejamento das atividades.

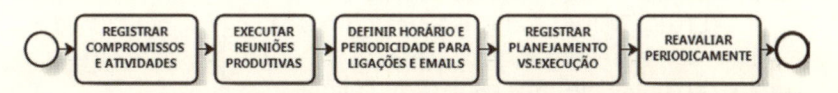

Figura 7 - Gerenciar as atividades (Tempo)

Ser + com Equipes de Alto Desempenho

Registros Associados: Agenda eletrônica, Formulário de Convocação de Reunião, Formulário de Registro de Reunião.

PASSO 7 – MEDIR E AVALIAR O DESEMPENHO

Indicadores são dados ou informações que representam um determinado fenômeno e são utilizados para medir o negócio, um processo ou uma atividade na organização. Cabe ao gestor da equipe promover a definição, aceitação e instituição de um sistema de indicadores de desempenho, além da periodicidade de coleta e registro, o método de avaliação dos resultados e as reavaliações das ações do processo.

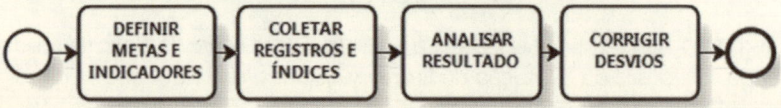

Figura 8 – Medir e Avaliar o Desempenho

Registros Associados: Quadro de Controle dos Indicadores, Formulário de Plano de Ação.

PASSO 8 – EXECUTAR *FEEDBACK*

Objetiva avaliar o desempenho da equipe, a partir dos resultados produzidos (comportamentos específicos e observáveis) e em conjunto, definir ações de reforço e melhoria. Para oferecer *feedback* (seja ele positivo ou negativo) a um membro da equipe, se faz necessário pedir permissão e deve ser realizado o mais próximo possível das ocorrências. Uma avaliação mensal da equipe é recomendada.

Figura 9 - Executar *Feedback*

Registros Associados:
• Evidências Referentes aos Comportamentos Alvo.

Confiança mútua, esforço coordenado e cooperação voluntária fazem de uma tarefa que parece intransponível um estimulante desafio. E desta forma, nascem verdadeiras e singulares equipes: pela percepção de saber o que fazer para auxiliar os demais.

Unidos somos todos maiores do que simplesmente somados. Nenhum homem é uma ilha completa em si mesmo. Todo homem é um pedaço do continente, uma parte da terra firme.

Janaina Seibert

Especialista em Gestão Estratégica de Marketing, Janaina Seibert conta com mais de 10 anos de experiência em Gestão Empresarial. É consultora, palestrante e professora nas áreas de planejamento estratégico, inteligência competitiva, *Balanced Scorecard*, gerenciamento de processos de negócio, *database marketing* e CRM, além de atuar como diretora executiva da empresa Maesthria Gestão e Processos.

Contatos:
www.maesthria.com.br
direcao@maesthria.com.br
(54) 30215404 / (54) 3021 5606

Anotações

18

LIDERANÇA E FORMAÇÃO DE EQUIPES DE ALTO DESEMPENHO: OS MAIORES DESAFIOS DAS ORGANIZAÇÕES ATUAIS

Neste artigo serão apontadas as principais características de uma liderança apta a coordenar equipes de alto desempenho. Uma tarefa árdua, que requer envolvimento total com a organização, é desmistificada ao abordar todas as competências e o perfil deste profissional. Para alcançar o sucesso é preciso fortalecer a equipe e definir o estilo de liderar, tendo em vista um método de trabalho bem definido. Fato é que nem todos os colaboradores têm as características necessárias de uma liderança. É papel do líder dirigir, orientar, motivar e alcançar os resultados previstos, inclusive superá-los

Jerônimo Mendes

Ser + com Equipes de Alto Desempenho

Nas empresas que valorizam as pessoas, a formação de equipes de alto nível demanda investimentos pesados em tempo e recursos, portanto, permitir que fracassem ou produzam menos do que se espera delas causa prejuízos irreversíveis em todos os sentidos.

Algumas equipes atingem resultados extraordinários, independentemente do grau de dificuldade das metas, entretanto, outras podem se transformar em verdadeiros fracassos e levar uma organização à falência em pouco tempo. Isso faz da liderança um desafio permanente.

Estudos realizados por Robert Goffe e Gareth Jones, da *Harvard Business School*, derrubaram os quatro mitos mais populares sobre liderança. Segundo eles, (1) nem todas as pessoas podem ser líderes, (2) líderes nem sempre levam a resultados, (3) pessoas que chegam ao topo não são, necessariamente, líderes e, por fim, (4) líderes raramente são grandes coaches.

As condições que favorecem a liderança podem ser as mais inexplicáveis possíveis. De fato, ninguém nasce líder e nem todos aspiram à liderança. Se todos os líderes levassem a resultados positivos, o mundo seria diferente. Além do mais, existem aqueles elevados à condição de liderança mediante conchavos, arranjos de toda ordem e apadrinhamento, mas esse jogo faz parte do mundo dos negócios e do mundo político e pouco se pode fazer contra ele.

A liderança também é cíclica. A estabilidade dos líderes pode oscilar de acordo com o humor dos acionistas, a insatisfação da equipe, a conspiração silenciosa dos demais líderes e a própria falta de adaptação do líder ao cargo. Por outro lado, líderes tiranos ou arrogantes tendem a se sustentar no cargo com a obtenção de resultados favoráveis seguidos, alcançados mediante coerção, jogo sujo e ameaças.

Esse tipo de comportamento acaba encobrindo os defeitos e premiando a incompetência dos líderes no trato com as pessoas. Para muitas empresas, o que interessa é o resultado, portanto, mesmo que a direção tome conhecimento dos desmandos, posturas assim são ignoradas em nome do lucro.

De acordo com Robert Katz, pesquisador do comportamento organizacional, a liderança demanda três competências essenciais:

Habilidades Técnicas: capacidade de aplicação de conhecimentos ou habilidades específicas; diz respeito à formação e conhecimento do líder, à sua expertise, àquilo que ele realmente sabe fazer.

Habilidades Humanas: capacidade de trabalhar com outras pessoas; diz respeito à sua habilidade de relacionamento interpessoal: saber motivar, ser bom ouvinte, saber se comunicar, saber formar equipes de alto desempenho.

Habilidades Conceituais: diz respeito à sua capacidade de

Ser + com Equipes de Alto Desempenho

analisar e diagnosticar situações complexas e, com base nelas, tomar decisões acertadas para o bem da empresa.

A parte técnica é mais fácil, pois, depende apenas do líder. A parte humana é mais complexa, portanto, ao ser elevado à condição de líder, pense na liderança como uma lição de sobrevivência, a qual se deve aprender rapidamente para manter-se no cargo e conquistar o respeito da equipe.

Quando alguém assume um cargo de liderança, por imposição ou por merecimento, assume também os prós e os contras da imensa responsabilidade que a posição requer perante todos os envolvidos no processo.

É difícil imaginar que uma organização tenha de imediato o líder certo para a área certa e a equipe certa. Por mais experiente que seja o profissional escolhido para o cargo, cada desafio exigirá dele uma reavaliação sobre a própria forma de pensar e agir considerando que a liderança é situacional e o sucesso no cargo depende de inúmeros fatores.

O processo de construção da liderança é ignorado pela maioria das organizações, portanto, para não incorrer no mesmo erro e evoluir naturalmente no cargo, deve-se compreender cada etapa do processo de desenvolvimento da liderança:

Autoavaliação: você está pronto para ser líder? Possui competências ou habilidades básicas necessárias para o bom desempenho do cargo? Conhece as atividades relacionadas ao cargo em questão? Conhece as suas principais deficiências? Sabe pensar estrategicamente ou ainda está muito ligado ao operacional?

Internalização: você estudou as características básicas de um líder, analisou os atributos de um líder de alto desempenho, mapeou suas competências, conhece seus pontos fortes e sabe exatamente quais os pontos fracos a serem trabalhados; você está pronto para iniciar o processo de aprendizado da liderança.

Mudança de hábito: de posse do conhecimento das características, competências e habilidades imprescindíveis para assumir tamanha responsabilidade, você está disposto a imprimir o esforço necessário para mudar a sua forma de pensar e agir perante seu novo chefe, sua nova equipe, seus novos pares e concorrentes.

Maturidade: você entende, finalmente, que a liderança é um processo constante de aprendizado, portanto, além de suportar a pressão por resultados cada vez melhores, precisa renovar-se dia a dia para manter a posição sem abrir mão de valores e princípios.

Apesar das dificuldades de se viver em grupo, as equipes são importantes formas de agrupamentos para que o trabalho seja realizado da melhor maneira possível. Sem equipes coesas não há lucros nem resultados satisfatórios tampouco o aprendizado necessário para o crescimento da organização.

Pesquisas realizadas por Don Carew e Eunice Parisi-Carew durante dez anos revelam que as equipes fracassam por várias razões. Segundo os autores, ter consciência dessas armadilhas é importante para evitá-las na equipe liderada pelo profissional ou da qual faz parte.

São elas:

Falta de diretrizes sólidas que definam o propósito central da equipe e como essa trabalhará de forma unida para alcançá-lo: em suma, para que serve uma equipe, qual o seu propósito, o que ela precisa fazer para atingir os objetivos.

Incapacidade de decidir no que consiste o trabalho pelo qual a equipe é responsável de forma interdependente e mútua: basicamente, falta de foco no resultado final do trabalho e sua relação com as demais áreas.

Falta de responsabilidade mútua: quando os resultados não são alcançados, a responsabilidade é de todos; não adianta culpar apenas um ou outro membro da equipe.

Falta de recursos para cumprir com o trabalho, incluindo o tempo: diz respeito ao uso criativo e responsável dos recursos – materiais, equipamentos e pessoas - e à organização do tempo.

Falta de liderança eficaz e de liderança compartilhada: orientação, delegação e compartilhamento são palavras-chaves para o sucesso das equipes.

Falta de normas que fomentem a criatividade e a excelência: falta de estímulo ao pensamento criativo, "fora do quadrado", como se diz na gíria.

Falta de planejamento: não há empresa nem equipe que resista sem o mínimo de planejamento e isso é tarefa dos líderes.

Falta de apoio da gerência: o apoio é a maior ferramenta de motivação do líder; sem apoio não há sinergia e sim desperdício de energia vital.

Inabilidade para lidar com conflitos: as empresas são fontes inevitáveis de conflitos, portanto, quem não gosta de conflitos não pode liderar equipes; saber lidar com eles é sinal de amadurecimento.

Falta de treinamento em habilidades de trabalho em equipe em todos os níveis: não fomos treinados para trabalhar em equipe, acabamos por aprender a duras penas; atingir a excelência do trabalho em equipe requer direcionamento, determinação e comprometimento de todos.

Conquistar um cargo de liderança é fácil. Manter-se íntegro sob

Ser + com Equipes de Alto Desempenho

pressão depende de um processo longo e doloroso de construção da liderança baseada em princípios e valores sólidos que transcendem a figura do próprio líder.

Tornar-se um líder respeitado e montar equipes de alto desempenho requer estilo de liderança bem definido e metodologia de trabalho. As regras a seguir podem ser aplicadas em qualquer situação de liderança:

Esclareça as expectativas: o líder não compete com os membros da equipe; o líder dirige, orienta, motiva e alcança resultados, portanto, deve ser claro quanto ao propósito da sua missão e ao papel de cada um dentro da equipe.

Imponha seu próprio ritmo: o líder é um maestro que ajusta o foco, dita o tom e seleciona os membros da equipe de acordo com as suas expectativas em relação ao que é necessário para atingir os resultados esperados pela organização.

Liberdade vigiada: embora seja o maestro, o líder deve montar uma equipe em que possa confiar e cada membro saiba tocar o seu próprio instrumento; equipes de alto desempenho são feitas de pessoas que cumprem o seu papel à risca; o papel do líder é confiar e monitorar os resultados.

Alinhamento permanente: reuniões extensas e muito frequentes são maçantes e improdutivas; reuniões coordenadas, com pauta pré-definida e tempo limitado, no início de cada semana, mantém o foco nos resultados e a comunicação alinhada.

Crie um bom *networking* com os demais lideres: o líder é tomador e prestador de serviços, portanto, deve construir um excelente *networking* com os demais líderes, mantê-los informados a respeito da sua área e evitar a competição.

Comemore os resultados: a maioria dos líderes está preparada para cobrar, competir e sugar a energia da equipe, porém, ao comemorar os resultados, o líder conquista a confiança e o respeito de todos os membros da equipe.

A maioria das equipes reflete os pensamentos do líder. Quando os líderes não orientam, não esclarecem as expectativas, não planejam, não delegam e não atribuem responsabilidades, não devem esperar resultados promissores.

Com relação à liderança, vale a máxima do planejamento: "quem não sabe para onde vai, qualquer lugar serve." Nunca ignore a missão e a visão da organização embora seja necessário às vezes um pouco de pressão. Liderança é uma arte que deve ser aprendida aos poucos, pois, exige firmeza, amadurecimento, renúncia e comprometimento com os resultados.

Pense nisso e seja líder por excelência!

Jerônimo Mendes

Graduado em Administração de Empresas, Pós-graduado em Logística Empresarial e Mestre em Organizações e Desenvolvimento Local pela UNIFAE / Curitiba-PR. Especialista em Processo de Consultoria pelo IEA – Instituto de Estudos Avançados. Mais de trinta anos de experiência profissional em empresas como Klabin, Brahma, Texaco, Volvo e CSN. Sócio-Gerente da CONSULT Consultoria de Gestão de Negócios. Con¬sultor e palestrante nas áreas de Empreendedorismo, Estratégia, Inovação e Comportamento Organizacional. Certificado em Executive *Coaching* e *Life Coaching* pelo ICI - Integrated Coaching Institute. Autor de vários livros publicados no Brasil e no México, entre eles, Oh, Mundo Cãoporativo (Qualitymark), Benditas Muletas (Vozes), Manual do Empreendedor (Atlas) e Empreendedorismo para Jovens (Atlas).

Anotações

19

Equipes de Alto Desempenho

A busca por resultados extraordinários faz parte dos principais objetivos das organizações num contexto em que a disputa do mercado é intensa. A melhor maneira de alcançar as metas de desempenho é formar uma equipe de alta performance e é neste contexto que o líder é primordial. Quando se trata de equipe, é fundamental trabalhar com os mesmos propósitos e objetivos

José Antonio de Souza Dias

Ser + com Equipes de Alto Desempenho

José Antonio de Souza Dias

Formar uma equipe de alta performance é uma tarefa que requer disciplina e dedicação por parte da empresa e também da liderança. Tenho observado em várias organizações esta grande necessidade de obter resultados extraordinários dia após dia, porém, algumas delas se esquecem de fazer a lição básica que norteia toda a cadeia.

Há uma sequência muito importante para ser analisada antes de aplicar mudanças em todas as áreas, são informações essenciais que todos os membros da organização devem saber, caso contrário, não há resultado consistente e pouco comprometimento por parte das equipes. Já participei de várias reuniões em empresas, e hoje, atuando como Consultor Empresarial, observo que quando a alta direção transmite uma informação para os líderes, que a empresa necessita apresentar resultados melhores do que está entregando, a maioria das lideranças faz aquilo que vem na sua mente para poder entregar o que foi solicitado.

Neste momento, podem acontecer muitos estereótipos que bloqueiam a liderança na implementação de novos modelos de trabalho, ou ter uma equipe criativa e com flexibilidade para poder se adaptar em qualquer cenário.

Se estamos falando de equipe, é necessário trabalhar unido com o mesmo propósito e objetivo, porque equipe é um conjunto de pessoas com habilidades diferentes, que se complementam, trabalhando juntas com o mesmo foco, assumindo assim a responsabilidade na entrega dos resultados. Logo, todos os membros das equipes devem saber qual é a estratégia da empresa e o que se espera de cada um deles.

Desta forma, destaco abaixo uma estrutura básica para que os líderes tomem como referência principal na formulação das suas respectivas estratégias, para poder mudar o pensamento das equipes, e que elas possam entender e compreender qual é o seu papel e responsabilidade, sendo uma equipe de alto desempenho na execução de qualquer atividade.

Missão

Este é o primeiro ponto a ser observado, aliás, missão é a razão de ser de qualquer organização ou negócio, que deve ter um ótimo desempenho no mercado, garantindo a sua perpetuidade e podendo justificar os seus resultados para os acionistas e a sociedade como um todo. Enfim, compreender a missão é um passo muito importante para desenvolver estratégias e concentrar os recursos certos nos lugares certos para obter um ótimo desempenho.

Visão

A visão é considerada como o "sonho" da organização, onde ela quer chegar, é uma realidade que deve ser compartilhada com todos os membros da organização. Visão é olhar para frente, sentir e ver este momento, e trazer esta realidade para o presente. Já vi em muitas organizações as pessoas dizerem que nem sabem o que estão fazendo ali, quanto menos o que vai ser da empresa no futuro!

Valores

Por último, o que não se pode esquecer é quanto a cultura da organização, e ela foi criada a partir da mentalidade do dono. É uma crença que serve como guia para ajudar no comportamento e nas atitudes de todos os colaboradores, facilitando o cumprimento da missão e visão, na busca dos seus objetivos. Os valores também podem ser um ideal a ser atingido, e ajudar na melhoria do clima organizacional.

Após coletar e disseminar todas estas informações para as equipes, o próximo passo é identificar quais as competências que cada um tem. É o que observamos em um time de futebol, temos jogadores que atuam no ataque, outros no meio de campo, outros no gol, e assim por diante. Se o líder não sabe qual é a principal vocação de cada membro da sua equipe, como ele poderá fazer a alocação de cada colaborador nas suas respectivas responsabilidades?

Cada ser humano desenvolve uma determinada competência dentro de si conforme o ambiente em que ela foi criada, todas as informações, desde o seu nascimento, servem de base para esta formação e não se muda um comportamento do dia para noite. O que se vê muito são organizações querendo tratar a todos da mesma forma, acreditando que todos devem ter o mesmo perfil, e é aí que o cenário muda. Muitas vezes, o líder precisa ser mais enérgico do que já é na cobrança das equipes, e isto pode gerar conflitos internos, em que além das competições individuais, alguém quer se destacar para poder garantir o seu espaço.

Vamos fazer um exercício agora. Se eu perguntasse para você: me fale um nome de uma pessoa que você acredita que realmente veste a camisa da empresa? Uma pessoa que, se deixar, ela fica 24 horas dentro da organização? E se eu te perguntar: me diga outro nome de uma pessoa que não consegue trabalhar em um ambiente desorganizado? E outra que não consegue trabalhar em equipe, mas quando você a coloca em um local sozinha ela consegue evoluir bem e superar as expectativas? Com certeza você deve ter lembrado de várias pessoas, e isto é apenas pelas suas experiências ou por ter trabalhado com esta pessoa, ou por ter ouvido alguém dizer algo sobre ela. Imagine se você fizer uma análise mais profunda para conhecer melhor o perfil desta pessoa.

Voltando ao time de futebol, o que aconteceria se o goleiro fosse escalado para ficar no ataque, o atacante no gol, o do meio de campo na zaga, enfim, percebe-se que o posicionamento está completamente errado. Eles podem até ganhar o jogo, porém, será necessário muito esforço e dedicação, e se a equipe não for uma equipe de alta performance, será que irá ganhar o jogo? Em qualquer atividade temos que colocar as pessoas certas nas posições certas, isto é ter efetividade em todos os processos.

Cada ser humano tem um comportamento e habilidade específica, isto não quer dizer que não se pode mudar, é preciso ter um pouco de esforço para ajudar a pessoa, mas é uma tarefa que requer tempo e talento. Uma equipe é avaliada por competências técnicas e comportamentais, a primeira diz respeito ao "Saber Fazer", esta é a mais fácil de ensinar, já a segunda é o "Querer Fazer" e é justamente neste ponto que muitas equipes fracassam. Não basta ter conhecimento e habilidade se não há motivação interna para querer desenvolver as suas tarefas, os resultados não aparecem. Muitas destas respostas estão relacionadas com a forma que a organização compartilha informação com os colaboradores, e qual é a estratégia que a liderança utiliza no relacionamento Empresa x Colaborador. Lembre-se, eles devem saber qual é o caminho que a empresa quer trilhar, e qual é o papel de cada um neste contexto.

Quando as equipes sabem o que se espera de cada um, e qual é a missão e visão do negócio, fica mais fácil implementar mudanças estratégicas, em que todos devem trabalhar de forma colaborativa. Conhecer as forças e fraquezas de cada um, saber o porquê de estarem ali, quais são as metas da área e/ou departamento, e o mais importante de tudo, qual é o objetivo de cada atividade no processo produtivo é o que chamamos de visão sistêmica, cada colaborador deve ter consciência da participação da sua atividade em todo o fluxo das atividades internas e, em alguns casos, atividades externas.

Já ouviu algum comentário em que as pessoas dizem: "minha parte eu fiz; foi o outro que não fez a parte dele", em equipes de alto desempenho isto não pode acontecer. Se é para ganhar, todos ganham, e se perder, todos perdem, não se aceita transferência de

Ser + com Equipes de Alto Desempenho

responsabilidades, o ideal é superar o que foi solicitado sempre.

Indicadores

Por fim, vamos falar sobre o "Medir". Se você quer controlar algo, tem que ter indicadores de medição, jamais irá controlar alguma coisa se não há referência para poder comparar. Este indicador deve estar relacionado com os objetivos estratégicos da organização. Objetivos estratégicos são aquelas ações que irão fazer com que a empresa cumpra com a sua missão e visão, que estão distribuídos em quatro dimensões:

1) Financeiro: o que devemos fazer para que a empresa tenha sucesso e saúde financeira?
2) Clientes: o que devemos fazer para garantir e atender às necessidades de todos os nossos clientes?
3) Processos: o que devemos fazer para garantir a efetividade e excelência em todos os processos internos da organização?
4) Aprendizado e Crescimento: como estamos atuando na capacitação e desenvolvimento de todos os colaboradores?

Bibliografia
KAPLAN, ROBERT S. e NORTON, DAVID P. – A Estratégia em Ação – Balanced Scorecard – Editora Campus.

José Antonio de Souza Dias

Consultor, *Coach*, Palestrante, Hipnoterapeuta e proprietário da JDias Consultoria e Treinamento. Bacharel em Administração de Empresas; MBA Internacional em Consultoria de Gestão pela *Brazilian Business School*, e MBA em Gestão Empresarial pela Fundação Getúlio Vargas – (FGV). *Business and Executive Coach* pelo Instituto Brasileiro de *Coaching* (IBC), com certificação internacional. *Behavior Analyst*, Hipnoterapia Clínica, Condicionativa e Ericksoniana com Stephen Paul Adler pelo ACT Institute com certificação Internacional. Empreendedorismo para Palestrante pela Academia do Palestrante. Profissional com 21 anos de experiência em *Supply Chain Management*, Docente nas Faculdades Anchieta, e *Pragma Academy*.

Contatos:

www.superardesafios.com.br
jasouzadias@terra.com.br

Anotações

20

Como planejar, formar, gerenciar, motivar e conquistar resultados com equipes especiais

Algumas das grandes dificuldades das organizações para alcançar resultados significativos são as falhas de planejamento, a falta de foco e o desnorteamento diante da necessidade de montar equipes eficientes e motivadas. Neste artigo serão abordadas cinco maneiras para manter a competitividade e a sustentabilidade corporativa. É preciso planejar, formar, gerenciar, motivar e conquistar resultados com equipes especiais. A equipe especial é aquela gerida por uma liderança capaz de identificar as potencialidades de cada indivíduo e utilizá-las com estratégia e inteligência

José Augusto Corrêa

Ser + com Equipes de Alto Desempenho

José Augusto Corrêa

Um dos maiores desafios dos gestores atuais está sendo o crescimento sustentável das empresas que representam face à competitividade global que enfrentam no seu dia a dia.
Uma série de fatores pesam neste desafio, dentre os quais posso destacar:

- Falhas de planejamento

- Falta de foco

- Montar equipes eficientes, motivadas e leais à empresa

Para que se mantenha sustentável, a empresa deve inovar, buscando resultados especiais (metas nunca antes atingidas, projetos especiais ou atender a um cliente especial) e se destacar no mercado que atua. Para enfrentarmos este desafio devemos planejar, formar, gerenciar, motivar e conquistar resultados com equipes especiais.

PLANEJAMENTO

Para que consigamos atingir resultados especiais devemos, primeiramente, realizar um planejamento eficaz e coerente com a complexidade aplicável, considerando todos os passos e recursos necessários para que este objetivo seja atingido.

As empresas geralmente não conseguem eficiência em seus resultados pelo fato de que não se planejam corretamente. Muitas empresas julgam "perda de tempo" realizar o planejamento. Por isso, temos verdadeiras atrocidades operacionais ocorrendo no dia a dia que fazem as empresas perderem muito dinheiro e muita competitividade. Não adianta falarmos de equipes sem antes falarmos de planejamento. O planejamento é vital para que consigamos obter resultados. Toda empresa que se planeja bem investe 60% do tempo em planejamento e apenas 40% em uma execução eficaz.

Este planejamento deve contemplar (no mínimo):

- O que deve ser feito?

- **Por que** deve ser feito?

- Quem deve fazer?

- Até quando deve ser feito?

Devemos também considerar os cenários real, otimista e pessimista, prevendo inclusive seus planos "B" caso o seu planejamento falhe.

Lembre-se também de utilizar sempre o ciclo PDCA (Planejar, Desenvolver, Checar e Agir) como base para o planejamento. Priorize a objetividade e fale a linguagem de quem irá executar. Seu planejamen-

to deve ser claro para que seja bem executado.
FORMANDO EQUIPES
Para maiores possibilidades de sucesso, você deve ter uma resposta muito eficaz para a pergunta de nosso planejamento "Quem deve fazer?". Chegamos à formação de equipes.

Equipes especiais devem ser formadas para objetivos especiais. O ponto principal a ser considerado em relação à montagem de equipes é responder à pergunta: quais as habilidades essenciais para que o resultado seja atingido?

Com este mapeamento de habilidades essenciais conseguiremos atingir de uma forma mais coerente o resultado pretendido, se conseguirmos reunir em uma equipe habilidades complementares formando o que chamo de **equipe especial**, ou seja, uma equipe que tenha todas as habilidades essenciais para execução do planejamento.

Para que o gestor consiga isto, deve imaginar: o conjunto das atividades, o grau de complexidade das mesmas e o tempo para fazê-las. Com base nisso conseguirá ter uma ideia mais clara de quais habilidades terá que reunir e para quais pessoas deverá distribuir as atividades.

Se por exemplo você, como gestor, tiver que realizar uma atividade de prospecção de mercado para um novo produto na linha de cosméticos, que habilidades você teria que reunir para garantir a eficácia desta atividade? Possivelmente você reuniria pessoas com: conhecimentos no mercado de cosméticos, do produto e suas aplicações, dos concorrentes, em prospecção de mercado, das regiões a serem prospectadas, habilidades de comunicação, relacionamento interpessoal, apresentação de produtos, proatividade e empresa. Se esta atividade fosse de "venda de produtos ao consumidor" possivelmente entrariam habilidades como atendimento a clientes, apresentação pessoal e persistência, experiência em venda de cosméticos, além das acima citadas, e sairiam as de conhecimento das regiões a serem prospectadas e em prospecção de mercado que já perderiam um pouco de importância, pois a atividade já não é de prospecção e sim de venda.

GERENCIANDO EQUIPES ESPECIAIS
Com a equipe formada temos que distribuir corretamente as atividades, levando em consideração suas habilidades, e gerenciar corretamente esta equipe, pois de nada adianta uma forte equipe, completa, sem um correto gerenciamento por parte do gestor.

As pessoas certas com as atividades certas. Este é o grande segredo com o qual algumas empresas conseguem resultados muito bons enquanto outras simplesmente se sustentam no mercado.

Para que consiga distribuir as atividades com maestria, o gestor deve conhecer profundamente sua equipe. O gestor deve conhecer cada pessoa, como é motivada, qual sua capacidade de trabalhar em equipe e qual sua capacidade de trabalho. Não podemos errar sobrecarregando ou subdimensionando trabalho para as pessoas sob pena de não conseguir o rendimento esperado ou até de desmotivação da equipe.

Para gerenciamento da equipe o gestor deve estar sempre presente dando direção e propósito. É de suma importância o propósito (tão esquecido em detrimento à direção), pois as pessoas precisam saber o porquê das atividades. Com isso as pessoas se comprometerão mais com as atividades e estas podem ganhar com o valor que pode ser agregado pelo executor.

A presença do líder ao lado da equipe orientando, repassando conhecimento e dando *feedback* é fundamental. A equipe especial necessita "ver" o seu líder. Assim, além da proximidade que terá da equipe, o líder poderá corrigir pequenos desvios e tratar pequenos problemas antes que estes tomem grandes proporções. Trabalhando com talentos precisamos extrair o máximo deles. Pequenos empecilhos não podem atrapalhar o rendimento geral da equipe e cada indivíduo deve saber que "a equipe é superior a soma dos indivíduos", ou seja, a equipe é mais importante que qualquer indivíduo presente nela, por melhor que este seja. Assim todos terão um sentimento de que cada um faz parte de uma corrente e que cada elo é de suma importância para que a força desta corrente seja mantida.

O *feedback* positivo ou corretivo é fundamental. Muitos líderes omitem *feedbacks*, por isso acabam sendo fracos com sua equipe e pecam por falta de franqueza. Não podemos deixar passar os erros e não darmos o *feedback* para a pessoa que errou, pois de maneira geral ela não sabe que errou. Como ensinar se não permitimos que nosso pessoal aprenda com seus erros? Todo erro deve ser comentado com seu executor com o objetivo de aprendizado. O líder não tem permissão de perder a chance de ensinar o liderado e lhe dar o *feedback* do que é certo ou errado. Isto deve ser imediato e pontual, não pode ser terceirizado a uma avaliação anual ou algo do tipo. Também de suma importância é o reconhecimento dos êxitos da equipe e dos indivíduos. Devemos elogiar a equipe e os indivíduos sempre que os resultados forem atingidos.

MOTIVANDO EQUIPES ESPECIAIS

No passo anterior comentamos da importância do gestor conhecer cada pessoa. Isto ganha mais importância ainda quando falamos em motivação de equipes.

Motivação é um tema simples (porém muitas vezes tratado de forma extremamente complexa) que é a tradução de MOTIVOS para AÇÃO. Basta ao líder conhecer cada pessoa e descobrir quais são os MOTIVOS que levam as pessoas a executarem as AÇÕES. Uma boa forma de chegar a esta resposta é se perguntar: por que esta pessoa está executando esta atividade? Por que esta pessoa está na empresa?

Ser + com Equipes de Alto Desempenho

Alguns destes motivos podem ser reconhecimento pessoal, renda familiar, conseguir um bem, completar os estudos, entre outros. Para motivar de maneira eficaz, o líder deve demonstrar a pessoa que as atividades que ela executa a aproximam do que ela busca, ou seja, as AÇÕES aproximam a pessoa do MOTIVO.

Cada pessoa terá um MOTIVO, uma cultura e uma personalidade. Sendo assim, a motivação deve ser PARTICULAR a cada membro do grupo e deve ser contínua. **Esta é uma atividade que o líder também não pode terceirizar** e que deve ser tratada como um processo periódico na empresa. Uma dica: caso envolva renda familiar ou obtenção de algum bem, e você não tenha influência direta no salário da pessoa, você pode trabalhar questões de finanças pessoais fazendo com que as pessoas estiquem seus salários e vejam que, se trabalharem efetivamente, poderão conseguir estes objetivos. Um dos principais motivos de desmotivação das pessoas é quando elas perdem o objetivo de mente ou quando veem que eles são improváveis. Isto não deve acontecer com sua equipe.

Uma equipe especial deve ter uma motivação especial: atingir um resultado especial. A emoção de atingir deve ser um elemento que alavanque o grupo. Porém, cada indivíduo deve ser particularmente motivado.

CONQUISTANDO RESULTADOS

Seu planejamento vai sendo executado e você, como líder, acompanha os resultados, analisando e executando o seu "PDCA".
Para a conquista dos resultados, temos que tomar as ações necessárias para garantir que o planejamento será executado e ajustado conforme a necessidade, visando o objetivo inicial. O líder deve ser incansável nesta atividade, pois este gerenciamento garantirá que, se necessário, o líder ative seus planos "B" ou então busque algum recurso adicional não previsto anteriormente. Caso você não atinja os resultados, deverá buscar as causas e agir sobre elas para que seja eficaz na busca dos resultados.

Outro grande problema das empresas é que tratam somente os efeitos e não as causas dos problemas, assim, se tornam ineficazes. Tendo nas mãos uma equipe especial, você não pode agir somente nos problemas para atingir resultados, tem que agir nas causas.

Ao atingir os resultados, comemore. A comemoração com a equipe é fundamental não somente para o motivacional, mas para marcar o momento. Comemorações marcam vitórias e motivarão a imagem do resultado alcançado.

Com certeza você conseguirá melhores resultados com estas ações e enfrentará os desafios do dia a dia de maneira mais eficaz. Siga em frente e coloque em prática estes conceitos, promovendo uma revolução nos resultados de sua equipe.

José Augusto Corrêa

Consultor nas áreas de finanças pessoais e empresariais, qualidade, ambiental, liderança, estratégia, empreendedorismo, atendimento, comercial e custos. Coautor dos livros Ser + em Excelência no Atendimento ao Cliente, Ser + com Equipes de Alto Desempenho, Manual das Múltiplas Inteligências. Diretor da JAC Consultoria e Treinamento e do Grupo JAC desde 2000. Coach Financeiro, Auditor Líder – Qualidade e Ambiental. Aprovado no exame internacional da ISTO para ISO 9001. Atuou em 112 implantações/certificações de sistemas como consultor ou auditor em empresas de diversas áreas, liderando equipes com sucesso em todas as implantações realizadas. Treinou mais de 26000 pessoas em 15 anos de atuação. Atua como instrutor de treinamentos desde 1998 e como consultor desde 1997. Conhecido pela maneira simples, aplicada e direta de seus treinamentos e palestras que possuem índices de satisfação superiores à 98%.

Contatos:

www.jacconsultoria.com.br
diretoria@jacconsultoria.com.br
(47) 4009-9434

Anotações

21

Vínculos e Alteridade Fatores imprescindíveis para Equipes de Alto Desempenho

Nas equipes de alto desempenho é imprescindível prezar pelos vínculos capazes de estabelecer diálogo e um ambiente de crescimento pessoal e profissional constante. Sem estes dois fatores torna-se impossível integrar a equipe e, consequentemente, alcançar resultados, quem diga superá-los.
A liberdade de expressão e a manifestação da criatividade são fundamentais para uma comunicação aberta, permeada pela ética e pela confiança, além da construção de vínculos sólidos

Káritas Ribas & Marcello Árias

Ser + com Equipes de Alto Desempenho

Káritas Ribas & Marcello Árias

Em nosso trabalho com grupos, temos percebido a importância de desde os primeiros momentos com a equipe, investirmos no estabelecimento de vínculos sólidos e benéficos que permitam que seus integrantes sintam-se parte de algo maior. Algo que supere a meta e a aquisição dos objetivos iniciais, transformando-se assim em uma Equipe de Alto Desempenho que, em nosso contexto, diz respeito às equipes que desempenham suas tarefas de forma eficaz, comprometida e com qualidade, sem perder de vista a continuidade da equipe, a manutenção de um clima que motive a permanência e o crescimento contínuo de seus membros. Isso não significa que não existirão conflitos ou resistências, porém seus integrantes compreendem a importância do manejo dessas situações de forma a colaborar com o seu desenvolvimento. A aprendizagem contínua é umas das características marcantes dessas equipes.

Entendemos por vínculos benéficos as relações que se estabelecem entre indivíduos, onde eles dão significado ao outro, reconhecendo e valorando seus comportamentos, sem impor condições para que esses comportamentos sejam iguais aos seus. Para que os vínculos benéficos possam ser constituídos, existe o imperativo da criação de um espaço de reflexão e observação de condicionamentos e automatismos, que se por um lado nos ajudam simplificando nossa relação com o mundo, por outro nos limitam e impedem nossa compreensão integral da realidade, gerando uma visão de mundo reducionista, fragmentada e esquemática.

Se entendermos que as coisas são o que são, quando apoiadas na percepção de quem as observa de uma forma particular, mas também são fruto do contexto onde estão inseridas e das relações recíprocas que mantêm entre si, podemos compreender que a partir das relações de reciprocidade é possível minimizar os preconceitos e estabelecer a reflexão sobre a alteridade que permeia a equipe. A alteridade pressupõe que eu apenas exista a partir do outro, de sua ótica, o que me permite compreender o mundo a partir de um olhar diferenciado, partindo não somente da singularidade que me define, quanto da pluralidade que me rodeia.

Entendemos a reflexão sobre a alteridade como um tema cuja abordagem é fundamental para que possamos trabalhar o desenvolvimento da equipe através de inúmeras ferramentas que fazem usos desse conceito e que tenham como objetivo melhorar as competências interpessoais. Ferramentas como *feedbacks* integradores, comunicação genuína e os fundamentos de uma liderança autêntica, se forem trabalhadas apenas como técnicas, correm o risco de perderem sua essência, que é de estabelecer relações saudáveis e funcionais. Sensibilizando os integrantes dessas equipes para a importância da manutenção de boas relações interpessoais, tornando-os conscientes dos processos subjacentes de funcionamento de um grupo e capacitando cada membro para perceber quais intervenções são necessárias naquele momento, provavelmente teremos mais chance que o grupo caminhe de forma diligente rumo ao seus objetivos.

Quando falamos de alteridade, falamos sobre a capacidade de percepção do outro em sua plenitude, dignidade e diversidade. O termo também pode ser entendido como a compreensão genérica da figura do outro, que ao mesmo tempo que é gente como nós, manifesta-se de forma muito diversa. Quanto menos alteridade existe nas relações entre as equipes, menos vínculos são estabelecidos e mais difícil e truncada torna-se a comunicação e o entendimento entre seus integrantes. A probabilidade de uma equipe estabelecer um desempenho satisfatório nessas condições é, portanto, restringida. Quando um indivíduo submerge nas águas turvas do individualismo, obscurecendo sua visão da alteridade, é estabelecida uma relação de sujeito para objeto, e não de sujeito para sujeito. Neste momento, perde-se a capacidade de aprender com o outro, fazendo com que deixemos de exercer aquilo que nos é mais caro, pois desde os primórdios da filosofia afirmamos que o ser humano é um ser social. Essa capacidade de colocar-se como aprendiz é uma das bases de equipes flexíveis e que se adaptam às realidades das mudanças constantes das organizações.

Se a alteridade permeia a equipe, cada membro pode emergir como líder quando a situação exigir uma competência que pertença àquele membro específico, e essa liderança é validada pelos demais, pois, através de seu estilo de intervenção, ele poderá ensinar aos demais e contribuir para a construção de um conhecimento que pode ser partilhado por toda a equipe.

Partilhamos da crença de que o estabelecimento dos vínculos de alteridade possam ser estimulados, majorados e autorizados pelos gestores. Talvez um dos grandes desafios seja o de fundir perspectivas de dois universos que geralmente se evitam – o da experiência prática em administração e os conhecimentos advindos da filosofia.

Possibilitar o contato dos membros da equipe com temas que possam desenvolvê-los como seres humanos, além de permitir vivências que possam trazer uma maior envergadura de seus pensamentos, é o que chamamos de desenvolvimento. Desenvolver uma equipe é muito mais do que transmitir informações técnicas ou teóricas. Desenvolver uma equipe é possibilitar que seus membros experienciem novas possibilidades de atuação, onde suas competências possam ser manifestadas e a qualidade de suas presenças possa ser validada, fazendo com que cada integrante torne-se um modelo de autenticidade interpessoal.

Se olharmos através das lentes da filosofia, percebemos que a ética, além de nos falar sobre a melhor maneira de viver, nos fala principalmente sobre a melhor maneira de conviver, pois a maior parte de nosso contato com o mundo se dá através do contato com pessoas como nós. É por meio do outro que somos capazes de nos perceber e corrigir nosso comportamento – esse é o fundamento por trás das ferramentas de *feedback*, tão utilizada para o desenvolvimento de indivíduos e equipes e de incremento de sua performance.

Talvez não seja possível construir uma equipe de alto desempenho sem o estabelecimento de vínculos que permitam a liberdade de expressão e a geração de um clima de crescimento e aprendizagem.

A integração terá menores chances de se realizar e a criatividade do grupo poderá não ser manifestada, enquanto as relações entre os integrantes não forem baseadas em vínculos sólidos, comunicações abertas, ajustadas e confiantes. Se os membros de uma equipe mantêm o outro à distância, impedindo a possibilidade do estabelecimento desses vínculos, essa separação vai gradativamente tornando-se intransponível e o outro passa a ser percebido como incompatível. O estabelecimento de vínculos benéficos e a possibilidade de uma comunicação eficaz demandam tempo e é uma atitude que pode ser aprendida. Acreditamos que o investimento em programas de desenvolvimento mais extensos seja uma medida necessária para a obtenção de um salto de qualidade no desempenho da equipe, pois reestruturações comportamentais sólidas e aprendizagem efetiva exigem longos períodos para solidificarem-se e tornarem-se orgânicos e naturais.

Ser + com Equipes de Alto Desempenho

Bibliografia
Abbagnano N. Dicionário de filosofia. São Paulo: Martins Fontes. 2007.
Kofman F. Metamenagemant: O sucesso Além do Sucesso - A Nova Consciência nos Negócios. 6ª Edição. Rio de Janeiro: Campus, 2004. 320p.
MAILHIOT, Gerald Bernard. Dinâmica e gênese dos grupos. 7. ed. São Paulo: Duas Cidades, 1991.
PICHON-RIVIÈRE, E. Teoria do vínculo. São Paulo: Martins Fontes, 6. ed. 2000.

Káritas Ribas & Marcello Árias

Káritas Ribas: Graduada em Administração de Empresas (UERJ/RJ); *Coach* com formação Ontológica; Especialista em Medicina Comportamental (Centro de Estudos em Medicina Comportamental - UNIFESP); Pós-graduada em Dinâmica dos Grupos (SBDG), possui mais de 20 anos de experiência como consultora, professora e palestrante; Sócia-diretora da empresa Appana Mind – Desenvolvimento Humano e Psicofisiologia Aplicada.

Marcello Árias: Psicobiólogo e Psicofisiologista; *Coach* com formação Ontológica; Especialista em Fisiologia Humana (UNIFESP); Mestre em Farmacologia (UNIFESP); Doutor em Psicobiologia (UNIFESP); Professor universitário com experiência de 26 anos de docência; Autor de diversos livros e artigos científicos; Sócio-diretor da empresa Appana Mind – Desenvolvimento Humano e Psicofisiologia Aplicada.

Contatos:

www.appanamind.com
contato@appanamind.com.br
(11) 3815-0863

Anotações

22

O Poder do *Feedback* para Grandes Resultados

Para construir Equipes de Alta Performance, uma ferramenta é imprescindível: o *Feedback*.
Feedback é o procedimento que consiste no envio de informação a uma pessoa sobre o seu desempenho ou atitude. Tem o objetivo de reorientar ou estimular uma ou mais ações determinadas, executadas anteriormente. Trata-se de um importante recurso, porque permite que nos vejamos como somos vistos pelos outros

Luiz Cláudio Riantash

Ser + com Equipes de Alto Desempenho

Luiz Cláudio Riantash

O *feedback* é um processo que visa o melhoramento contínuo e é um poderoso aliado do Líder. Este recurso deve ser usado com frequência e, quando utilizado corretamente, promove o engajamento, a confiança, o respeito, o espírito de equipe e a motivação. Infelizmente, para alguns, a nomenclatura *feedback* ficou um pouco distorcida. Maus líderes não fizeram bom uso dessa ferramenta. Eles chamavam seus colaboradores para um *feedback*, mas na verdade, entregavam críticas, muitas vezes destrutivas. Esse comportamento provocou resistência e temor de alguns a essa metodologia.
O *feedback* deve descrever a realidade de maneira objetiva, focando em fatos, sem julgamentos, segundas intenções ou propósitos destrutivos.
O *feedback* sempre se faz de maneira positiva, com o propósito de fazer a pessoa e a equipe evoluírem e crescerem. Esse formato de comunicação leva à melhoria contínua e à excelência.
Feedback não é avaliação; é um depoimento sem julgamento, ou seja, é "alimentar" (*feed* = alimentar) o outro com um depoimento sobre o comportamento ou atuação.

Oportunidades no *feedback*
O *feedback* deve ser encarado como um presente. É a forma como outra pessoa com ponto de vista diferente o percebe.
Essa percepção, quando honesta, é uma grande oportunidade de redesenho de atitudes improdutivas. E também de reforço e fixação de atitudes positivas.

Motivação e *Feedback* Constante
Um bom líder é aquele que consegue extrair dos seus liderados o comprometimento em relação aos objetivos mensais, tarefas semanais e ações diárias.
Um bom líder reúne-se pelo menos 30 minutos por semana com seus liderados. Esse é o momento adequado para motivar e reconhecer as tarefas realizadas, e para dar *feedback* para as tarefas não cumpridas.
O *feedback* precisa ser constante. Muitos o utilizam como um instrumento gerencial somente em ocasiões anuais ou semestrais de avaliação de desempenho. Isso é um erro.
Imagina que você dirige numa estrada cheia de radares. Para que você possa controlar a sua velocidade, o seu velocímetro está lhe dando *feedback* a todo momento.
E se ele parar de funcionar? Você precisará seguir algum carro para evitar ultrapassar a velocidade permitida, ou seja, você procurará outro *feedback*.
Se não podemos ficar sem *feedback* nem para dirigir, imagina para desenvolver um bom trabalho numa organização!
Segundo Suryavan Solar, no livro *Manual para Líderes*, *"é necessário que exista um fluxo constante de feedback do Líder para a sua equipe. É a maneira*

mais rápida e efetiva de alinhar os integrantes e corrigir os erros ou desarmonias que atrapalham o desenvolvimento de um projeto".

A postura para emitir *feedback*
A primeira coisa a fazer para emitir um *feedback* eficaz é se perguntar: *"qual é o meu propósito com esse feedback? Como posso construir uma fala que vai efetivamente apoiar essa pessoa?"*. Em seguida, devemos conseguir o maior número possível de dados objetivos, de fatos e exemplos. Na comunicação interpessoal, 3 elementos estão sempre presentes: expressão corporal, tom de voz e conteúdo da mensagem. Numa prática de *feedback*, deve-se redobrar os cuidados em relação a todos os elementos, pois um erro pode provocar uma falha na mensagem e no seu entendimento.
Procedimentos corretos:
Expressão Corporal: recomenda-se uma postura corporal de abertura, receptividade e relaxamento, pois o corpo representa nosso estado interno e permite que se estabeleça uma boa comunicação e empatia. É importante manter o contato visual enquanto se dá o *feedback*, como uma atitude de respeito e honestidade.
Tom de Voz: utilize um tom de voz ameno e relaxado. Transmita segurança, convicção e firmeza com as suas palavras, sem perder a compaixão e o amor.
Conteúdo da Mensagem: direcione a fala para primeira pessoa (eu), porque assim se assume a responsabilidade. Também se deve evitar citar pessoas que não estejam presentes. Prepare um discurso assertivo que não gere más interpretações ou dúvidas. Para isso, centre somente nos fatos e exemplos concretos referentes à situação específica.
Os sentimentos para emitir um *feedback* deverão ser sempre positivos como: paz, alegria, entusiasmo, otimismo e motivação.
Em respeito ao outro, antes de emitir um *feedback*, peça permissão, permita que a pessoa possa escolher se aquele é o momento adequado. Se o momento for inoportuno serão tempo e energia desperdiçados.
Exemplo: certa vez eu dei um *feedback* para uma funcionária e a reação dela não foi nada amistosa. Descobri no dia seguinte que ela estava de TPM e tinha brigado com o namorado. Será que eu tinha escolhido o momento oportuno?

A postura para receber *feedback*
O verdadeiro ***feedback*** é um presente e um ato de amor, portanto, a postura deve ser de abertura, honestidade e agradecimento.
Segundo Paulo Gaudêncio, autor de várias obras de desenvolvimento pessoal, *"devemos ouvir o que o outro diz como depoimento e não como acusação"*.
A postura corporal deve conter os braços e pernas descruzados, as costas eretas e o olhar à frente.
O receptor deve saber que um *feedback* não se discute, não reclama,

nem se justifica. Simplesmente se escuta e se aproveita como uma oportunidade de redesenho e evolução.
Sabemos que um *feedback* foi bem dado quando ambas as pessoas saírem do diálogo sentindo-se melhor do que quando entraram.

Dois Tipos de *Feedback*
1. Corretivo: É realizado no ato de uma tarefa ou atividade. O emissor fala e mostra o fato ou atitude que precisa ser redesenhada.
Ex. A pessoa está digitando um e-mail para ser enviado a um cliente e você senta ao lado dela. Você percebe erros de português e de concordância.
Como dar este *feedback*: mostre como os outros aspectos podem ser melhorados.
No *feedback* corretivo, muitas vezes não será possível apontar antecipadamente um fator positivo. Aponte um ponto forte sempre que possível, para "amortecer" e aumentar a motivação para corrigir os pontos falhos.

2. Sanduíche: Pode ser utilizado para vários fins e visa avaliar os resultados e as atitudes, não a pessoa.
Pode ser realizado mensalmente, trimestralmente, após um projeto, após uma apresentação em público, etc.
O diferencial e eficácia desse *feedback* consiste em começar e terminar a fala enfatizando aspectos positivos. O ser humano teme a reprovação e quando recebe um *feedback* dessa maneira, fica muito mais aberto a se redesenhar. Por ser feito de maneira respeitosa e preservando a integridade do outro, tem efeitos excelentes.

Os erros mais comuns nesse tipo de *feedback* são:
- Esquecer de terminar a fala com o aspecto positivo;
- Não ser pontual nos fatos;
- Falta de objetividade, gerando confusão por parte do receptor.

Quanto mais objetivo e específico, maior a possibilidade do emissor se sensibilizar.
Ex.: Imagine que você vai dar um *feedback* mensal para um dos seus vendedores que por pouco não bateu a meta de vendas, no entanto, foi o melhor resultado desde ele que chegou à empresa.
Ele sabe que ao final de cada mês você tem o hábito de fazer uma avaliação individual com cada um dos membros da equipe.
Feedback: *"Carlos, você mostrou mais foco esse mês ao obter um aumento de 15% nas suas vendas em relação ao mês passado. Vejo que você pode realizar mais visitas externas, uma vez que fez 8 visitas a menos que o planejado. A sua falta à empresa, dia 15, não foi comunicada com antecedência ao seu supervisor, conforme foi acordado quando você começou a trabalhar conosco. Da próxima vez isso precisa ser feito. O*

Ser + com Equipes de Alto Desempenho

cliente Ronaldo, da empresa X, na semana passada, elogiou a sua ótima postura e o seu entusiasmo ao falar dos nossos produtos. Acredito muito em você e no seu potencial para ser um dos nossos maiores vendedores."
Note que o emissor do *feedback* equilibrou os aspectos a melhorar com os pontos positivos, sem ser omisso. E também apontou o que precisava ser corrigido. No final, incluiu ainda uma frase empoderadora, para motivar o aumento de desempenho do colaborador. Quando for emitir um *feedback*, avalie se deve incluir esse acréscimo motivacional também. Dependendo do contexto, pode ser um apoio extra para o receptor.

Case de *feedback*
Além das minhas atribuições como palestrante, *coach* e empresário, participo da Organização Condor Blanco. Sou produtor e instrutor dos Seminários *"Líder Coaching"* e da *"Formação de Coaching Express"*.
Em 2011, recebi o desafio de abrir uma nova cidade para ministrar os Seminários da Escola de *Coaching*.
Nesse projeto, fui o líder de uma equipe de quatro membros. Para captar inscrições, fazíamos várias palestras pela cidade. Cada pessoa tinha as suas responsabilidades pré-definidas.
Ao final de cada palestra, sentávamos e trocávamos *feedbacks*. O processo durava de 15 a 20 minutos e todos os quatro membros eram avaliados dentro de suas funções. O propósito era que a próxima palestra, e sua organização como um todo, fosse ainda melhor e mais produtiva. Essa prática constante foi extremamente útil. A equipe se uniu de maneira muito sólida. Todos eram ouvidos de maneira democrática e respeitosa. Nunca tinha me visto numa equipe tão coesa.
A palestra e a organização de cada evento demonstrava uma melhoria gradual e consistente. Sempre havia pontos para evoluirmos e os membros tinham liberdade de falar, sem nenhum constrangimento ou repressão.
O resultado foi que conseguimos atingir e superar os números necessários para abrir essa nova cidade. Recentemente, conversando com os colegas desse projeto, todos reconheceram que boa parte do nosso sucesso aconteceu pela prática do *feedback*.

"O feedback é uma disciplina que dá brilho às relações e desperta o potencial dos indivíduos da equipe" - Suryavan Solar

Bibliografia:
SOLAR, Suryavan. Manual para líderes. Santiago: Gransol Editora, 2011
GAUDENNCIO, Paulo. Superdicas para se tornar um verdadeiro líder. São Paulo: Editora Saraiva, 2009

Luiz Cláudio Riantash

Diretor da Humanni Assessoria e Treinamento Pessoal, atuou como Professor de Graduação e Pós-graduação da Fundação Getúlio Vargas. Formado em Administração pela Universidade FUMEC, MBA em Gestão de Pessoas na Fundação Getúlio Vargas, *Master Coach* formado pelo *Coaching Express* CB, membro da Equipe Internacional de Instrutores de *Coaching Express* Condor Blanco. Atuou como Instrutor na Formação *Master Coaching* Condor Blanco, módulos 3 e 4, no Chile. Instrutor do Seminário Internacional Lider *Coaching*, Especialista em *Coaching* para Vendas, *Coaching* de Equipes e *Coaching* Criativo. Consultor de empresas e palestrante nas áreas de Comunicação, Vendas e Relações Humanas. Treinou em seus seminários e processos de *Coaching* funcionários de empresas como Vale, Petrobras, Gerdau, Teksid, Cemig, Unimed, Fiat, Banco Itaú, Novartis, Embratel, MRV, dentre outras.

Contatos:
www.humanni.com.br
www.coachingcb.com
www.riantash.com.br
www.lidercoaching.blog.br
riantash@humanni.com

(31) 3286-3220
(31) 9291-0302

Anotações

23

O novo quadro da competência

Neste tempo de crise, tão importante quanto manter a carteira de clientes, é imperativa a retenção de *Talentos* na condução dos negócios para o alcance de *Resultados*

Magali Amorim Mata

Ser + com Equipes de Alto Desempenho

Magali Amorim Mata

Rápido passeio pela Economia

Surge o homem. A princípio nômade. Esgotadas as fontes do lugar, parte em busca de novos recursos. Cansado, sedia-se: planta, colhe, consome. Como não produz tudo de que necessita, começam as trocas: "tenho lã e preciso de trigo, dá-me teu trigo que dar-te-ei a lã". Surge a moeda. Fábrica: do artesanal à produção em massa. As pessoas começam a se concentrar num dado ambiente para ali, juntas, produzir. *As pessoas*... o começo de tudo!

A Organização

Alguns autores definem: "a organização como sendo as pessoas que nela trabalham". Para quê? Por um resultado que atenda ao plano do negócio. Organização é o resultado do trabalho daquelas pessoas alinhado ao que a empresa deseja alcançar. Simples, não? Mas por que tanto insucesso em fazê-las caminhar lado-a-lado aos objetivos da organização?

O Indivíduo

Quem são "as pessoas"? Indivíduos. Únicos. Diferentes personalidades, percepções e motivações. Adentram a Organização para uma "troca". Mas o que mais anseiam, além do suprimento de suas necessidades, é que seus talentos e habilidades sejam utilizados. Por que então a Organização não faz uso adequado dessa dádiva que ela mesma remunera?

O Trabalho

É o que Indivíduo e Organização realizam: o primeiro busca oportunidades desejando ser usado na plenitude de suas potencialidades. O segundo em encontrar o Indivíduo adequado àquele trabalho. É a forma de "as pessoas" empregarem seus recursos e energia pessoais. "Eu tenho habilidades e as coloco a serviço da Organização".

Competência e Avaliação de Desempenho

O velho, famoso e 'quentinho' *CHA* de Competência já deve até ter esfriado por falta de uma olhar mais atento de algumas Organizações.

Conhecimento - todas as vertentes do saber; Habilidades - todo aparato técnico e motor ligados ao realizar; Atitude - toda gama comportamental do Indivíduo frente ao realizar. O *CHA* carece, entretanto de outras variáveis para se manter um parceiro competente e de alto desempenho na Organização.

Como determinar se o indivíduo é ou não competente realizando um dado trabalho? Quais as variáveis envolvidas nessa Avaliação?

Ser + com Equipes de Alto Desempenho

'Avaliação' de quem exatamente? Indivíduo? Organização? Superiores? Pares? Quem, neste contexto corporativo deve de fato estar envolvido no ato de avaliar e ser avaliado?

Avaliação de Desempenho é tarefa árdua à Área de Recursos Humanos. Embora forneça subsídios ao plano de carreira, é também foco de controvérsias. Nem sempre o avaliado percebe o processo como legítimo, tomando-o como mero preenchimento de planilhas que nem sempre refletem sua realidade funcional.

Aferir se o indivíduo é ou não competente requer o conhecimento do elemento a ser avaliado, da atividade em si e do ambiente organizacional em que atua.

Por que avaliamos o desempenho? Para reconhecer talentos e retê-los antes que o mercado os leve.

A Avaliação Potencial

É reconhecer talentos presentes que possam ser desenvolvidos para ocupar posições de comando, estimando o potencial de um indivíduo, sendo uma atividade que envolve o próprio Indivíduo, o Gestor e o RH. É enxergar a partir das competências atuais, níveis de complexidade atingíveis ou posições específicas que o potencial pode alcançar mostrando-lhe a direção. A própria empresa atuando como um 'caça-talentos'.

Avaliação de Potencial x Avaliação de Desempenho

Avaliação de Desempenho volta-se para o passado do invivíduo. Avaliação de Potencial tem seu olhar para o futuro. Desempenho e Potencial complementam-se, revelando talentos. É possível um indivíduo de alto desempenho, porém com baixo potencial, bem como um de baixo desempenho porém alto potencial. No primeiro caso, pode-se buscar uma posição em que o indivíduo possa melhor adequar-se. No segundo, pode haver a troca de área. Algumas vezes, até mesmo a troca da gerência. Sempre que possível, reter-se o talento humano.

O Talento

Poderíamos definir talento por todo conjunto de habilidades e técnicas comportamentais e atitudinais que um indivíduo detém quando da realização das tarefas do seu descritivo de cargo. Quando no plural, nos referimos ao rico 'Recursos Humanos' de uma Organização.

Estamos de fato alocando os talentos nos lugares certos? Qual modelo estratégico a empresa deve seguir para obter resultados realizáveis levando-se em conta que, quem vai traçar, operacionalizar e envolver-se na busca pelos resultados são justamente as pessoas que estão na Organização? Elas são ouvidas? Participam das tomadas de decisão? São reconhecidas? Há treinamentos e desenvolvimento para elas, ou há uma acomodação da velha Organização de que investimento em treinamento é custo? Ou cada indivíduo é quem deve cuidar de seu próprio crescimento e portanto gerenciar sua carreira? (Seguindo esta linha de pensamento, muitas Organizações perderam seus maiores talentos que sábia e legitimamente gerenciaram suas carreiras!) O gerenciamento da carreira é sem dúvida de responsabilidade do indivíduo. O cargo é da Empresa mas a carreira é dele.

Por que tanta dificuldade de alguns Gestores reconhecer e até mesmo admitir que têm talentos incríveis em suas Equipes? Há bem pouco, foi-nos relatado o seguinte episódio em uma significativa instituição financeira:

Gerente de Setor pleiteia um real aumento salarial para um componente do time que estava em férias.
- Diretor da Área: - "Por quê? Ele está insatisfeito?".
- Gerente: - "Não se trata disso. Apenas não quero perdê-lo para o mercado. Está treinado, é comprometimento porém sua remuneração está bem abaixo da que o mercado oferece".
- Diretor: - "Ah, deixa. Se ele vier com uma proposta melhor, a gente cobre."
- Gerente: - "E você acha, que depois de enfrentar todo um processo seletivo, ser aprovado, ele ainda estará disposto a 'aceitar' nossa contra-oferta? Você não acha que ele se sentirá extremamente desmotivado por não ter sido reconhecido enquanto esteve aqui conosco?"

O desfecho deste relato foi positivo pois o Gerente argumentou até obter o aumento salarial. Mas que miopia daquele Executivo! O sucesso da Organização, seus resultados, o alcance de suas metas e objetivos, estão diretamente ligados às ações: enxergar, detectar, reconhecer, treinar e reter talentos que estejam ali, à sua disposição! Simplesmente achar que é só barganhar quando seu talento tiver uma proposta de trabalho melhor, com prospecção de carreira, após horas de processo seletivo, é correr um risco muito alto. Gerir pessoas não é uma exclusividade do Departamento de Recursos Humanos. Em pleno Século XXI, após todos os estudos sobre Comportamento Organizacional ainda há Gestores precisando internalizar sua responsabilidade em reter talentos.

A equipe de Recrutamento & Seleção ressente-se quando recebe a notícia de que talentos detectados durante o processo seletivo estão pura e simplesmente deixando a Organização. Primeiro pensamento: "_ poxa, mas ninguém fez nada? Como é que tal departamento não reteve este funcionário? Para onde ele está indo? Quem o contratou?" O sentimento de dissonância cognitiva desta área é enorme. Uma sensação de que trouxeram um diamante para a empresa mas alguém desatento achou que não passava de uma pedra de vidro.

Resultados

É o que toda Organização visa alcançar, desde a empresa pública, a privada, o terceiro setor, a ONG ou a entidade sem fins lucrativos. A Organização vive, justamente para que se possa alcançar resultados. Este é o motivo pelo qual ela existe.

Mas o que vem a ser Resultado? Apenas um Balanço Positivo no final do mês ou ano fiscal? Seriam tão somente números interpretativos? Não poderiam também vir a ser variáveis intangíveis mas que impactam tremendamente na Organização? Ser competitiva, ser a melhor, ter a missão à frente dos negócios, ser ética, ser sustentável, ser socialmente responsável, ter excelência no atendimento, primar pela Qualidade... não seriam igualmente resultados? Quem está diretamente ligado ao resultado? O topo ou a base da Pirâmide Organizacional?

Se a Organização são as pessoas que nelas trabalham, então resultado está potencialmente ligado às pessoas já que estas atuam para o alcance de resultados.

O Novo Quadro da Competência

Como fica a competência? Quem vai reconhecê-la e até mesmo recompensá-la?

As pessoas querem sim ser usadas na plenitude de suas potencialidades. Não é só uma questão de receber salário. Claro que todos visam o suprimento de suas necessidades, mas o indivíduo quer mais.

Se o indivíduo é competente, se reúne seu *CHA*, tem Conhecimento, tem Habilidade e tem Atitude, faz-se necessário que alcancemos um *CHART*, o novo quadro da Competência: ter elevado conhecimento de sua área de atuação e visão global, com incontestável habilidade no fazer, uma atitude de comprometimento e envolvimento, com foco em *Resultados*, alinhados às suas aspirações pessoais e profissionais, sendo utilizado ao máximo em seus *Talentos*.

Bibliografia

BERGAMINI, Cecilia W. Avaliação de desempenho na empresa. São Paulo: Atlas, 2010.
CHIAVENATO, I. Gestão de pessoas: e o novo papel dos recursos humanos nas organizações. Rio de Janeiro: Elsevier, 2004
DUTRA, J. Administração de carreiras: uma proposta para repensar a gestão das pessoas. São Paulo: Atlas, 1996.
DUTRA, J. S. Gestão de pessoas; modelo, processos, tendências e perspectivas. São Paulo: Atlas, 2002.

Magali Amorim Mata

Bacharel como Secretário Executivo Bilíngue pela PUC-SP, pós-graduada em Marketing & Propaganda pela ESPM-SP. É mestranda em Comunicação e Cultura Midiática.

Desenvolveu sua carreira nos últimos vinte e quatro anos na Assessoria Executiva em multinacionais do segmento Químico e Farmacêutico. É Consultora e palestrante em cursos, *workshops* e conferências em Comunicação e Atendimento ao Cliente. É facilitadora de treinamentos focados na área motivacional e comportamental.

Docente nos cursos superiores de Tecnologia em Secretariado, Gestão em Logística Empresarial, Gestão em Recursos Humanos, Gestão Hospitalar e Gestão Financeira, na Faculdade de Tecnologia – FATEC e na Anhanguera-Uniban. Membro do Comitê Estratégico de Educação do SINSESP, trabalhando a interdisciplinaridade na Formação Executiva.

Contato:
www.magaliamorim.com.br

Anotações

24

Faça com Paixão

Neste artigo convido-o para refletir sobre "qual é o seu dom". Você o coloca em prática no seu dia a dia? No trabalho, na família, com o próximo? Poucas pessoas pensam neste assunto e a vida se inicia no automático por influência cultural/familiar. Começamos a vida acadêmica ou profissional sem ao menos perguntarmos a nós mesmos: É isso mesmo que eu quero para minha vida? Daqui há dez anos, onde quero estar? Depois de formado, aonde quero trabalhar? Se você está no caminho certo, aproveite a leitura para reavaliar suas metas

Marcela Buttazzi

Ser + com Equipes de Alto Desempenho

Marcela Buttazzi

A palavra DOM vem do latim **"donu"**, substantivo masculino que significa dotes naturais, ou seja, competências que possuímos e outras que adquirimos com a maturidade e vivência ao longo da vida. Fazer escolhas não é uma tarefa fácil, pois haverá algum tipo de consequência, entretanto, deixar "a vida nos levar", ou sempre culpar o outro, lamentar o passado pelos fracassos são posturas que não agregam, somente nos deixam **no mesmo lugar** e, consequentemente, iremos reparar que o colega de trabalho, o amigo, o parente está em constante evolução e nós paramos no tempo. Por quê?

Reparar e controlar a vida alheia são ações muito mais prazerosas do que olhar para dentro de si mesmo e deparar com os anseios, pontos a desenvolver, medos mal resolvidos que precisam ser trabalhados. Na maioria das vezes, encarar a si mesmo leva tempo, ação, motivação e dinheiro, porém, assumir responsabilidades e tomar a rédea da vida nas mãos é **encontrar a felicidade.** Neste instante, a motivação brota dentro do ser humano e o modo de viver a vida é alterado, pois se está satisfeito, os problemas corriqueiros viram desafios e você lembrará diariamente do alinhamento do seu imã interno de acordo com seu dom, atitudes e planos.

Muitas pessoas começam a vida no automático por falta de conhecimento, tempo, ou instrução. Caso esteja revendo seus conceitos, buscando mudanças na vida profissional, novos horizontes ou o famoso plano B, transforme um evento do seu dia, em um momento de meditação, pergunte-se como chegou ali, por que está ali, onde quer estar, chegar? Observe as pessoas ao seu redor, você torce pelo sucesso ou sente inveja da sua equipe, do seu time? Você quer fazer parte dela ou não? Ler um livro, já é uma pequena amostra na busca pelo saber, pelo autodesenvolvimento, pois a leitura lhe trará novas indagações e você encontrará a **sua resposta**. Sente-se preparado para transformar sua rotina, agregar novas competências e viver sempre melhor do que o dia anterior? Procure um profissional especializado em seu novo desafio. Exemplos: buscar resolver conflitos internos, trabalhar inseguranças, resgatar o passado, depressão, entre outros, procure um **psicólogo**.

Procurar melhorias para sua carreira, viver com mais qualidade de vida, planejamento, motivação, foco ou simplesmente se desenvolver para gerenciar melhor sua empresa, seu time? Procure um *coach*. Busca uma alimentação adequada, perda de peso, fazer as pazes com sua saúde e comer com qualidade, procure uma **nutricionista**. Prática de exercícios com um profissional especializado, lhe assessorando e oferecendo um atendimento personalizado, contrate um *personal trainer.*

Atualmente possuímos uma equipe multidisciplinar para nos auxiliar em todos os momentos de nossas vidas para que vivamos com paixão, transformando o nosso dia a dia com a família, com os colegas de trabalho e com o chefe em vivências de harmonia, estimulando o bem-estar coletivo, a competitividade saudável, motivando as pessoas ao redor e a boa convivência. As dúvidas lhe vêm à cabeça?

Você pode ser a peça chave deste TIME!
Experimente o momento de imaginação de um minuto por dia, faça seus afazeres com paixão, pratique o seu "dom" e **lance este desafio ao próximo**!
O primeiro passo da mudança é AGIR! Segue um exercício para auxiliá-lo no autoconhecimento. Procure praticar a reflexão proposta aliada as perguntas abaixo (e as suas respostas).

1. Você realmente pretende mudar... nos próximos seis meses? Sim ou não? **O que você pretende desenvolver ou mudar?**

2. Você planeja desenvolver/ mudar...no próximo mês? Sim ou não? **O que você vai fazer?**

3. Você já tentou desenvolver ou mudar...nos últimos doze meses? Sim ou não? **O que você já tentou?**

4. Quais são os prós em desenvolver ou mudar? Quais são as consequências positivas para você? E para os outros?

5. Quais são os contras em desenvolver ou mudar? Quais são as consequências negativas para você? E para os outros?

Avaliação das respostas:
Pré-contemplação: Não para 1, 2 e 3
Contemplação: Sim para 1 e não para 2 ou 3
Preparação: Sim para 1, 2 e 3

Pré-contemplação: você não está preparado para mudanças, provavelmente está na sua zona de conforto. Reflita sobre o porquê das respostas negativas e comece a sonhar!
Contemplação: você já começou identificar ou a sentir que precisa mudar, entretanto os sonhos ainda estão na sua mente, não foram para o papel. Aproveite o desejo de mudança e mãos à obra!
Preparação: você está no caminho certo, em busca da mudança! Procure um profissional especializado para uma parceria rumo ao seu SUCESSO!

FONTE: ROTEIRO PARA IDENTIFICAR O ESTÁGIO DA MUDANÇA – O'CONNOR

Marcela Buttazzi

Fundadora e sócia-diretora da MB *Coaching*, *Coach* formada pela SBC, Analista Quântica; Administradora de empresas e pós-graduada em Negócios, pela Universidade Anhembi Morumbi e em Psicologia Geral nas Organizações pela Universidade Cidade de São Paulo (UNICID); Atua com Orientação de carreira/vocacional, recolocação profissional, *coaching* de vida e avaliação comportamental. Professora tutora do curso de Administração de Empresas (EAD) na Universidade Cidade de São Paulo (UNICID). Coautora dos livros **Manual Completo de Coaching**: Grandes Especialistas apresentam estudos e métodos para a excelência na prática de suas técnicas e **Ser+ em Gestão de Pessoas** - Visões do presente e futuro para melhoria da qualidade de vida e desempenho profissional, ambos da Editora Ser Mais.

Contatos:
www.mbcoaching.net.br
contato@mbcoaching.net.br
coachmbuttazzi@hotmail.com
(11) 99201-7997
(11) 4314-3480
Facebook - MB COACHING
Twitter - @mb_coaching

Anotações

25

World Café: potencializando a inteligência coletiva

Há uma inteligência maior que se encontra no coletivo, uma sabedoria que aflora em grupo, permitindo que a diversidade nos conduza a melhores resultados

Márcia Rizzi

Ser + com Equipes de Alto Desempenho

Márcia Rizzi

Diálogo

Uma das mudanças de paradigma mais significativas que acontecem atualmente, em nossa sociedade, é a da importância vital dos relacionamentos, em vez da ênfase apenas nas "posições" (...). Está emergindo a necessidade de um novo modelo mental que seja capaz de ligar e integrar posições e relações de modo sustentável (...). No coração disso tudo está o Diálogo. O Diálogo é essencial para a construção da realidade social, o crescimento individual, a criatividade e inovação, a integração de equipes, a criação e manutenção de redes sociais, a gestão de organizações, na escola, na família, na política, etc." e para a articulação entre elas. Ao mesmo tempo, retoma práticas ancestrais de contato e de integração de grupos.

Escola de Diálogo de São Paulo

Aprendiz

Há um novo modo de aprender juntos, estimular compromisso coletivo, buscar soluções e encontrar um sentido maior no trabalho em equipe.

"O que faz com que uma equipe seja vencedora"... "O que diferencia uma grande equipe de pessoas incapazes de trabalhar juntas?" "Como trabalhar juntos, criando comprometimento e fazendo com que cada qual dê o melhor de si, não apenas em termos de resultados, mas também de postura ética e transparente?".

Há mais de dez anos desenvolvo carreira como consultora organizacional. Após carreira como executiva, optei pela consultoria, onde nos deparamos, também, com uma diversidade enriquecedora. Para bem desempenhar tenho buscado cursos, como participante, USP, FGV, FAAP, AMANA KEY, HSM, UNIPAZ, dentre outras instituições de renome, a título de atualização, bem como participar de congressos e muita leitura. Estar "antenada" faz parte da nossa rotina. Foi em um desses ambientes que conheci o *World Café* e, ao conduzi-lo, muitas das respostas aos questionamentos acima vão surgindo, emergem do próprio grupo.

Em 1995, surgia o embrião do *World Café*, metodologia que facilita a construção conjunta e a busca por soluções através do direcionamento do diálogo de forma a manter o foco na essência do tema, privilegiando o que mais importa. Conheci a metodologia e passei a empregá-la em grupos pequenos, com pouco mais que uma dezena de participantes, ou em grupos maiores, com centenas. Ao relatar parte da nossa experiência com algo que classificamos como inovador e simples, desafiador e envolvente, queremos incentivá-lo a utilizar. Seja bem-vindo ao *World Café*!

O *World Café*

Juanita Brown e David Isaacs, companheiros no trabalho e na vida, desenvolveram um processo simples e poderoso de promover o diálogo construtivo.
A metodologia foi estruturada em torno de sete princípios e normas, a etiqueta do café.
O processo, embora simples, surpreende por seus resultados e capacidade mobilizadora para ação e leva a compartilhar conhecimento acessando a inteligência coletiva.
O *World Café* é uma metodologia para conduzir o diálogo em grupos, os participantes, divididos em diversas mesas e conversam em torno de uma pergunta central. Após cada rodada de conversa as pessoas circulam entre os diversos grupos conectando e polinizando as ideias. Ao final faz-se uma colheita das percepções e aprendizados coletivos.
O formato do Café é flexível e se adapta a muitas circunstâncias diferentes, oferece oportunidade de interação entre os participantes, o que tem conduzido a resultados gratificantes.
Hoje globalizado, já foi experimentado e utilizado nos negócios, no governo, na saúde e na educação, ONGs, ambientes comunitários, para aumentar a produtividade ou para encontrar soluções desafiadoras.

World Café na prática

- ✓ Acomode quatro ou cinco pessoas em pequenas mesas estilo Café;
- ✓ Estabeleça rodadas de diálogo, de aproximadamente 20 minutos cada;
- ✓ Proponha perguntas ou questões que importam para a vida dos participantes;
- ✓ Encoraje os participantes a escrever, rabiscar e desenhar ideias-chave em suas toalhas de mesa;
- ✓ Após completar a rodada inicial peça para que uma pessoa permaneça na mesa como a "anfitriã de mesa", enquanto as outras atuam como viajantes, levando ideias-chave para as suas novas conversas, em novas mesas;
- ✓ Peça que o "anfitrião da mesa" dê boas vindas e

brevemente compartilhe as ideias principais da rodada inicial;
- ✓ Incentive os convidados a conectar ideias provenientes das conversas anteriores, registrando e rabiscando em suas toalhas de mesa (papel);
- ✓ Ao proporcionar a oportunidade para que as pessoas se movam em diferentes rodadas de diálogo, ideias, perguntas e temas começam a se conectar. Ao final da segunda rodada, todas as mesas ou grupos de conversação na sala serão *"polinizados"* com *insights* de conversas anteriores.
- ✓ Na terceira rodada de diálogo, as pessoas podem voltar às suas mesas iniciais para sintetizar suas descobertas, ou podem continuar viajando às outras mesas;
- ✓ Depois de diversas rodadas de diálogo, inicie um período de compartilhamento de descobertas em uma conversação com todos, estilo plenário, é quando o conhecimento coletivo cresce e as possibilidades para ação surgem.

www.theworldcafe.com

O convite e o ambiente

O ambiente ideal é simples, acolhedor e encoraja conversas significativas. Pode incluir pequeno arranjo de flores sobre a mesa e luz natural na sala. A criação do ambiente tem início com o convite, momento em que deixamos claro que não será uma reunião aos moldes convencionais. As perguntas propostas pelo "Anfitrião do Café" são a alma da conversação. Tais perguntas nascem no planejamento, com os patrocinadores, ao entender perfeitamente o cenário e propósito do encontro. São as questões significativas.

Os princípios do *World Café*

1. Estabeleça o contexto
2. Crie um espaço acolhedor
3. Explore questões significativas
4. Estimule a contribuição de todos
5. Promova a polinização cruzada e conecte diferentes pontos de vista
6. Busquem escutar juntos para descobrir padrões,

Ser + com Equipes de Alto Desempenho

      percepções
7. Colha e compartilhe descobertas coletivas

Etiqueta do *World Café*

· Concentre-se no que importa.
· Contribua com seus pensamentos e experiências - compartilhe suas ideias.
· Fale do coração - participe de corpo e alma.
· Ouça para entender.
· Ligue e conecte ideias.
· Ouça junto com o grupo, buscando *insights* temas e questões relevantes.
· Divirta-se, rabisque, desenhe! Escreva nas toalhas da mesa.

Muito mais há para ser dito sobre o *World Café*. Colocamo-nos à disposição, por meio do nosso site, para troca de ideias. Sugerimos também alguns caminhos onde você encontrará mais informações:

www.theworldcafe.com e www.escoladedialogo.com.br

Brown Juanita e outros, O *World Café* – Dando forma ao nosso futuro por meio de conversações significativas e Estratégicas, Ed. Cultrix Willis Harmann House.

Márcia Rizzi

MBA em RH pela USP, pós-graduada em Administração pela FAAP, Liderança e Gestão de pessoas pela AMANA-KEY, Bacharel em Ciências Jurídicas. *Coach* com formação pelo ICI *Integrated Coaching Institute* e IDPH – Instituto de Desenvolvimento do Potencial Humano. Desenvolveu carreira na Caixa Federal onde esteve como Superintendente de Negócios, Gerente Regional, Gerente Geral de grandes agências, dentre outros. É *coach*, palestrante e facilitadora de treinamentos na área comportamental. É autora de diversos manuais para treinamentos. É coautora nos livros da Editora Ser Mais:

Ser+ com Palestrantes Campeões,
Manual Completo de *Coaching*
Ser+ em Gestão de Pessoas.

É coordenadora editorial e coautora nos livros da Editora Ser Mais:

Ser+ em Gestão do Tempo e Produtividade
Ser+ em Excelência no Atendimento ao Cliente

Contato:
www.marciarizzi.com.br

Anotações

26

Autoconhecimento

Da consciência da necessidade ao emprego prático na melhoria de desempenho

Márcio Schultz

Ser + com Equipes de Alto Desempenho

Márcio Schultz

O tema do autoconhecimento tem sido cada vez mais reconhecido no ambiente organizacional e, sendo assim, parto do pressuposto de que você já passou da fase de conscientização da necessidade de autoconhecimento na gestão de pessoas e na liderança de equipes de alto desempenho. Afinal, não faltam pesquisas, artigos e livros sobre o socrático tema "conheça a ti mesmo".

Vamos, então, ao ponto em que a grande maioria dos gestores empaca: como promover autoconhecimento de forma sistemática, de maneira que ele se torne um meio de melhoria de desempenho em minha gestão, no desempenho individual dos membros da equipe e no desempenho da equipe como um time? Minha proposta não é apresentar apenas uma resposta, mas sim uma possível solução.

O Instituto Gallup realizou uma pesquisa com 2 milhões de pessoas, procurando, traços comuns a pessoas de alto desempenho[1]. As conclusões geram uma quebra de paradigma de dar dor de cabeça aos que acreditam em um modelo ideal de gestão ou em algo como uma "atitude de sucesso": não foram encontrados traços comuns entre pessoas com alto desempenho, porém, foram encontrados indivíduos com alto desempenho com os mais variados perfis e estilos de gestão. De fato, percebeu-se que o que essas pessoas compartilham entre si é o uso dos seus próprios potenciais como meio de realização.

Na pesquisa, não faltam exemplos de pessoas que obtiveram alto desempenho quando ativaram seus próprios potenciais como meio pelo qual desenvolviam suas funções. Isso quer dizer que esses potenciais são do indivíduo e, ativos ou não, eles estão à disposição, sendo necessário apenas desenvolver algumas habilidades que transformarão potencial em talento. Em resumo, pessoas com alto desempenho constroem seus talentos sobre seus próprios potenciais.

O segundo ponto desta contextualização diz respeito à influência do ego na administração dos potenciais. Todos podemos apontar casos de pessoas que são tão conhecidas pelo potencial quanto pelo seu uso de forma equivocada, quando dizemos, por exemplo: "se ele usasse sua inteligência para o bem...".

A consequência negativa da influência do ego pode até poupar algumas pessoas no desempenho individual, mas não há clemência quando se trata de liderança e trabalho em equipe. Lembre-se de que a razão número um nas pesquisas que questionam o motivo pelo qual profissionais se desligam das organizações são as dificuldades na relação com seu gestor imediato.

Quando exercemos um cargo de liderança, exercemos também uma influência sobre as pessoas da equipe. Se você fala, você influencia; se não fala, influencia também. Se estiver presente, influencia; se é ausente, também.

---
1 Descubra seus pontos fortes -Marcus Buckingham e Donald O. Clifton

Ser + com Equipes de Alto Desempenho

Em outras palavras, pode-se afirmar que ela nunca é neutra e pode ser construtiva ou destrutiva. Isso ocorre, porque o ego assume a administração dos potenciais e o comportamento começa a não mais refletir as intenções. Esse espaço entre suas intenções e o seu comportamento só pode ser eliminado por meio do autoconhecimento, pois, como diz o velho ditado popular, "de bem-intencionados o inferno está cheio".

O último tema desta contextualização fala que só se consegue manter o alto desempenho se este for autossustentável. Todos podemos ter um momento de alto desempenho. Você pode até conseguir que uma equipe tenha alto desempenho em determinado período. Mas tanto individualmente, quanto em equipe, alto desempenho só se mantém se, no processo em que são realizadas as funções, estiver presente a autorrealização dos membros envolvidos. Esta é a força que está no topo da pirâmide de Maslow e aciona um potencial singular.

Infelizmente, a grande maioria das pessoas confunde autorrealização com apenas realização. Esse equívoco é responsável pelo quadro depressivo que se encontra em maior presença nas classes A e B do que nas demais. Estamos rodeados de exemplos de pessoas que, mesmo realizando, estão insatisfeitas. Quero dizer com isso que autorrealização ocorre quando algo do indivíduo se realiza e não necessariamente é algo externo.

Vamos agora juntar esses três pontos desta contextualização com a pergunta inicial: como promover autoconhecimento de forma sistemática de maneira que ele se torne um meio de melhoria de desempenho em minha gestão, no desempenho individual dos membros da equipe e no desempenho da equipe como um time?

Primeiramente, você precisa identificar quais são seus potenciais, qual é o seu estilo de gestão e onde você faz a diferença. Nesses 17 anos trabalhando com autoconhecimento na gestão de pessoas, identifiquei 9 amplas Competências Emocionais e que cada indivíduo tem de três a quatro delas em alta, ou seja, as suas verdadeiras Competências Emocionais[2]. Como representam vínculo com seus potenciais, é um caminho seguro para a autorrealização, e isso garantirá sustentabilidade no seu estilo de gestão.

Por exemplo, você se lembra da última vez em que esteve envolvido com um projeto de tal forma que não viu o tempo passar e que lhe vinham diversas ideias à mente e uma vontade para realizar de uma fonte quase inesgotável? É exatamente sobre isso que estamos falando, pois esta é a fonte de energia para o alto desempenho sustentável. Para a maioria das pessoas, situações como esta não passam de momentos isolados, porque o acesso a essa fonte é restringido pelo ego, que utiliza grande parte dessa energia para sustentar sua zona de conforto. Este é o passo seguinte:

[2] Veja a relação de Competências Emocionais e Vícios Emocionais em nosso site : www.eneagrama.com.br

reconhecer como seu ego assume esse controle e começar a trabalhar na recuperação daquilo que sempre foi seu.

Quando falo a respeito desse assunto em meus treinamentos, uso a metáfora que aprendi do Dr. Joshua Stone, que diz que temos dois personagens internos. Um deles é o Cavaleiro, que é o responsável pelo discernimento mais amplo e representa o nosso ser consciente. O outro é o Cavalo, que representa nossas reações automáticas, ou seja, o ego. Ele age como cavalo de hotel fazenda, daqueles que, quando você puxa as rédeas para a direita, ele continua reto; quando você puxa para a esquerda, ele continua na mesma direção. Sem mais nem menos, ele para subitamente: você o cutuca com os pés e nada. Então, você percebe que está de frente para um mirador com um visual fantástico. É, você achou que saiu para andar a cavalo, mas é ele quem está fazendo um *tour* com você. Assim, o importante mesmo é que você dirija o Cavalo e não se deixe dirigir o tempo todo por ele. Aprender a dirigir o Cavalo é um trabalho para a toda a vida, mas a cada passo conquistado, vai ficando cada vez mais fácil dominá-lo.

Dessa forma, a ferramenta que utilizo para identificar as maneiras pelas quais o ego assume o controle da consciência é um eneagrama, que descreve 9 Vícios Emocionais**. Cada um deles traz referenciais claros de padrões de comportamento mecânicos. A partir desses referenciais, podemos identificar situações em que estamos sendo dirigidos pelo Cavalo e, com isso, decidir puxar as rédeas para comportamentos que melhor reflitam nossas intenções.

Por último, se faz necessário também diagnosticar quais são os potenciais de cada membro de sua equipe, bem como os pontos em que cada um faz a diferença. Esse reconhecimento é como identificar quais são as peças no tabuleiro de xadrez e quais são os diferentes potenciais disponíveis para sua estratégia de avanço no tabuleiro. Promover o uso dos próprios potenciais irá gerar autorrealização e, com isso, você terá pessoas mais engajadas.

Todavia, não se esqueça dos Cavalos de cada um desses membros da equipe! Isso significa que o mesmo trabalho pessoal que você tem para assumir as rédeas do seu Cavalo também deve ser o trabalho pessoal de cada membro da equipe? Se você pensou assim, lamento lhe dizer, mas você está equivocado. Não se pode exigir dos outros que façam esse trabalho pessoal. Promover autoconhecimento não é dizer aos outros o que deveriam fazer. Normalmente, quando se tenta fazer isso, se consegue o contrário do que se pretendia. Trabalhar com o Vício Emocional dos outros é diferente de trabalhá-lo em si mesmo.

No trabalho com equipes em que se pretende ter alto desempenho, se faz necessário aprender a lidar com os Cavalos dos outros de forma que eles não assumam o controle. Na verdade, esta é a parte que a maioria dos gestores considera como a mais difícil. Os Cavalos são previsíveis, o ego é mecânico e repetitivo e, por isso mesmo, é possível mapeá-lo.

Continuando com essa metáfora, costumo dizer que devemos aprender a dar certo tipo de pasto para o Cavalo, a fim de entretê-lo e, assim, podermos acessar o Cavaleiro. Porém, se você tirar o pasto do Cavalo, terá toda a energia dele investida nesse pasto. Com isso, se quer dizer que, em cada um dos 9 padrões de comportamento descritos no eneagrama dos Vícios Emocionais, teremos um anseio a ser satisfeito.

Por exemplo: um dos 9 Vícios Emocionais é o Medo, que gera o comportamento mecânico de buscar segurança e evitar ser pego de surpresa, que equivale a nunca "dar o passo maior do que a perna". Se você ameaça esse anseio, terá toda aquela fonte de energia do indivíduo sendo utilizada para garantir segurança. "Mas e se não der certo? Se acontecer alguma coisa que não prevíamos?". Como se pode perceber, a consciência do indivíduo ficará sequestrada pelos anseios desse Cavalo e se fixará nas possibilidades que poderão fazer com que algo saia errado.

Agora, se, por outro lado, você oferecer suficiente informação e apoio para que essa pessoa se sinta segura no processo (o pasto do Cavalo), terá acesso ao seu Cavaleiro, que apresentará a Competência Emocional da Prudência e disponibilizará todo um potencial para apoiá-lo na busca de meios seguros que garantam o sucesso do processo.

Em resumo, quando o Cavalo dirige o indivíduo, temos alguém do contra investindo grande energia em provar as razões pelas quais uma determinada solução não vai funcionar. Quando a condição proporcionada permite que o Cavaleiro se manifeste, por outro lado, temos alguém nos apoiando, oferecendo alternativas que garantam o funcionamento do trabalho. Nesse exemplo, o real desafio é o de reconhecer que, por trás da manifestação do Cavalo, existe um potencial à disposição do Cavaleiro. Este é o desafio, pois essa perspectiva só é possível para você na condição de Cavaleiro, já que o seu Cavalo não vai fazer esse reconhecimento.

Por fim, o ponto a que se quer chegar aqui é que você influencia sua equipe com a frequência emocional em que você vibra. Portanto, é necessário, antes de tudo, tornar-se consciente de quem está no comando de suas emoções e de seus potenciais, se é você ou o seu ego. Somente a partir desse reconhecimento será possível extrair dos potenciais de cada um o alto desempenho necessário para alavancar o sucesso de sua organização.

Em outras palavras, aproveitando a metáfora do Dr. Joshua Stone, identifique seu Cavalo, assuma o papel do Cavaleiro e crie o ambiente propício para que sua equipe possa manifestar seus potenciais. Os talentos estão lá esperando por você.

Márcio Schultz

Fundador do Instituto Rennove – Eneagrama na Gestão de Pessoas, Psicoterapeuta Reichiano com formação em Integração Organísmica e Educação Somática, *Certified Personal and Executive Coach*. Há 17 anos desenvolve treinamentos sobre autodesenvolvimento e gestão de pessoas, na empresa e no contexto social. É o Coordenador Geral, instrutor principal dos programas e responsável pela pesquisa e desenvolvimento dos conteúdos, introduzindo inovações nessa área. O Instituto Rennove desenvolve programas de treinamentos em diversas organizações para os mais variados segmentos econômicos. Mais de 15.000 pessoas já participaram dos treinamentos com vistas a atingir o mesmo objetivo, ampliar a compreensão sobre pessoas.

Contatos:
www.eneagrama.com.br
facebook.com/institutorennove9
twitter.com/rennove9
twitter.com/marcioschultz
rennove@eneagrama.com.br
(48) 3225-9999

Anotações

27

O caminho para conquistar Equipes de Alto Desempenho

Um líder conquista uma equipe de Alto de Desempenho, primeiramente, por meio de suas atitudes como pessoa, e depois conquista pela Visão de um projeto. Neste capítulo, trabalho as práticas do Líder de Alto Desempenho que será a chave para conquista da equipe que você necessita e merece, proporcionando um espaço de reflexão sobre sua liderança e os resultados de sua equipe

Marcio Ferreira Nascimento

Ser + com Equipes de Alto Desempenho

Marcio Ferreira Nascimento

Qual o segredo para formar Equipes de Alto Desempenho? Começou o desafio...
Durante sua leitura vou sugerir algumas reflexões que vão lhe apoiar em seu desenvolvimento como um líder de Equipes de Alto Desempenho.

Desafio 1: Escreva qual o segredo para formar Equipes de Alto Desempenho.
Como *coach*, treinador de líderes e equipes, acredito muito no poder de liderança que todos os seres humanos têm, principalmente se considerarmos a Era do Conhecimento que estamos vivendo e convivendo com diárias mudanças nos campos socioeconômicos, políticos, culturais e tecnológicos, o ser humano é maior capital das organizações, já que não é descartável como os computadores e celulares dos dias atuais. Diferentemente de máquinas, o ser humano tem a grande capacidade de passar por mudanças e se adaptar a novas situações e necessidades desde que esteja em sinergia com o grupo de pessoas que convive. E para criar um ambiente sinérgico e de equipe é necessário um Líder!

Desafio 2: Responda, quando um time de futebol não vai bem no campeonato, a Presidência do Clube de Futebol demite o técnico ou todos os jogadores?

1 - Líder de Alto Desempenho
Para formar e liderar uma equipe de alto desempenho é necessário que antes você seja um Líder de Alto Desempenho, já que se uma equipe é o "espelho" do líder, então você só verá Alto Desempenho em sua equipe quando você for um Líder de Alto Desempenho e, para isso, não basta somente o conhecimento (leituras e estudos), a prática será muito importante.

Princípios e valores
Um líder de Alto Desempenho segue seus princípios, valores e conquista sua equipe pela sua Honestidade, Confiança, Compromisso e por ser uma pessoa honrada pelas suas atitudes e responsabilidade com sua equipe.

Desafio 3: Liste quais seus princípios e valores. Para isso, se faça a simples pergunta: o que é importante para mim no trabalho? O que é importante para mim com os amigos? Na família?

Paixão
Ser apaixonado pelas pessoas, por treinar e motivar.

Ser + com Equipes de Alto Desempenho

É apaixonado por apoiar o desenvolvimento humano e acredita no potencial de sua equipe, em que cada integrante tem talentos natos e talentos a serem desenvolvidos. Um Líder de Alto Desempenho enxerga um diamante num pequeno pedaço de carvão!

Visão
Um líder sabe aonde quer chegar com sua equipe.
Um líder de Alto Desempenho sabe e tem certeza que conseguirá chegar! Não duvida jamais, pois se duvidar de sua equipe estará duvidando dele mesmo!
O líder que tem uma visão clara pode formar equipes poderosas que lhe apóiem nesta conquista. Líderes de Alto Desempenho compartilham sua Visão com a equipe, não cometa o erro de esconder sua Visão!
Um grande segredo nesta etapa é transformar sua Visão em Metas para cada equipe ou integrante, que as metas possam ser avaliadas de forma diária, semanal, mensal, trimestral ou quadrimestral e anual. Ao finalizar sua leitura, sugiro buscar referências sobre "metas SMART" ou "metas S.M.A.R.T", facilmente encontradas na internet.

Desafio 4: Escreva qual resultado você espera de sua equipe, incluindo em quanto tempo deseja alcançá-lo e o que lhe motiva a realizar esta meta.

Os talentos da equipe
Na etapa de seleção de sua equipe, faça um trabalho minucioso antes de contratar. As empresas têm o péssimo costume de contratar muito rápido e demitir muito devagar, que por não terem clara a Visão da equipe, geralmente não conseguem preparar uma lista efetiva de pré-requisitos para contratação.
Prepare sua equipe treinando-os para realizar o que cada um tem de melhor e gerar sinergia.

SINERGIA = Quando a soma de 1 + 1 é muito maior que um simples 2.

No livro "Manual de Autoliderança" do autor chileno Suryavan Solar, que trata das etapas da Liderança Pessoal sobre seus pensamentos, sentimentos, ações e resultados, uma frase que representa bem o espírito do autoconhecimento no processo de desenvolvimento de um Líder de Alto Desempenho é: *"antes de liderar os outros, dirigir empresas, governar nações, aprende a ser o líder de ti mesmo e a dirigir sua própria vida".*

Dica: Se você quiser testar sua Liderança, sugiro que lidere uma equipe de voluntários onde não há o poder coercitivo, ou seja, onde as pessoas te seguem como líder pelo exemplo e não pelo medo de serem demitidas.

2 - O Líder em processo de *Coaching*

Em minha atuação como *Coach* para empresários e executivos, é muito comum que meus clientes me indiquem para seus amigos e, com frequência, sou convidado para uma visita à empresa ou escritório. Nestas visitas, percebo nitidamente como a maioria dos líderes não quer se desenvolver, mas quer que a equipe tenha um resultado em excelência e seja de alto desempenho. Algumas das frases que mais ouço são: "mas eu já falei como é para fazer, não sei mais o que eu faço para as pessoas entenderam", "estou certo que meus gerentes não servem para a empresa, são uns idiotas". Um gerente comercial de uma empresa que fazia leilão de preço com seus concorrentes e tinha 70% de suas vendas pelo cartão de crédito, que dão a menor margem para a empresa, me disse: "não temos problemas no departamento de vendas da empresa, o problema é no financeiro".
Um Líder de Alto Desempenho está focado em seu próprio crescimento e no desempenho de sua equipe antes de julgar os outros.

Em entrevista, Eric Schmidt, CEO do Google, afirmou que um dos principais e mais importantes conselhos que recebeu na vida foi contratar um *Coach*. Com a declaração "*Everyone needs a Coach*" ("todos precisam de um *Coach*"), Eric disse que o processo o ajudou a ter mais clareza e assertividade em sua vida profissional.

Atitudes de Líderes de Alto Desempenho, que podem ser conquistadas com apoio de um *Coach*:
- Ter um sonho.
- Definir metas claras e conquistá-las;
- Ser exemplo de atitudes que deseja em sua equipe;
- Ser apaixonado pelo que faz e elogiar sempre;
- Confiar em si mesmo e em sua equipe;
- Flexibilidade, estar pronto para o novo;
- Selecionar e capacitar frequentemente sua equipe. Grandes líderes não perdem a oportunidade de treinar suas equipes e este investimento já faz parte do orçamento mensal da organização;
- Conhecer os talentos individuais;
- Compreender as necessidades e desejos de cada um;
- Compromisso com sua palavra (para um líder não existe o ditado: "faça o que eu falo e não faça o que eu faço", esqueça!);
- Dominar técnicas de liderança e relacionamento inter-

pessoal;
   - Apoiar sua equipe nas realizações pessoais;
   - Ter humildade para buscar o apoio de um *Coach*, Palestras e Seminários de liderança.

No site da *Golden Lider Coach*, minha empresa de treinamentos de Liderança, *Empowerment* e *Coaching* você poderá conhecer os treinamentos e serviços para Alto Desempenho Pessoal e de Equipes.

3 – Equipes de Alto Desempenho

Afinal, cadê as equipes de Alto Desempenho?
Esta resposta vou deixar para você, meu amigo leitor, me enviar daqui alguns meses quando você conseguir colocar em prática as dicas deste capítulo, perceber os diferentes e positivos resultados em sua equipe e me enviar por e-mail um simples relato ou depoimento sobre o que conquistou.
Uma equipe de alta performance não se constitui em 2 ou 3 meses, a não ser que seu Líder e a equipe sejam realmente pessoas extraordinárias e surpreendentes. Normalmente uma equipe de Alto Desempenho pode se constituir de 10 a 18 meses, para alcançar resultados constantes e audazes.

Como saberei que minha equipe está iniciando um ciclo de Alto Desempenho?
- Atinge e supera suas metas de equipe e propõe metas ainda mais audazes;
- Se um novo integrante chega e a equipe mantém ou segue crescendo os resultados, mesmo tendo que capacitar e integrar esta nova pessoa;
- A equipe tem motivação e está sempre disposta a novos desafios;
- Gosta de inovar e compartilhar ideias entre todos;
- A realização profissional apoia também a realização pessoal. O integrante realiza seus sonhos pessoais com os aprendizados e recompensas (dinheiro, prêmios, reconhecimento, descanso) conquistadas;
- Líder e liderados são amigos e compartilham momentos de descontração e alegria também fora da equipe;
- Quando o líder perceber e reconhecer sua equipe como grandes realizadores de sonhos!

Desejo a você paciência e persistência! Desejo que conquiste todas as suas metas profissionais e principalmente suas metas pessoais, que são a motivação que te faz levantar da cama todos os dias pela manhã.

Marcio Ferreira Nascimento

Master Coach, palestrante, empresário e docente universitário. Possui formação internacional em Liderança e *Coaching Express* CB, membro da AIPC (*Asociación Internacional de los Profesionales* de *Coaching*), atua em *Coaching* Executivo, *Coaching* para Vendas, *Life Coaching*, *Coaching* de Equipes, *Coaching* para Empreendedores e *Coaching* para Mulheres, Palestrante e Treinador de Líderes e Equipes nas práticas de Vendas, Liderança, Excelência e Qualidade de Vida. Consultor de Projetos de Vida para pessoas que buscam uma vida integral e em equilíbrio. Sócio-diretor da Golden Líder *Coach* Treinamentos. Graduado em Ciência da Computação e pós-graduado pela PUC-SP em Administração de Empresas, formação nas áreas de Gestão de Pessoas, Administração de Empresas, Engenharia de Vendas e Estratégia Comercial, atua como professor de graduação, MBA e pós-graduação nas áreas de Gestão Empresarial e de Pessoas.

Contatos:
marciofnweb@hotmail.com
www.facebook.com/marcio.sumay
(16) 8170 1000

Anotações

28

Navy Seals:
um Raio-X da Equipe de Alto Desempenho que eliminou Osama Bin Laden

Os SEALs, elite da elite das Forças Especiais, ficaram mundialmente famosos após eliminarem o inimigo número 1 dos Estados Unidos: Osama Bin Laden. Conheça agora, em detalhes, a missão, o recrutamento, a seleção e o treinamento dessa verdadeira Equipe de Alto Desempenho

Marco Barroso

Ser + com Equipes de Alto Desempenho

Marco Barroso

Passava da meia-noite de domingo, dia 2 de maio de 2011, quando os canais de televisão interromperam sua programação normal para informar que, após 10 anos de intensa busca, o terrorista saudita Osama Bin-Laden havia sido morto no Paquistão. Em seguida, o presidente dos Estados Unidos, Barack Obama, fazia um pronunciamento oficial confirmando a notícia e a população americana, particularmente os residentes em Nova York, vinha às ruas para celebrar.

Talvez aqui caiba uma pergunta: "O que isso tem a ver com Equipes de Alto Desempenho?". Tudo! A Operação "Lança de Netuno" foi levada a efeito pelo *"SEAL Team 6"*, destacamento de maior capacitação, integrante dos *"Navy SEALs"*, organização de elite da marinha americana.

Neste artigo, você verá um estudo de caso de uma equipe de alta performance: como os *SEALs* da Marinha operam, o que fazem, a impressionante determinação necessária para se tornar um *SEAL*, as habilidades amplamente variadas de que necessitam e os tipos de equipamento que usam nas missões.

Onde quer que haja tropas norte-americanas, você descobrirá que os *SEALs* estão ou lá estiveram antes. O papel que essas equipes desempenham normalmente são de entrar e sair rapidamente sem serem vistos, coleta de dados para inteligência estratégica, destruição de alvos e realização de resgates, entre outros.

As Forças de Operações Especiais Americanas, que incluem as forças do comando de elite de cada ramificação das forças armadas, como o *SEALs* da Marinha, Rangers do Exército, os Boinas Verdes e outros se tornaram essenciais para muitos sucessos militares daquele país durante a primeira década do século XXI. Cada ramificação das forças armadas tem suas próprias equipes especialmente treinadas, aptas a operar em qualquer situação e cumprir qualquer missão.

O que é preciso para se tornar um *SEAL*? Até mesmo os instrutores podem predizer quem conseguirá chegar lá. A característica comum que os instrutores veem nos futuros *SEALs* não pode realmente ser definida, eles apenas a chamam de "atirar por instinto", isto é, ou é fácil, ou é impossível.

O acrônimo *SEAL* significa Mar, Ar e Terra (*SEa, Air, and Land*), que identifica os ambientes onde operam. Os *SEALs* trabalham em pequenas unidades - frequentemente um a dois homens, mas algumas vezes em pelotões de até 16 homens. São treinados para realizar tarefas específicas sob qualquer tipo de circunstância e em qualquer ambiente. Seu treinamento ocorre no deserto, na selva, em clima extremamente quente e frio e em áreas urbanas.

As missões do *SEAL* requerem planejamento detalhado e execução precisa. Eles são treinados para realizar missões que recaem em

Ser + com Equipes de Alto Desempenho

cinco categorias principais:
• Guerra Não-Convencional - uso de táticas de guerra de guerrilha.
• Defesa Interna Contra Estrangeiros - treinamento dado a nacionais estrangeiros a fim de construir relacionamentos.

• Ação Direta - Movimento contra um alvo inimigo, incluindo ataques a alvos localizados em terra ou água, resgate de reféns, emboscadas, etc.

• Contraterrorismo (CT) - inclui ação direta contra operações terroristas, ações antiterroristas e a proteção de cidadãos e tropas.

• Reconhecimento Especial - inclui condução de inspeções preliminares para recolher informações, manejo de postos de observação e outros tipos de vigilância, aparente ou oculta, onde a meta é recolher informações. Nesse tipo de operação inclui-se o recolhimento de dados hidrográficos (inspeções de praia e água) para desembarque ou acompanhamento de uma unidade inimiga e reportar sua posição.
Quando os *SEALs* não estão em combate, eles encontram-se em constante treinamento, para aprimorar habilidades básicas e aprender novas habilidades e técnicas.
As categorias acima se sobrepõem quando se referem a missões reais, mas essas são a base do treinamento *SEAL*: serem especialistas nas habilidades necessárias para realizar essas várias tarefas.

Histórico

Em 1941, depois que os japoneses bombardearam Pearl Harbor, as tropas norte-americanas foram forçadas a invadir o território japonês pelo mar, frequentemente deparando-se com campos minados e ataques de inimigos camuflados. Afim de prevenir ou minorar esses riscos, a Marinha americana criou equipes especialmente treinadas para infiltrarem-se em território inimigo pelas praias e liberarem o caminho de obstáculos. Essas equipes de seis homens eram chamadas Unidades de Demolição de Combate Naval. Seu treinamento era intenso em fortalecimento físico e incluía levantamento de peso, natação, corrida e manobra de pequenos barcos. O treinamento também incluía manuseio de explosivos. Eventualmente, realizavam treinamentos em Equipes de Demolição Subaquáticas (UDT - *Underwater Demolition Teams*).
Fundamentado no treinamento dos UDTs, os *SEALs* foram criados. Seu treinamento os preparou para trabalhar nas selvas, costas e rios do Vietnã. Sua tarefa era ficar atrás das linhas inimigas e atacar de surpresa acampamentos de inimigos, sabotar suprimentos, cortar comunicações inimigas e destruir munições armazenadas.

Marco Barroso

Treinamento do SEAL: BUD/S

O treinamento Demolição Subaquática Básica/SEAL (BUD/S em inglês) é dividido em várias fases:
1. Doutrinação;
2. Condicionamento básico;
3. Treinamento em SCUBA;
4. Treinamento em combate terrestre.

O BUD/S dura vários meses. A doutrinação inicial compreende cinco semanas de aprendizagem das expectativas e modos dos SEALs da Marinha. Mais importante, é o momento de se preparar física e mentalmente para o que está à frente.

Uma vez completada a doutrinação, o tempo remanescente é dividido em oito semanas de condicionamento básico, oito semanas de treinamento com SCUBA e nove semanas de guerra terrestre. O treinamento ocorre na Base Anfíbia Naval em Coronado, Califórnia.

Semana Infernal

A quarta semana do condicionamento básico é conhecida como Semana Infernal. Nessa etapa os alunos passam cinco dias e cinco noites em atividade, com um período máximo de quatro horas de sono, no total. A Semana Infernal começa no pôr-do-sol do domingo e termina no final da sexta-feira. Durante este período, os recrutas enfrentam evoluções de treinamento contínuas. Durante a Semana Infernal, os treinandos recebem quatro refeições por dia em quantidades limitadas. Receber comida quente substitui estar aquecido e seco. Ela proporciona um impulso psicológico necessário aos recrutas cansados, muitos dos quais estão quase dormindo enquanto comem.

A evolução durante a Semana Infernal envolve a equipe (ou tripulação do bote) carregando seu bote inflável sobre suas cabeças. Exercícios, corridas e escalada cronometrados através de planícies lamacentas são intercalados no decorrer dos cinco dias e meio. O maior número de alunos desiste durante a Semana Infernal. Esse treinamento radical é essencial, apesar de tudo. Nas missões, os SEALs devem ser capazes de operar eficientemente, ignorando temperaturas abaixo de zero e seu próprio bem-estar físico. Suas vidas, bem como as vidas dos outros, podem depender disso.

Ouvir ordens atentamente é outro elemento essencial de treinamento durante o BUD/S, particularmente durante a Semana Infernal quando os cérebros estão ficando confusos devido à falta de sono. O instrutor pode propositalmente omitir parte de uma ordem para ver quem realmente está ouvindo.

SCUBA

Boa parte das missões de combate dos *SEALs* é feita embaixo d'água, o SCUBA (aparelho de respiração subaquática autônomo) e a natação de combate são as principais prioridades para treinamento. Os *SEALs* treinam extensivamente por oito semanas em sistemas SCUBA de circuito fechado e navegação subaquática.

Combate Terrestre

Durante o treinamento de combate terrestre, os *SEALs* treinam por nove semanas em coleta de dados para inteligência e penetração de estruturas, reconhecimento e patrulhamento de longo alcance e batalha próximo de alojamentos. Também são treinados para reagir a ataques de atiradores de elite e usar armas brancas como facas e outras lâminas. Eles devem poder dirigir qualquer veículo e ser capacitados em técnicas de direção em alta velocidade e evasivas. O combate corpo-a-corpo também é ensinado durante essa fase do treinamento.

Missões e Treinamento Tático

Os *SEALs* recém-formados se apresentam imediatamente às suas unidades operacionais e iniciam um período de 12 a 18 meses de treinamento extensivo individual, em pelotão e esquadrão. Esse ciclo de missões e treinamento tático garante que os militares estejam em constante aperfeiçoamento e aprendendo novas habilidades que podem salvar vidas e ajudar as missões a serem bem-sucedidas.

Conclusão

Grande parte das práticas que hoje são amplamente reconhecidas no mercado corporativo e na administração de empresas tiveram origens militares. Apenas para citar dois bons exemplos: estratégia e logística. A proposta desse artigo foi trazer luz sobre a rotina desses profissionais cuja atuação não permite erros, isto é, uma falha pode causar sua própria morte ou a de um companheiro de farda. Essa coesão, espírito de corpo e camaradagem, pode e deve ser transportada para nossa realidade empresarial. Se cada um fizer a parte que lhe cabe dentro da estrutura organizacional, a empresa certamente atingirá o propósito de sua missão. Os resultados serão apenas uma consequência.

Marco Barroso

Oficial do Exército Brasileiro (na reserva). Liderou equipes em missões de combate real durante as Operações Rio I (1994), Rio II (1995) e Operação Papa (1997). Altos Estudos em Política e Estratégia (nível Doutorado) pela Escola Superior de Guerra (Ministério da Defesa). *Advanced Coach Senior e Certified Master Coach* pelo *Behavioral Coaching Institute* – BCI. Mestrando em Recursos Humanos (*Universidad Miguel de Cervantes*), Psicopedagogo, Cientista de Computação (PUC-Rio), MBA Executivo em Gestão (Ibmec). Formação em Gerenciamento de Conflitos pelo Colégio Interamericano de Defesa (Washington – D.C). Professor universitário, Trainer Comportamental e Professor de judô. Atualmente é Diretor-Presidente do Instituto Superior de Pesquisa e Desenvolvimento em Educação – IPED, *Master Coach Senior* e Facilitador do Instituto Brasileiro de *Coaching*, Consultor de Treinamento na Dinsmore Associates e Professor do SENAC Rio.

Contatos:
www.marcobarroso.com.br
contato@marcobarroso.com.br
(21) 8816-8880

Anotações

29

Como criar e manter equipes de alto desempenho: quatro dicas práticas

O presente artigo visa oferecer, de forma prática, 4 passos básicos para criar e manter equipes de alto desempenho. Intuitivamente, alguns líderes praticam alguns desses passos. Porém os resultados mais eficientes somente são possíveis com a integração desses 4 "tijolos"

Marcos Simões & Luciana Borel

Ser + com Equipes de Alto Desempenho

Marcos Simões & Luciana Borel

1- Metas

Nada mais atual do que a gestão por objetivos, o planejamento estratégico e a gestão por competências. Cada uma dessas propostas surgiu em momentos diferentes na evolução da administração, porém essas e outras ferramentas são fundamentais na construção de uma empresa sólida. Independente do seu tamanho ou do seu negócio.

Estas ferramentas nos auxiliam no estabelecimento de metas globais a partir da análise do ambiente em que estamos inseridos. As oportunidades e ameaças ao negócio a curto, médio e longo prazo. Nossos pontos fracos e fortes. A partir disto, podemos definir os objetivos da organização, as estratégias e caminhos para alcançá-los. Finalmente estabelecemos o perfil de profissionais que a nossa empresa precisa ter. Estamos falando de planejamento. Planejamento comercial, financeiro, de carreira/remuneração, gestão de talentos, marketing. Operacional, global e departamental.

Quando sabemos o que desejamos, fica "mais fácil" enxergar o nosso caminho e gerenciar nossas equipes, porque sabemos para onde caminhamos, onde queremos chegar e o que precisamos fazer para atingir o objetivo.

Pessoas talentosas são atraídas e mantidas quando temos planos. Observe que, quando estamos diante de pessoas talentosas em um processo seletivo, é muito comum o candidato realizar questionamentos sobre a possibilidade de crescimento profissional (gestão de carreira/remuneração) na empresa. Da mesma forma, é comum o contratante dizer "sim! É possível crescer aqui!". Porém, a maior parte das empresas que responde desta forma, na verdade, não têm uma estrutura de cargos e salários adequada. Portanto, é muito provável que esta seleção se torne um problema rapidamente, visto que o novo contratado vai descobrir que a empresa possui uma "base de areia". Inevitavelmente isso provoca um sentimento de frustração quase imediato, além de fazer com que a maioria das pessoas que passam por esta situação se sinta "enganada pela organização", deixando portas abertas para a desmotivação e queda da produtividade.

2- Perfil dos cargos x talentos dos ocupantes

Uma equipe é formada por cargos. Cada cargo possui um DNA específico. Falamos não somente de um título como, por exemplo, "promotor de vendas", mas do que está "por trás" deste cargo. As características únicas ligadas à execução daquela tarefa na nossa empresa. Por exemplo, o *promotor Y* da *empresa C* trabalha em um ponto de venda fixo. Já o *promotor Z* da *empresa D* trabalha em pontos de vendas diversos, visitando diariamente 6 lojas diferentes. Desta forma, embora ambos tenham o mesmo cargo, na prática, estamos falando de atividades tecnicamente muito diferentes. O que acontece no dia a dia do cargo é cru-

Ser + com Equipes de Alto Desempenho

cial para determinarmos as características técnicas e comportamentais que serão fundamentais para a escolha mais acertada do seu ocupante. A sigla CHA representa as características do cargo. CHA significa o conjunto de conhecimentos, habilidades e atitudes específicas para um determinado cargo. As competências que o cargo <u>exige</u> do seu ocupante. É necessário estudar o cargo. Entrevistar os melhores ocupantes atuais. Observar pessoas que possuem desempenho superior. Coletar os melhores casos que estes colaboradores vivenciaram. Listar as cinco principais atividades executadas por eles. Mapear os segredos do cargo. Analisar estas informações para apontar o CHA do cargo.

Este CHA determina quais serão os critérios para a seleção dos seus candidatos. Deve determinar também o padrão de avaliação de desempenho dos ocupantes atuais. Uma renovação do perfil pode surgir a partir deste processo. Ocupantes que não estiverem de acordo com este padrão deverão receber treinamento ou até, em alguns casos, ser aproveitados em outros setores ou mesmo demitidos.

Caso você, iniciando a montagem de uma equipe "do zero", pesquise na concorrência ou "projete" o que você deseja a partir das metas, valores e necessidades da empresa.

3- Perspectivas e respeito pela empresa

É muito comum ouvir nas empresas a frase pré-fabricada *"vista a camisa da nossa organização"*. Lamentamos dizer, mas *slogans* vazios não levam a lugar algum. A energia e dedicação de alguém é algo a ser conquistado. E isto não acontece com frases de efeito.

Quando uma empresa está em fase de construção é fundamental ter líderes que consigam visualizar o futuro. Os líderes precisam ser entusiastas, interagir com os colaboradores. Discutir os problemas e desafios da empresa. Ser comprometidos com a solução dos problemas. Assim, gradativamente, os colaboradores irão desenvolver a confiança e a credibilidade no líder e na organização.

O que aconteceu no passado também possui impacto no respeito que os colaboradores nutrem pela empresa. Certa vez estávamos desenvolvendo um plano de incentivo para uma rede de materiais de construção. No primeiro mês de trabalho, ao contrário do esperado, o resultado foi quase insignificante. Em conversas informais com funcionários, um deles (o mais crítico) nos confidenciou *em off* que a empresa havia realizado um projeto semelhante (mas não revelado pelo contratante para os consultores) anos atrás. A equipe havia batido as metas, mas a empresa não realizou o pagamento dos prêmios. Fomos até a direção e confrontamos a questão. Eles *"decidiram honrar a dívida"* frente à nossa pressão e prognóstico de que o plano atual não alcançaria nenhum resultado pela descrença que os colaboradores mantinham em relação à postura anterior da empresa. Resultado: a confiança foi reestabelecida e a equipe atingiu, em dois meses, o recorde de vendas dos últimos 15 anos. Moral da história: a empresa precisa ter coragem para fazer uma autocrítica sobre as suas atitudes do passado. Reverter equívocos é uma questão de respeito e honestidade.

Outro ponto importante é a estrutura da empresa e os seus processos de trabalho. Uma empresa deve aprender com os seus erros e acertos (*learning organizations*). Insistir nos erros é burrice e muitas vezes os colaboradores visualizam com clareza isto. A estrutura pode potencializar ou comprometer os resultados. O alto desempenho nasce em terreno fértil - e não improdutivo como em empresas travadas.

Mande sua mesa para o depósito e se transforme em um "retirante organizacional". Pergunte a todos que encontrar: *"o quê e como podemos fazer para melhorar a nossa empresa, os nossos processos, os nossos líderes?"*. Administração participativa.

Um alerta: é necessário ser muito maduro para ouvir as respostas. Ninguém quer ouvir que o seu filho é feio e orelhudo. Melhor: muitos não estão preparados. Se este for o seu caso, contrate uma excelente consultoria.

4- Meritocracia

Valorizar e recompensar concretamente quem merece. Este é o desafio da meritocracia.

As recompensas mais utilizadas e conhecidas são as chamadas recompensas tangíveis. Dinheiro, prêmio, promoção. Porém, não devemos subestimar as recompensas intangíveis como atenção, reconhecimento, elogios, respeito, oferecer novos desafios e *status*. As duas são importantes. Por exemplo, se eu sou bem remunerado (recompensa tangível), mas não sou respeitado (intangível) existe uma grande possibilidade de que eu venha a sair da empresa. Se recebo elogios (recompensa intangível) permanentemente, mas não recebo remuneração condizente (tangível), a médio prazo os elogios perderão o efeito e eu ficarei insatisfeito.

Equipes de alto desempenho precisam dos dois tipos de recompensas. Como construir isto tudo? É relativamente simples. Faça um estudo sobre os resultados da sua equipe/empresa nos últimos 24 meses. Vamos imaginar que a sua empresa vendeu em média R$ 1.200.000,00/mês (R$ 14.400.000,00/ano). Projete uma grande meta para os próximos 24 meses (final do período). Estabeleça a taxa de crescimento que você deseja. A partir daí, se pergunte: quanto eu estaria disposto a recompensar a equipe, se atingirmos este crescimento? Com esta resposta você terá definido a verba destinada ao incentivo dos seus colaboradores para os próximos 24 meses. Estabeleça as metas mensais que levarão a esta grande meta. Crie grupos de trabalho para traçar as estratégias mensais. Gestão participativa é a palavra. Realize uma confraternização para anunciar o plano. Discuta mensalmente os resultados. Incentive.

As premiações são autofinanciadas, ou seja, o mecanismo financeiro

Ser + com Equipes de Alto Desempenho

somente é acionado se a meta global for atingida, mas os prêmios precisam ser distribuídos para toda a empresa. Afinal, direta ou indiretamente, todos os colaboradores interferem no alcance dos resultados. Muito cuidado: existem empresas que se preocupam muito mais com os ganhos dos seus funcionários do que com os ganhos da organização. Seja generoso, mas com responsabilidade. Não prometa algo que poderá comprometer a rentabilidade da empresa. O contrário também é válido. Isto é reconhecido como "mesquinharia" e entendido como uma "traição à equipe" que vai impactar nos resultados e clima da empresa.

Sobre a construção de um sistema de recompensas intangíveis nós diríamos o seguinte: desenvolvimento de lideranças. Treinamento. Desenvolvimento de um perfil de lideranças compatível com as necessidades de equipes de alto desempenho.

Nas empresas familiares (70% das empresas brasileiras), carentes de sistemas de recompensas existe o agravante de que os líderes, na maioria dos casos, são escolhidos por terem laços sanguíneos ao invés de competências alinhadas com o perfil do cargo. Assim, é quase impossível criar equipes de alto desempenho. Qual o talento que deseja trabalhar em uma empresa que limita a possibilidade de crescimento? Portanto, se você leitor for de uma empresa familiar saiba que o problema não é ser uma empresa familiar, mas não ser uma empresa familiar profissionalizada. Faça uma avaliação dos ocupantes dos cargos mais importantes da empresa. Invista no desenvolvimento profissional deles. Crie cargos importantes para pessoas que não são da família. Pense no futuro da empresa.

Conclusão

Manter equipes de alta performance é um objetivo compatível com empresas que desejam também ser reconhecidas pela alta qualidade de seus produtos e/serviços. Mas isso não acontece por "pura sorte". É preciso investir tempo, recursos, modificar atitudes. Ter coragem para aparar arestas e colocar "o trem nos trilhos", escolhendo o melhor condutor para a rota. De tempos em tempos, reavaliar as metas, renovar as práticas e sempre se manter afinado com sua equipe, conhecendo suas capacidades e investindo diariamente no relacionamento da empresa com os colaboradores. Fechamos este artigo afirmando o óbvio: não existe respeito pleno por parte dos colaboradores sem o respeito pleno aos direitos trabalhistas. Pode "parecer" que existe o respeito, porém é apenas "um jogo" de interesses momentâneo, que se reverterá ao longo do tempo em ações trabalhistas e perda do poder de atração (e respeito) que sua empresa tem sobre os colaboradores atuais e também sobre os talentos que "poderiam" vir a compor sua equipe no futuro.

Acredite: os melhores profissionais escolhem as melhores empresas. E se certificam disto antes de aceitar sua oferta de emprego.

Luciana Borel & Marcos Simões

Luciana Borel - Psicóloga Organizacional especializada em Gestão de Pessoas. Atua nos setores de educação e cultura, comércio varejista, serviços e indústria há 10 anos. Possui clientes em todo o Brasil, América Latina e África. Atualmente assessora diversas empresas em projetos de gestão de pessoas, recrutamento e seleção, avaliações psicológicas, treinamentos, avaliação de desempenho. É coautora do livro Ser Mais com T&D.

Marcos Simões - Psicólogo Organizacional com especializações em Gestão de Pessoas (PUC IAG MASTER), Marketing e Legislação Trabalhista. Atua na área há mais de 10 anos. Possui clientes em todo o Brasil, América Latina e África. Atualmente assessora diversas empresas em projetos de cargos e salários, gestão por objetivos, gestão de vendas, treinamentos e planos de incentivos. É coautor do livro Ser Mais com T&D.

Contatos:
www.rhfacilconsultoria.com.br
http://br.groups.yahoo.com/group/gerentes_e_lideres_de_rh
(21) 2137-0710

Anotações

30

Metodologia de entrevistas para seleção por competências Modelo Star

Neste artigo será abordada a metodologia STAR para recrutamento e seleção de pessoal apto a integrar uma equipe de alto desempenho. Com esta metodologia, o entrevistador está preparado para identificar o grau de domínio e dificuldade do entrevistado

Maria Rita Gramigna

Ser + com Equipes de Alto Desempenho

Maria Rita Gramigna

A metodologia STAR apoia o entrevistador no momento de verificar o nível de experiência, identificação do grau de domínio ou de dificuldade nas competências definidas no perfil.
Tendo como base a árvore das competências (desdobramento em atitudes, conhecimentos e habilidades), a entrevista realizada por meio da metodologia STAR é simples e útil: agrega valor aos processos de seleção e/ ou de avaliação de potencial.
Baseada na experiência vivida pela pessoa, o entrevistador tem uma visão geral do comportamento pregresso na competência em evidência. Faz-se necessário preparar as perguntas com antecedência, sendo que para cada competência sondada, a sigla STAR deverá ser roteirizada.
Na hora da entrevista, a estrela precisa ser percorrida de ponta a ponta, independente da ordem das perguntas. Usa-se o termo "girar a estrela" para definir estes passos.
A principal vantagem do uso desta ferramenta é a possibilidade de pontuar usando como métrica a curva normal.
Ao final do texto, citarei um exemplo de pontuação para ilustrar a atividade.

ESTRUTURA DA METODOLOGIA STAR	
S = SITUAÇÃO Nesta ponta de estrela o entrevistador indaga o candidato sobre uma situação em que a competência em questão foi colocada em prática. Normalmente usamos perguntas variadas, até atingir o objetivo: relato da situação. O que aconteceu? Onde aconteceu? Como aconteceu? Quando aconteceu? Quem estava envolvido?	T = TAREFAS (indica o nível de responsabilidade, o papel exercido na situação). Embora a tradução ao pé da letra não traduza de forma direta o seu significado, o entrevistador deve estar atento a esta segunda ponta da estrela: a que indica o grau de responsabilidade no exemplo fornecido. Qual era seu papel? De quem seria a responsabilidade no caso de fracasso neste seu exemplo? Quem seria punido? E o contrário? Que resultados eram esperados de você?
A = AÇÕES O que você fez? Como fez? Como foram as ações? O que os outros fizeram?	R = RESULTADO Qual o efeito de sua ação? De que forma percebeu os resultados (indicadores)? Como soube dos resultados? Havia algum registro? O que ocorreu depois?

Observações
★ A forma de fazer as perguntas deve ser adaptada à sua linguagem e à linguagem do candidato, obedecendo às exigências da metodologia STAR: informações sobre **situações reais, papel, ações e resultados obtidos.**

Ser + com Equipes de Alto Desempenho

★ Lembre-se sempre de **GIRAR A ESTRELA,** *independente da ordem das perguntas. Algumas vezes, o candidato adianta seu relato e já vai direto para a última ponta (resultados), por exemplo. Neste caso, quando surgir a oportunidade, pergunte sobre o grau de responsabilidade e as ações implementadas.*
★ Em cada competência há mais de uma pergunta sugerida. Escolha o número de perguntas que permita sondar a experiência do candidato e as mais adequadas à situação.

O quadro a seguir traz a competência Criatividade e Inovação como exemplo de perguntas que poderão ser usadas em uma entrevista STAR.

COMPETÊNCIAS	SUGESTÃO DE ROTEIRO
CRIATIVIDADE E INOVAÇÃO Capacidade para conceber soluções inovadoras, viáveis e adequadas para as situações apresentadas.	1. (Situação) situações em que você demonstrou criatividade na vida profissional? 2. (Situação) Conte sobre alguma ideia brilhante com a qual se destacou no trabalho. 3. (Situação) Fale sobre algum reconhecimento que recebeu ou deveria ter recebido por uma ideia criativa que tenha tido e que foi adotada. 4. (Situação) Relate alguma situação em que, na falta de recursos ou mediante um empecilho, você criou uma solução inesperada?. 5. (Situação) Fale sobre alguma situação de imprevisto que você tenha lidado com sucesso. (Tarefa e Ações). Você poderia citar as principais ações aplicadas? (Resultados) Como foram os resultados destas ações? Você conseguiu alguma forma de medir estes resultados? Cite.

Como pontuar cada competência por meio da Análise Star.
Usando como referência uma curva normal, as competências poderão estar situadas em quatro níveis:
Nível 01: candidatos que terão pontuação abaixo da média inferior. Este nível é o mais distante da excelência.
Nível 02: candidatos que se situam na média inferior. Dependendo do número de candidatos, alguns poderão ser indicados para a entrevista final, mesmo estando neste quadrante.
Nível 03: candidatos na média superior.
Nível 04: candidatos que se situam acima da média superior.

Os pontos poderão ser definidos em escalas que variam de 1 a 5 ou até mais graduações.
Abaixo um exemplo de duas formas de pontuar:

Nível X modelos de pontuação

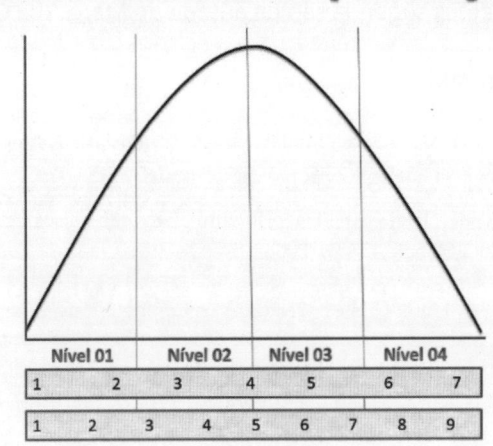

Pontuações	Nível 01	Nível 02	Nível 03	Nível 04
	1 2 3	4 5	6 7	
	1 2 3	4 5	6 7	8 9

Nível	Indicadores
1	★ Ausência ou exemplo fora do âmbito da competência.
2	★ Situação que evidencia a competência, ações adequadas e função pouco significativa. ★ Ou situação que evidencia a competência, ações adequadas e resultados médios ou ausentes. Evidências de domínio, porém com ausência de relato de resultados. ★ Ou exemplo da vida pessoal que não envolve situação de trabalho.
3	★ Situação de trabalho que evidencia a competência, ações adequadas, função significativa para o contexto organizacional, obtenção de resultados. Demonstra domínio.
4	★ Mais de uma situação de trabalho que evidencia a competência, ações adequadas, função significativa e destaque na obtenção de resultados comprovados. ★ Nível de excelência.

A metodologia STAR, reunida com outras ferramentas, permite um processo seletivo mais justo e objetivo, fornecendo ao selecionador uma gama de informações sobre cada competência e cada candidato participante do processo.

Ser + com Equipes de Alto Desempenho

Recomenda-se lançar mão de no máximo seis ou sete competências nas definições dos perfis para cada processo seletivo.
Observação: a metodologia STAR foi desenvolvida pelo Dr. Herbert Kellner, do *Institute of Training and Development*.
O texto publicado é resultado da aplicação desta metodologia. As perguntas e a métrica sugerida são de autoria de Maria Rita Gramigna.

Bibliografia sugerida:

- Gramigna, Maria Rita – Modelo de Competências e Gestão dos Talentos – Editora Pearson/SP – 2007 (edição revisada).

- Chiavenato, Idalberto – Planejamento, Recrutamento e Seleção de Pessoal – Editora Manole - 7ª Ed. 2008

- Rabaglio, Maria Odete – Seleção por Competências – Editora Educator – 2005

- Pierry, Felipe – Seleção por Competências – Ed. Vetor

- Leme, Rogério - Aplicação Prática de Gestão de Pessoas por Competências – Editora Qualilymark - 2005

Maria Rita Gramigna

Diretora-presidente do IGP – Instituto de Gestão de Pessoas; mestre em Criatividade Aplicada Total, pela Universidade de Santiago de Compostela – Espanha. Pedagoga e pós-graduada em Administração de Recursos Humanos. Idealizadora do modelo de competências MRG - Maria Rita Gramigna, com aplicação no Brasil desde 1997. Pioneira na organização e difusão da metodologia de Jogos de Empresa no Brasil, desde 1984. Autora dos livros: Jogos de Empresa; Jogos de Empresa e Técnicas Vivenciais; Modelo de Competências e Gestão dos Talentos, Ferramentas que fazem a diferença. Coautora do Manual de Gestão de Pessoas e Equipes e do Manual de Treinamento e Desenvolvimento. Professora em diversos MBA e pós-graduação em instituições brasileiras e no Mestrado em Criatividade Aplicada Total – Universidade Fernando Pessoas - Porto/Portugal. Idealizadora do COPAJOG - Congresso Pan-Americano de Jogos de Empresa e Criatividade - conferencista e facilitadora em eventos nacionais e internacionais.

Contatos:
www.mrg.com.br
ritamrg@terra.com.br
(31) 2515 9475 / (71) 3018 5971

Anotações

31

Obtendo o melhor dos líderes e equipes
uma reflexão baseada nas cinco disciplinas de Peter Senge, na teoria U e no *coaching*

Conheça o ciclo de aprendizagem iniciado e mantido pelas cinco disciplinas. Estas disciplinas não são apenas um objeto de estudo, mas vividas no cotidiano das organizações

Maricelia Moura

Ser + com Equipes de Alto Desempenho

Maricelia Moura

Cada vez mais as organizações vêm procurando novas tecnologias e mecanismos para apoiar as equipes e as lideranças a desenvolverem o seu potencial e melhorar suas performances. Já se tornou um padrão encontrado nas empresas mais bem-sucedidas investir fortemente no desenvolvimento das competências de seus líderes e nas equipes a fim de que estes trabalhem com excelência, cooperação, foco, comprometimento e resultados. Para que se ampliem os resultados, faz-se necessário que todos os colaboradores se alinhem às estratégias da empresa, de forma a direcionar os esforços, a fim de atingir os objetivos traçados. A equipe de alta performance propicia a elevação da autoestima e resiliência dos colaboradores, com lideranças efetivas e que apoiam a autogestão, destacando os aspectos positivos de cada membro e incentivando-os a contribuir com o propósito maior de estarem juntos, com o melhor de cada um, gerando mais satisfação e orgulho em pertencer e de trabalhar na organização.

Podemos destacar como algumas das principais características das organizações de alta performance: o foco no cliente, a estrutura organizacional horizontalizada, tecnologia, acesso à informação, apoio à inovação, processos, trabalho em equipe, ênfase no aprendizado, flexibilidade e remuneração por resultados. Para suportar essa estrutura, o capital humano constituído por líderes e colaboradores necessita estar alinhado a esses objetivos, tornando-se também uma equipe de alto desempenho. Isto quer dizer que, empresas são resultados de pessoas e não há organização de alta performance sem possuir também líderes e equipes de alta performance. É fundamental que os líderes para alcançar tal objetivo desempenhem um papel de excelência em gestão de pessoas e que selecionem profissionais com ótimas competências técnicas e humanas, para formar o seu time.

Quando o gestor exige colher os melhores resultados da equipe, mas se isenta da sua participação no processo de humanidade, de melhoria pessoal e profissional, a organização não atinge os resultados extraordinários. Conseguir, com êxito, o melhor da equipe é necessário que o gestor comprometa-se a também dar o melhor de si, permitindo-se ir além, ampliando o seu autoconhecimento, compreendendo e sabendo trabalhar os aspectos humanos. No ambiente dinâmico das organizações, com desafios que surgem cada vez mais complexos, exige-se que as lideranças estejam aptas a enfrentar tais desafios. O comprometimento de todos os gestores, sem exceção, em participar ativamente do processo de evolução da empresa e das pessoas é fundamental. O líder deve conscientizar-se de estar sempre se aperfeiçoando como profissional e ser humano, visto que será sempre olhado como modelo. E na atualidade, formação acadêmica e aprimoramento técnico não são o bastante para atender as demandas do novo cenário profissional. É necessária uma nova forma de atuação. Esta nova forma de atuação da liderança é baseada na humanidade, no autoconhecimento, na compreensão das

Ser + com Equipes de Alto Desempenho

competências comportamentais, no senso de propósito, missão de vida e no "aprendendo a aprender" sob nova ótica. Isto quer dizer também deixar de ser prisioneiro da mente, libertando-se dos pensamentos, crenças e emoções negativas que reprimem o seu ser, para então propagar-se o positivo e ser expandido o potencial que há na essência de todo ser humano.

Utilizando como uma das bases para obtenção do melhor dos líderes e equipes está a compreensão das cinco disciplinas, constituindo a organização que aprende. Segundo Peter Senge (1990), o ciclo de aprendizagem é iniciado e mantido pelas cinco disciplinas. E estas disciplinas não são apenas um objeto de estudo, mas são vividas no cotidiano das organizações e é vital que elas se desenvolvam como um conjunto. Façamos algumas reflexões:

1 - Domínio pessoal - significa aprender a expandir as capacidades pessoais para obter os resultados desejados e criar um ambiente empresarial que estimule todos os participantes a alcançar as metas escolhidas. Esta disciplina pressupõe que a organização depende dos conhecimentos e capacidades individuais das pessoas que a compõem. A imagem da empresa mudará se as pessoas estiverem motivadas e comprometidas, por sua própria vontade, nas tarefas do dia a dia, na aquisição de conhecimentos, na aplicação de novas teorias, métodos e ferramentas. De 0 a 10 qual o domínio pessoal da minha equipe?

2 - Modelos mentais - consiste em refletir, esclarecer continuamente e melhorar a imagem que cada um tem do mundo, a fim de verificar como moldam atos e decisões. Referem-se aos entendimentos e às percepções de curto prazo que as pessoas constroem com base no seu raciocínio diário. E elas algumas vezes distorcem a forma de ver a realidade. O objetivo desta disciplina é trazê-los à tona, explorá-los e refiná-los. Reflexão e inquirição são as duas competências-chave para a prática desta disciplina. De 0 a 10, como está o nível de modelos mentais da minha equipe?

3 - Visão compartilhada - é estimular o engajamento do grupo em relação ao futuro que se procura criar e elaborar os princípios e as diretrizes que permitirão que esse futuro seja alcançado. Para que a equipe atinja os resultados esperados, os propósitos têm que ser muito claros, principalmente em relação às metas, visão e missão da organização. Quando a visão geral da equipe se torna entendida por todos, até o clima tende a se tornar mais favorável e propício a um maior rendimento da equipe, havendo respeito mútuo, escuta e receptividade às informações recebidas. Assim as divergências são melhor recebidas e administradas, além da liderança tornar-se compartilhada. De 0 a 10 como está a visão compartilhada da minha equipe?

4 - Aprendizado em equipe - está em transformar as aptidões coletivas ligadas a pensamento e comunicação, de maneira que grupos de pessoas desenvolvam inteligência e capacidades maiores do que a soma dos talentos individuais. De 0 a 10 como está o aprendizado em equipe da minha equipe?

5 - Pensamento sistêmico - é criar uma forma de analisar e uma linguagem para descrever e compreender as forças e interrelações que modelam o comportamento dos sistemas. É essa quinta disciplina que permite mudar os sistemas com maior eficácia e agir mais de acordo com os processos do mundo natural e econômico. Ela integra as outras, fundindo-as em um corpo coerente de teoria e prática. Impede-as de serem truques separados ou o mais recente modismo para mudança organizacional. "Sem uma orientação sistêmica, não há motivação para analisar as interrelações entre disciplinas". As empresas e todos os feitos do homem são sistemas que se inter-relacionam, interconectados por fios invisíveis. De 0 a 10, como está o pensamento sistêmico da minha equipe?

Permitir-se, observar-se no tempo presente, não ver nada como um problema pessoal e usar o não julgamento sãos postos-chave para nos direcionar ao nosso propósito e fazer com que o aprendizado aconteça. Um dos resultados notórios disso é que as pessoas que até então estavam identificadas pela mente libertam-se da teia de intrigas que dantes as aprisionava, possibilitando uma comunicação efetiva, a criação de um ambiente seguro, ético, construindo-se assim as bases para se implantar uma cultura *coaching* na organização, onde se potencializa o desempenho e os resultados positivos da equipe. Tendo anos de experiência trabalhando com organizações e usando a base conceitual de diversos autores, foi no *coaching* que encontrei o processo e a metodologia estruturada para se alcançar os resultados de forma acelerada e eficaz. O *coaching* é um processo maravilhoso, poderoso e incrível que proporciona expansão significativa da performance profissional e produtividade pessoal. Na visão de J. R. Marques (2011), os elementos-chave do *coaching* são o FASER: foco, ação, supervisão (com mensuração), evolução contínua e resultados. Seus princípios absolutos são a confidencialidade e ética, ação (tarefas), foco orientado no futuro (estado desejado) e ausência de julgamento, honrando e respeitando a história do seu cliente.

Usamos em nossa prática com os grupos, o que se tem mostrado muito eficaz para o aprendizado dos adultos, a metodologia andragógica CAV - Ciclo de Aprendizagem Vivencial para mudanças, onde os conhecimentos não são repassados de maneira teórica tradicional tal como conhecemos em algumas escolas, mas que cada participante possa além de pensar, descobrir, sentir, vivenciar e querer praticar novas capacidades, habilidades, comportamentos e atitudes. O ciclo de aprendizagem tem sua origem nas pesquisas de David Kolb (1990), psicólogo americano. Para ele, o CAV ocorre quando uma pessoa se envolve numa experiência concreta, depois reflete sobre a situação e disso abstrai ou internaliza algum significado.

O facilitador que está conectado ao grupo, mostra-se aberto e atento aos papéis disfuncionais e às dificuldades apresentadas naquele momento, fazendo perguntas poderosas e ouvindo na essência, mostrando-se calmo, de forma a levar a pessoa à reflexão sobre suas atitudes e emoções para o seu próprio autoconhecimento. Sobre esse assunto, Scharmer (2010), autor da Teoria U, esclarece que "o sucesso do que faço depende da qualidade de minha presença". Segundo o autor, fazer isso no contexto das organizações depende de três passos:

1. Ver com a mente e o coração (conexão horizontal);
2. Conectar-se com a nossa fonte de sabedoria interna, intuição (conexão vertical).
3. Aprender fazendo. Só podemos fazer isso, depois de fazer um trabalho interno da organização com a tecnologia de liderança e tem a ver com a mente, o coração e a intenção abertos. A mente aberta tem a ver com suspender o julgamento. O coração aberto tem a ver com redirecionar a atenção, olhar para a situação com os olhos do outro. A intenção aberta tem a ver com o desapegar-se do ego ou do passado. E ele continua: "no momento em que começo essa jornada, dou de cara com inimigos ou fontes internas de resistência: 1. A voz do julgamento. Ela bloqueia o acesso ao coração aberto; é a voz do cinismo; tem a ver com o distanciamento emocional. Quando faço empatia, crio conexão e fico vulnerável. Qual a solução para o problema do cinismo? Se você realmente quiser acessar a criatividade, o cinismo também bloqueia seu processo. 2. Voz do medo, da morte, não dar conta", finaliza.

Em algumas experiências que tive a oportunidade de facilitar, indagando alguns dos participantes que resistiam e estimulando-os a verbalizar o que sentiam, constatei que as emoções mais encontradas e que os afetava, levando-os a agir de tal forma, naquele momento, era a necessidade de ser notado, extravasar a raiva que sentiam (do seu gestor ou de alguém), medo de perder *status* ou algo que para ele era importante ou mesmo uma reação ao desconforto gerado por isso. Para que não se fique a sensação negativa, usamos os recursos da Psicologia Positiva e o foco no positivo e construtivo, podendo semear palavras de reforço positivo, sempre que necessário ao longo do processo. Seguindo a dica de J.R. Marques (2011) para os *coaches*: "todas as vezes que as minhas palavras ou gestos não fizerem sentido para você, peço que mude minhas palavras para que elas façam sentido, permitindo-se ficar e interiorizar, apenas com a energia e a intenção positiva do que eu falei".

Caso a resistência seja projetada na figura do facilitador, isso também deve ser encorajado, exposto e trabalhado de forma transparente. Para este fim, utilizo, particularmente, a escuta perguntas poderosas e alguns exercícios corporais de bioenergética que se mostram extremamente eficazes para o caso. É importante atentar-se que não enfatizamos o tempo passado como se faz na terapia, sendo o agora o tempo a ser trabalhado, com vias à construção de pontes que levem o grupo ao futuro e ao alcance dos resultados extraordinários almejados, foco de um trabalho nesse nível. E você, já construiu pontes no dia de hoje?

Maricelia Moura

Master Coach Senior e *Trainer* certificada nacionalmente pelo IBC - Instituto Brasileiro de *Coaching* e internacionalmente pelo BCI - *Behavioral Coaching Institute* (USA), *Master Coach* Executiva pelo Instituto Brasileiro de *Coaching* e Master Coach pelo BCI - *Behavioral Coaching Institute* (EUA), pela ECA - *European Coaching Association* (Alemanha/Suíça), pelo *Metaforum International* e pelo GCC - *Global Coaching Community* (Alemanha/Suíça). *Behavioral Coach* e *Behavioral Analyst* pelo IBC - Instituto Brasileiro de *Coaching*, UFMG e GCC- *Global Coaching Community* (Alemanha/Suíça), *Trainer* em Programação Neurolinguística-PNL, com formação em Terapia Corporal com base em Análise Bioenergética, Psicodiagnóstico, Dinâmica de Grupo e Facilitadora de Danças Circulares Sagradas. Psicóloga clínica e organizacional, Administradora de Empresas, professora universitária, com MBA em Gestão Administrativa e Marketing, Licenciatura em Psicologia e especialização em Administração de Recursos Humanos e em Gestão de Pessoas com *Coaching*. Com uma experiência de 25 anos na área de Gestão de Pessoas vem atuando como *Master Coach* Executiva, Consultora e Palestrante no Brasil inteiro na RH *Insight* e como Executiva de Soluções, Parceira e Treinadora no IBC. Fundadora e diretora executiva da RH *Insight* Consultoria onde tem como especialidade o desenvolvimento de programas nas áreas de mudança comportamental e organizacional, formação de líderes e construção de equipes de alta performance.

Contatos:
www.rh-insight.com.br
contato@rh-insight.com.br / mariceliamoura@uol.com.br

Anotações

32

Como recrutar, selecionar, treinar, motivar e dirigir equipes para superar metas

Trabalhar em equipe é o esforço conjunto de pessoas que possuem habilidades complementares e que estão comprometidas com uma proposta comum, objetivos de performance comuns, e uma visão comum pela qual eles se sintam mutuamente responsáveis. É importante envolver as pessoas nos processos, para que se sintam parte do negócio e, assim, sintam-se importantes dentro da organização

Marisa Fernandes

Ser + com Equipes de Alto Desempenho

Marisa Fernandes

Quando analisamos mais a fundo as Equipes de Alta Performance, encontramos quatro características fundamentais:

1. **Objetivo claro:** todos da equipe devem saber qual é o objetivo a ser alcançado e, mais do que isto, precisam estar engajados com este objetivo. Uma vez que os objetivos estejam bem claros para todas as partes, o foco é o mesmo para todos os integrantes da equipe. Automaticamente será mais fácil atingir as metas pré-definidas. **Empowerment:** permitir que as pessoas tragam seus conhecimentos, compartilhando informações e decisões com a equipe. Para isso, como sugestão, deveríamos criar encontros quinzenais conduzidos sempre por um dos integrantes da equipe, que apresentava algum tema relativo à gestão do negócio e que pudesse acrescentar algo no aprendizado de todos.

2. **Diversidade:** uma equipe de alta performance é formada por diferentes tipos de pessoas que apresentam diferentes habilidades, permitindo que juntos se complementem e consigam realizar o trabalho. As tarefas a serem realizadas pelo líder de uma equipe, tais como a liderança e gestão de pessoas, até o controle de números e planilhas; do relacionamento com clientes à criação e organização de eventos de divulgação podem ser feitas em duplas para que o resultado seja mais eficaz.

3. **Relacionamento e *Feedback*:** as pessoas têm crenças e valores diferentes e, consequentemente, comportamentos diferentes. Numa equipe de alta performance as pessoas devem aprender a respeitar a visão de mundo da outra e buscar criar relações de confiança. Usar o *feedback* como uma ferramenta que possa ajudar o outro a se desenvolver cada vez mais e acabar com os ruídos de comunicação. Com isso, começamos a exercitar o "falar para" e não mais o "falar de".

4. **Interdependência:** entender que ninguém joga o jogo sozinho. No momento em que um lado está mais fraco, o outro lado fará mais força, para que juntos possam chegar ao seu objetivo. Como exemplo: cada área tem que atingir a sua meta mensal para que possam, em 10 meses, chegar ao todo. Mas nem todos os meses todas as áreas atingiam a sua meta, no entanto, com a soma do número de todos, caminhamos em direção ao objetivo traçado.

O papel do líder na construção de uma equipe de alta performance é fundamental. Ele é responsável na comunicação bem feita e em conduzir as 4 características para que elas sejam desenvolvidas dentro de sua equipe e deixe de ser apenas um grupo de pessoas com um objetivo em comum, passando, assim, a ser uma equipe de alta performance. Ele deve dar a direção, compartilhar a visão e o objetivo a ser atingido. Permitir que os membros da equipe utilizem sua inteligência, colocando as pessoas certas nos lugares certos; fazendo com que seus talentos sejam explorados de forma diversificada.

Para que as empresas possam construir uma equipe de alto desempenho, antes de mais nada, precisam estar abertas às grandes mudanças que trarão benefícios importantes. É importante também que alguns passos sejam levados em consideração para que o sucesso seja verdadeiro e evidente:

1- Como recrutar

Um processo de recrutamento de pessoas visa pesquisar candidatos potencialmente capacitados para preencher os cargos disponíveis. Um recrutamento inadequado pode trazer diversos prejuízos, como alto índice de rotatividade de pessoas ("*turnover*"), aumento substancial nos custos e um ambiente de trabalho comprometido, com funcionários pouco qualificados para o exercício de suas funções, ou desmotivados por não participarem de algumas decisões internas. São apenas "um número".

2- Treinar

Ter uma equipe qualificada e pronta para o combate a objeções é primordial dentro de uma empresa. Adaptar-se às mudanças é uma característica importante não só da equipe, como do gerente. Unindo uma coisa a outra, observa-se que uma equipe eficaz e bem informada é necessária e garante o sucesso das empresas.

Mas como ter uma equipe assim? Com formação, treinamento e direção de equipe. Nessa hora, o papel do gerente é fundamental. Formar, treinar e dirigir equipes são algumas das principais preocupações que tiram o sono dos gestores.

O treinamento deixou de ser uma opção de luxo de instituições ricas e passou a ser uma necessidade vital para todas as empresas. O mercado está cada vez mais exigente em relação ao atendimento. Falando de atendimento ao cliente, se ele for mal atendido, desiste da compra e vai para o concorrente. A empresa que não treinar estará fadada ao fracasso.

Treinar uma equipe é função não só da empresa, mas do próprio funcionário, que deve se avaliar sempre que possível. Uma empresa de visão vai investir em treinamento e encaminhar seu funcionário para ele. Um treinamento eficiente deve ter praticidade, credibilidade e foco.

De maneira geral, os pontos cruciais para o sucesso de uma equipe são:

1.Clareza e Comunicação das Responsabilidades

Toda comunicação deve ser clara. Não adianta comunicar aos funcionários algo que eles não entendem, em uma linguagem rebuscada. Isso pode trazer um grande descontentamento. A comunicação deve atingir 100% das equipes, seja por email, *banners* ou panfletos. O importante é que todos recebam a mesma mensagem. Um bom planejamento de comunicação deve basear-se na clareza, transparência e simplicidade da linguagem para alcançar a compreensão dos funcionários e conquistar o comprometimento da equipe. Uma das principais preocupações dos gestores é a comunicação interna nas empresas. Os processos mais estratégicos relacionados à construção ou à demolição da imagem empresarial passam pela forma como as pessoas da organização (incluindo seus gestores) trabalham e se relacionam com seus públicos. De nada valem as estratégias modernas e sofisticadas de construção de imagem se elas não atingem os funcionários da organização – ou não são compreendidas por eles.

As empresas melhor classificadas pelo Guia Exame – "As melhores empresas para trabalhar" – em suas três últimas edições valorizam a comunicação interna nas organizações e acreditam que ela estreita os laços de confiança da equipe na gestão e promove o seu comprometimento com o sucesso do negócio.

Em um projeto de comunicação, é importante estar atento aos detalhes, porque, cada vez mais, com as multiplataformas de comunicação e interfaces multidisciplinares, é preciso ter clareza do que vai ser falado, certeza do tipo de público que vai receber a mensagem. Muitas vezes, o comunicador se preocupa com o produto e acaba sem tempo para o processo. E a comunicação é um composto: entre a emissão e a recepção pode acontecer uma série de variáveis, passando pela falta de clareza da mensagem para a compreensão do receptor. Às vezes, um detalhe pode ser vital, tanto na mensagem para o público interno, externo ou para o *stakeholder* estratégico.

2. Competência reconhecida

Os líderes devem estar constantemente atentos às atividades de sua equipe. Somente assim os funcionários poderão ser reconhecidos em suas competências, ou até pode também detectar uma oportunidade de melhoria em alguma competência. Neste caso, o líder é responsável por solicitar ajuda no desenvolvimento desta competência.

As empresas sabem que só há um caminho para que elas se mantenham no mercado: sua capacidade de inovação. A inovação faz parte da rotina da sociedade atual e, consequentemente, das organizações. Nesse contexto, a maioria das empresas necessita implantar, de modo contínuo, programas e projetos de reengenharias ou reestruturações.

Essas inovações surgem para dar condições de manter a competitividade e, muitas vezes, sua sobrevivência. Para que se parta em busca de novas tecnologias, e dominá-las, não basta apenas aumentar o número de pesquisadores, ou mesmo investir em pesquisas e desenvolvimento.

Faz-se necessário gerir todo o processo, que vai desde a decisão sobre a criação de novas tecnologias e a forma de fazer, até como transformá-las em inovação. Entretanto, apesar de conhecerem as necessidades de mudanças nas organizações, há uma grande dificuldade de promover e incrementar as alterações nos processos produtivos.

3. Compartilhamento do Conhecimento

Todos temos a responsabilidade de compartilhar conhecimento adquirido, seja através de um treinamento ou por intermédio da experiência do dia a dia. Os líderes têm a responsabilidade de solicitar às pessoas da equipe que compartilhem este conhecimento com o grupo todo. Isso ajuda muito no entendimento da atividade de todos, e quando necessário podem colaborar, ajudando seu colega.

O conhecimento não deve ficar trancado a sete chaves.

4. Transparência

A transparência deve ser um dos valores de todas as empresas, aliás deveria ser o valor mais importante na vida pessoal também. Empresas transparentes nas informações que são passadas aos funcionários terão líderes com o mesmo perfil e, automaticamente, as equipes o serão também. Empresas que não comunicam com transparência e/ou não se preocupam em dizer a verdade para seus colaboradores nunca terão pessoas fiéis na realização de algum trabalho, porque não se sentem confortáveis com um ambiente assim.

A transparência ajuda a proporcionar um ambiente saudável nas empresas, evitando fofocas de corredor, comunicações truncadas, etc.

5. Compartilhamento do Sucesso

O compartilhamento de informações é posto em ação devido a um cenário de incerteza, no qual uma empresa normalmente trabalha. As incertezas podem vir, por exemplo, sob a forma de entregas atrasadas, quebras de máquinas, flutuações da demanda, entre outros, que vão implicar em estoque de segurança excessivo, aumento dos custos logísticos, mau uso dos recursos, e, consequentemente, ineficiência na cadeia de suprimento. Um fenômeno muito observado, decorrente de incerteza e causador de ineficiência na cadeia e que pode ser evitado com o compartilhamento de informações, é o "efeito chicote" (*bullwhip effect*). Este fenômeno ocorre quando a variabilidade da demanda é amplificada ao longo da cadeia de suprimento à medida que se afasta do ponto de venda, ou seja, a informação sobre a quantidade do pedido sofre distorção conforme se move na direção dos fornecedores. Isso faz com que cada membro mantenha nível de estoque excessivo a fim de atender uma demanda que, na verdade, pode ser menor do que a prevista.

Marisa Fernandes

Graduada em Letras, fez pós-graduação em Recursos Humanos e MBA em Gestão Empresarial. Gerenciou a implantação de todos os procedimentos na CEVA. Implementou o Plano de Carreira em Y para os Especialistas da área de *"Logistic Competence Center"*. Na AEI, gerenciou o departamento de Recursos Humanos a nível nacional. Já na Schenker, foi responsável pelos sistemas de programação de atividades dos gerentes, eventos, contato com exterior, alguns projetos do departamento operacional. Foi Presidente da TAPA (*Transported Asset Protection Association*), responsável pela implementação do órgão de certificação da TAPA. Diretora de RH do Grupo TPV.

Contatos:
mferalm@yahoo.com.br
(11) 981035285

Anotações

33

Gestão de Alta Performance

As pessoas trazem características e competências em suas personalidades, elas são únicas. Essas características devem adequar-se às funções exercidas para que não haja desgaste e desmotivação no trabalho. Podemos dizer que para cada competência temos uma quantidade de energia disponível onde nos sentimos mais ou menos confortáveis quando executamos uma tarefa. O gestor deve estar atento a isso

Marli Santander

Ser + com Equipes de Alto Desempenho

Marli Santander

Equipes de Alta Performance são, para as empresas, sinônimo de produtividade e lucratividade. Sendo assim, qual a empresa que não gostaria de contar com equipes desta categoria em suas organizações?

Porém, alcançar esse patamar também significa ter gestores competentes e preparados. Para "gerenciar" é necessário "entender" duas vertentes: a primeira é o **cenário** em que estamos atuando. A segunda é a **equipe** que estamos gerenciando.

Cenário: quando analisamos o cenário em que as empresas estão inseridas nos dias de hoje, encontramos um panorama muito diferente de décadas atrás. A utilização da tecnologia é uma evidência inegável que já faz parte do dia a dia de todos. Ainda não sabemos o quanto isso invade a privacidade dos seres humanos, o quanto cada um está disposto a abrir o seu espaço para que o outro esteja presente e como isso tudo será administrado pelas gerações.

Antes, falávamos de 20 anos para mudar de geração, hoje não mais. O equilíbrio entre as gerações, ou seja, a geração X[1], geração Y[2] e Z[3] não é imediata, mas a tendência é que tudo surja e se adapte ao seu tempo. Enquanto isso, as inovações continuam chegando e com elas, uma forte mudança cultural. Obviamente toda essa mudança nos hábitos das pessoas não se limita aos aspectos pessoais ou familiares, mas também aos aspectos educacionais e corporativos.

Essa influência tecnológica acaba por inserir liberdade de ação a todos os profissionais. Cada pessoa tem um trajeto individual de desenvolvimento profissional, ou seja, cada um escolhe o caminho pelo qual se identifica e se sinta mais à vontade em aprender. Pierre Lévy (1999) aborda as implicações culturais geradas por esse movimento tecnológico da comunicação e informações chamado de Cibercultura, ou seja, uma profunda mudança dos hábitos, culturas e valores promovidos pelo ciberespaço. A interconexão mundial da internet configura uma rede universal e a heterogeneidade de assuntos e discussões permanecem em constante renovação.

Essa evolução ou revolução da comunicação, além de colo-

---

1   **Geração X - inclui as pessoas nascidas a partir do início dos anos 1960 até o final dos anos 1970. A primeira denominação moderna. Geração baby boom, crianças nascidas durante uma explosão populacional.**
2   **Geração Y - Inclui as pessoas nascidas a partir de meados da década de 1970 até o início da década de 2000. A geração do computador, das mordomias e da globalização.**
3   **Geração Z - Inclui as pessoas nascidas a partir do início do ano de 2000 até 2010. É a geração touchscreen, a geração que mesmo muito criança já está apertando os botões.**

Ser + com Equipes de Alto Desempenho

car uma enorme velocidade na proliferação das informações, influencia todos os setores, inclusive o ambiente corporativo. Estamos em cenário de fortes reestruturações no ambiente dos negócios.

Quando pensamos nas alterações obtidas no formato empresarial nessas duas últimas décadas percebemos a forte alteração proporcionada pela tecnologia da informação, onde quem não acompanha rapidamente está fora do mercado. Tudo acontece com muita rapidez e a necessidade de reciclagem de informações é emergente, por esta razão os treinamentos *online*, *games* também têm ganhado espaço dentro das empresas para colaborar com a evolução educacional corporativa.

Hoje temos sites de busca, redes sociais, blogs, *twitter* e mais, por trás de tudo isso, gerenciadores que podem nos auxiliar na gestão das informações e no melhor aproveitamento delas.

A maneira de gerir uma equipe está fortemente ligada ao cenário, pois os gestores se veem obrigados a conduzir seus colaboradores dentro de um mundo real para atingir os resultados esperados.

Equipe: quando falamos de Equipe precisamos considerar o trajeto de sua construção, desde a individualidade de cada componente até o sucesso do autogerenciamento. Os estágios de transição passam pela *individualidade*, *formação do grupo* e *consolidação* para o *status* de equipe. Somente após esse caminho podemos chegar ao ponto de almejar a Alta Performance. Desta forma, falaremos um pouco sobre cada um desses estágios e como é possível gerenciá-los.

Individualidade

As pessoas são diferentes e se comportam de forma distinta umas das outras, seja na infância ou na maturidade. Mesmo as crianças gêmeas apresentam, desde pequeninas, atitudes que revelam suas personalidades individualizadas. Se cada pessoa é única, não pode e nem deve ser tratada de forma coletiva. O gestor necessita conhecer seus colaboradores e aprender como liderá-los também de forma única.

As pessoas trazem consigo características e competências em suas personalidades. Essas características devem adequar-se às funções exercidas para que não haja desgaste e desmotivação no trabalho. Se o funcionário estiver ajustado à sua função, ele sente prazer em efetuar suas tarefas, pois percebe que tudo o que faz, faz com excelência e isso é percebido por todos.

Podemos dizer que para cada competência temos uma quantidade de energia disponível, assim nos sentimos mais ou menos confortáveis quando executamos uma determinada tarefa. O gestor deve estar atento a isso, colocando tarefas adequadas às pessoas corretas, desta forma, ele poderá contar com produtividade e qualidade.

Formação de grupo

Para se formar uma equipe, temos que passar pela formação de um grupo. Temos que ponderar sobre o estágio em que o grupo se encontra. Para isso, adotaremos uma divisão de fases abordadas por Falcão e Vila (2002). As autoras se referem às fases que os grupos se encontram durante os treinamentos corporativos com aplicações de jogos, mas esta divisão é bastante pertinente também para as fases dos grupos:

Formação: as pessoas, neste estágio, ainda não se conhecem, não se sentem à vontade. Todos estão observando o ambiente e o contexto para melhor se ajustar.
Tempestade: nesta fase as pessoas começam a se ambientar e a ficar à vontade, mostrando um pouco mais sua personalidade e procurando o seu espaço no grupo. Nesse momento podem surgir conflitos, mesmo que velados.
Pessoalidade: já existe uma proximidade maior entre o grupo e surgem as afinidades, os sentimentos. Aparecem naturalmente os subgrupos.
Produtividade: os participantes estão prontos para assumir desafios maiores.
Transferência: o participante já consegue transferir a sua experiência para o seu conhecimento profissional. Existe maturidade.

***Status* de equipe**

Considero a transição de grupo para equipe a mais delicada, pois o gestor deve ter muita sensibilidade para respeitar a individualidade de cada um (passo 1) associado à necessidade comum das funções do grupo (passo 2) de maneira a conseguir manter todos motivados, com sinergia.

Mariotti (1995) traz um conceito de sistema que se ajusta muito bem às organizações e às equipes de Alta Performance.
Um sistema é um conjunto de dois ou mais componentes interrelacionados e interdependentes - os subsistemas-, cuja dinâmica conjunta se dirige para um objetivo ou meta. Qualquer alteração numa das partes se refletirá na totalidade.
(Mariotti, Humberto, Organização de Aprendizagem - Educação

Ser + com Equipes de Alto Desempenho

Continuada e a Empresa do Futuro, 1995,).

Uma equipe de Alta Performance é aquele grupo que não pensa mais em sua individualidade, mas valoriza o papel de todos, porque já se assumem como profissionais competentes, maduros e produtivos. Todos têm o mesmo patamar de responsabilidade e de excelência na prestação de serviços e não precisam de pessoas para estimular a execução de suas tarefas, é apenas necessário um "focalizador de metas e objetivos".

Obviamente que para se conseguir uma equipe assim, temos que contar com uma gestão segura e competente. Ser um "focalizador de metas" exige sabedoria e amadurecimento.

Pontos de Atenção aos Gestores de Alta Performance

Considerando esse tema de essencial importância na atualidade, deixo aqui algumas sugestões para eliminar pontos nevrálgicos e melhorar pontos fortes dos gestores que conduzem equipes fortes e maduras:
- Selecionar pessoas com competências correlacionadas às respectivas funções;
- Selecionar pessoas considerando as necessidades da equipe, de maneira que as competências das pessoas sejam complementares;
- Valorizar a individualidade.
- Valorizar a cooperação e não a competição dentro da equipe.
- Dar os efetivos méritos a quem os merece, sem menosprezar ninguém da equipe, ou seja, *feedbacks* positivos e de reforço.
- Nunca expor seus colaboradores a situações constrangedoras, principalmente diante da equipe. Caso tenha que corrigir algum deslize, faça-o em particular.
- Sempre ressaltar que você sente orgulho de sua equipe e que confia plenamente em cada um de seus componentes.

Todas as pessoas precisam de reconhecimento, de valorização e de cuidado. Os gestores têm a função de servir uma equipe e não de ser servido por ela. Quanto mais a servimos, mais ela se torna independente e pronta para assumir novos desafios, desempenhando a sua função com propriedade e profissionalismo.

O líder só é um verdadeiro líder quando se vê no meio de muitos outros líderes, pois conseguiu fazer com que todos seguissem o seu caminho com independência, brilho e dignidade. Este é um grande desafio e tenho certeza que você está pronto para aceitá-lo. Comece agora mesmo e surpreenda-se com sua capacidade. Boa sorte!

Marli Santander

Mestrado em Tecnologias da Inteligência Design Digital com ênfase em Aprendizagem, Cognição e Semiótica na PUC – Pontifícia Universidade Católica de SP. Pós-Graduada em Jogos Cooperativos pela Unimonte - Universidade Monte Serrat. Graduada em Administração de Empresas pela PUC-SP.
Certificação de *Assessment WorkPlace Big Five ProFile*™. Coautora do livro "Jogos Cooperativos no Processo de Aprendizagem Acelerada", da Editora Qualitymark, Rio de Janeiro, 2003. Cocriadora de jogos empresariais como Hércules - O Jogo das Competências® e Dekanawidah® - A Liga das Nações Iroquesas, destinado ao desenvolvimento de lideranças. Diretora executiva da unidade África na Integração Escola de Negócios há 14 anos.
Conferencista internacional e consultora empresarial focada no planejamento, adequação e viabilização de programas de treinamentos empresariais.

Contatos:
marlisantander@hotmail.com
(11) 98201-1183

Anotações

34

Equipes de Alto Desempenho e Liderança

Quais os principais obstáculos para a formação das equipes de alto desempenho? O que o líder pode fazer para driblar esses obstáculos, solucionar os problemas e obter resultados?

Mauricio Metzen

Ser + com Equipes de Alto Desempenho

Mauricio Metzen

Quando pensamos em equipes de alto desempenho, vem em nossa mente a imagem de pessoas reunidas em busca de um resultado comum, com total sinergia, compartilhando de um mesmo foco. Mas quais são de fato as características de uma equipe de alta performance? Vejamos:

1- Pequena quantidade de participantes ; 2- Competências complementares; 3- Visão, valores e objetivos em comum; 4- Objetivos claros e especificados; 5- Consciência de todos no grupo sobre o papel de cada membro; 6- Tomada de decisão compartilhada; 7- Responsabilidade mútua.

Por outro lado, quais são os obstáculos à formação de uma equipe de alta performance?

- Fraca liderança; - Metas obscuras ou generalizadas; - Papéis e responsabilidades dos componentes do grupo não estabelecidas de forma clara; - Lutas internas, competição (medo do fracasso, medo de parecer "não saber"); - Comunicação distorcida; 6- Falta de confiança entre os membros da equipe e/ou do gestor; - Lacunas de competência crítica; - Falta de recursos ou apoio externo.

Dentre os itens citados, entendemos como a "fraca liderança" sendo o principal obstáculo à formação de equipes de alto desempenho. Uma equipe sempre modela e repete os comportamentos de seu líder. Desta forma, se a equipe apresenta problemas ou "descarrilamento" com relação aos objetivos a serem alcançados, temos problemas com a liderança.

Para que tenhamos uma ótima equipe em termos de performance, necessitamos voltar o nosso foco ao líder e tratar, inicialmente, de desenvolvê-lo de uma forma estruturada e com ferramentas de alto impacto em termos comportamentais. Não existe equipe de alta performance com líder fraco.

Este é o foco de nossa exposição neste artigo: ressaltar a importância de munir o gestor com conhecimentos e ferramentas de *coaching* para que atue como um desenvolvedor de seus liderados.

Nos últimos 15 anos, a gestão tem sofrido grandes mudanças. Houve um nivelamento das chefias intermédias e os gerentes restantes devem ser polivalentes e terem boas habilidades interpessoais e capacidade de construção de equipes. As habilidades interpessoais e as competências emocionais são da maior importância. Os gestores têm de compreender a sua própria estrutura emocional, bem como a de outros que convive no local de trabalho, sendo capazes de gerenciar relações e construir relacionamentos.

Algumas evidências indicam que existe uma queda nos níveis de produtividade do trabalhador se comparado aos avanços da tecno-

Ser + com Equipes de Alto Desempenho

logia durante as duas últimas décadas. Uma explicação para esta questão é que os relacionamentos baseados na hierarquia entre gestores e empregados geravam medo e ressentimento. Alguém submetido ao medo, não aprende e tem baixa produtividade.

Cada vez mais, reconhece-se que em empresas modernas, o capital não é tão importante como era antes. Ótimos resultados são mais influenciados pela qualidade da gestão do que pela quantidade de recursos. Pessoas bem treinadas, bem gerenciadas e motivadas certamente apresentarão ganhos mensuráveis na geração de resultados.

Historicamente, gerentes eram selecionados devido a sua base de conhecimentos técnicos e sua habilidade de "fazer o trabalho". As habilidades com pessoas eram as últimas competências consideradas para eleger o gerente. No entanto, pesquisas mostram que o gerenciamento eficaz de pessoas resulta em produtividade e rentabilidade.

Em meus seminários e workshops "Líder e Gestor *Coach*", encontro gestores insatisfeitos com o modelo de gerenciamento do tradicional "chefe"`, reconhecendo a necessidade de desenvolverem sua habilidade interpessoal.

Gestores modernos requerem excelente habilidade de comunicação e de lidar com diversos perfis de colaboradores. Os melhores colaboradores buscam autodesenvolvimento, responsabilidade e informação, ao invés de direção e controle. Buscam ser desenvolvidos (*coached*). Devemos considerar que naturalmente a maioria dos gestores não tem boas habilidades interpessoais, e que raramente recebem algum treinamento formal nesta área. Gestores devem aprender um novo, apoiador e colaborativo estilo de liderança que constrói confiança e provoca aumento de performance no local de trabalho. Os gestores devem adquirir as habilidades para tornarem-se facilitadores, "empoderadores" e desenvolvedores de pessoas.

O papel do "gestor como coach" não está limitado a uma forma corretiva para problemas de performance. *Coaching* é sobre o aprimoramento de desempenho. O papel do gestor envolve guiar, encorajar e aprimorar os colaboradores *Top Performers*, assim como incentivar o *Coaching* de Carreira em todos os níveis da organização.

O *Coaching* implica em uma nova forma de gerenciar que permite ao gestor um crescimento e desenvolvimento pessoal, como também a habilidade de gerar aprimoramento e desenvolvimento em seus colaboradores. Tornando-se um Gestor *Coach*, você aprenderá novos estilos de gestão e comunicação, estando engajado em um processo pessoal de aprendizado contínuo.

Gestores como *Coach* podem estar em vários níveis da organização – um gerente sênior, por exemplo, pode ser requerido para aplicar o processo de coaching com a média-gerência, os quais podem ser requeridos a aplicarem coaching com os "gerentes-de-linha", que, por sua vez, podem adotar um modelo de coaching com seus subordinados.

Quando gestores adotam um perfil de *coaching*, os benefícios para a organização são vários, inclusive: 1- o comprometimento/compromisso dos colabores com a visão e as metas da organização é clarificado e aprimorado (os colaboradores tornam-se comprometidos ao invés de complacentes); 2- o compromisso com treinamento, aprendizado e desenvolvimento é potencializado; 3- a rotatividade de colaboradores diminui, pois indivíduos sentem-se proprietários e então investem no sucesso da empresa; 4- o autoconhecimento aumenta e as habilidades interpessoais são valorizadas e desenvolvidas; 5- a comunicação no local de trabalho é aperfeiçoada, e um ambiente amigável e de confiança é estabelecido; 6- os colaboradores tornam-se mais independentes, mais responsáveis e autodirecionados; 7- novas competências e aprendizados são praticados, e o *feedback* contínuo torna-se disponível como forma de suporte e desenvolvimento ; 8- aumento da cooperação, menor competição interna e o atingir de metas compartilhadas; 9- pessoal motivado, entusiasmado e a melhora da relação com os clientes; 10- grande utilização dos recursos humanos para lidar com desafios de performance tanto individuais quanto da equipe.

Algumas regras para um líder atuando como coach: Conheça seus colaboradores (colaboradores desempenham melhor quando sentem-se apreciados e valorizados); Promova e apoie um ambiente de desenvolvimento e aprendizado; Trabalhe com os colaboradores de forma a clarificar valores e visão; Certifique-se de que os colaboradores saibam o que é esperado deles; Diagnostique problemas; Encontre soluções (resolução de problemas); Estabeleça metas claras e específicas de performance; Desenvolva um plano de ação.

Existem sete princípios básicos que nunca mudam, e que são as principais responsabilidades de liderança em qualquer organização. Em uma escala de 1 a 10, a sua capacidade em cada uma destas áreas determina o seu valor como líder e sua contribuição para a sua organização:

1 -Estabeleça metas para o seu negócio e atinja-as. A razão número um para fracassos de executivos e negócios é a incapacidade de atingir as metas de vendas, crescimento e rentabilidade pelas quais cada gestor é responsável. Estabelecer e alcançar os objetivos do negócio abrange toda a parte de planejamento estratégico e de mercado, incluindo produtos, serviços, pessoas, produtividade, finanças e competitividade.

2 - Inovação e mercado. Conforme Peter Drucker, o propósito de um negócio é "criar e manter um cliente". Apenas através da inovação contínua de produtos, serviços, processos e métodos promocionais que as empresas podem criar e manter clientes.

3- Solucione problemas e tome decisões. Lembre-se: um objetivo não alcançado é meramente um problema sem solução. A meta de vendas inacabada é um problema sem solução. Os únicos obstáculos que se interpõem entre você e o sucesso do negócio são problemas/dificuldades. Sua capacidade de contornar problemas é fundamental para seu sucesso.

4- Estabeleça prioridades e concentre-se nas "tarefas chaves". O tempo é seu recurso mais escasso, limitado, perecível, irrecuperável e insubstituível. A maneira como você alocar o seu tempo pode ser o determinante crítico de tudo que você conseguirá ou não alcançar.

5- Seja um modelo para os outros. O exemplo que você estabelece de caráter, atitude, personalidade e hábitos no trabalho e a forma como você trata as outras pessoas, dá o tom para o seu departamento ou organização. Os líderes necessitam se comportar como se todas as pessoas o estivessem assistindo, mesmo quando ninguém está olhando.

6- Convença, inspire e motive outros a segui-lo. Tom Peters ressaltou que os melhores líderes não criam seguidores, criam líderes. É verdade que você quer que seu pessoal tenha iniciativa e liberdade de ação. Mas todas as iniciativas devem apoiar e estar a serviço do que você está focando alcançar como um líder. Se as pessoas não estão te seguindo, você não é um líder. Se ninguém está te ouvindo, ou acredita em você, ou se importa com que você diz; você não vai ter sucesso. Se as pessoas estão apenas passando o tempo para ganhar um salário, mesmo a maior estratégia de negócio do mundo irá falhar.

7- Aja e obtenha resultados. Em uma análise final, a sua capacidade de obter resultados individuais e da sua equipe é o fator crítico que determina o seu sucesso. Desenvolva-se, aprenda, seja mais rápido, obtenha resultados mais previsíveis e seja mais assertivo em qualquer empresa ou organização, em qualquer situação econômica.

Conclusão: Aumente sua performance e a da sua equipe, seja um gestor de sucesso. A chave para este desenvolvimento é: Líder e Gestor *Coach* – desenvolvendo pessoas, gerando resultados.

Mauricio Metzen

Master coach com reconhecimento internacional e formação direta nos Estados Unidos pelo *Behavioral Coaching Institute*. Instrutor da Certificação Internacional "Líder/Gestor *coach*", licenciado pelo *Behavioral Coaching Institute*. Formação na técnica de *Mind Maps* (Pensamento Radiante - Mapas Mentais) pelo *Buzan Institute*. Pesquisador de *coaching* comportamental. Pesquisador em Programação Neurolinguística (PNL). Administrador de Empresas.

Contatos:
www.grupoacademus.com.br
mauricio@grupoacademus.com.br
(51) 3091.1707

Anotações

35

Como captar e manter novos talentos na Equipe

Um dos principais motivos de insucesso nas equipes está no processo inicial. Normalmente, os erros na contratação inicial comprometem e trazem sérios prejuízos em todo ciclo do processo. Como evitar? Neste artigo, demonstrarei em detalhes como agregar valor e integrar a comunicação interna e externa, obtendo lucratividade e longevidade para todos no processo empresarial

Moris Kohl

Ser + com Equipes de Alto Desempenho

Moris Kohl

Nos últimos anos acompanhamos várias transformações no mundo corporativo, transformações sentidas por meio da inovação tecnológica, a competitividade nos ambientes de negócios, novos produtos e serviços e a implantação de novos conceitos organizacionais. Há ainda a quebra de paradigmas com a inclusão das gerações pós-X, trazendo com isto novas profissões e novos perfis de talentos.

Como consultor empresarial já presenciei muitas práticas errôneas de profissionais ao conduzir o processo de contratação de pessoas, em especial na área de Vendas, que por sinal é o gargalo responsável pela alta rotatividade e prejuízos conjuntos nas organizações. Com isto, há repercussões negativas e descrédito dos processos de recrutamento e seleção no que se refere aos profissionais preparados para decidir o futuro de uma pessoa.

O processo de captar e selecionar precisa ter atenção especial, pois além de prejudicar a imagem da empresa, fortalece a concorrência e mexe ainda com sonhos e projetos de talentos que visualizaram seus ideais pessoais com sua realização profissional, daí o porquê de muitas postagens em redes sociais sobre as diversas interpretações dos profissionais de recursos humanos e líderes de equipes.

Para estar preparado para formar uma equipe de Alto Desempenho precisam ser quebrados velhos paradigmas e, principalmente, ter credibilidade no que transmite. Disseminar comportamentos opostos da cultura interna demonstrará incongruência daquilo que a empresa demonstra ser.

Equipes de Alto Desempenho são investimentos em longo prazo, que demandam ações favoráveis no atual presente, ou seja, ter um nível de desempenho máximo não está somente no processo de captar talentos, e sim no conjunto como um todo. Direcione seu foco para os três pilares de pessoas na organização: **atrair, desenvolver e manter talentos**.

A ação de contratar pessoas qualificadas e motivadas não é garantia de um time permanente, visto que os talentos estão em busca de um conjunto de fatores que lhes atraem, veja os principais fatores:

- *Branding* da Empresa
- Novos desafios
- Índice de *turnover*
- Plano de carreira
- *Empowerment*
- Clima favorável no ambiente organizacional
- Mecanismos de aprendizagem contínua
- Salários, bônus e benefícios

As novas gerações são mais exigentes, o profissional qualificado não se atrai mais por um bom salário. O talento escolhe em qual empresa irá trabalhar visualizando o cumprimento dos seus objetivos pessoais com os objetivos propostos da empresa.

Buscar talento no mercado envolverá tempo e envolvimento de toda

Ser + com Equipes de Alto Desempenho

estrutura organizacional, até porque bons profissionais estão empregados, mais do que pensar na operacionalização, precisa-se pensar na estratégia e nos resultados de longo prazo. Em diversas empresas onde assessorei pude observar que a forma de atrair pessoas era inovadora, mais a forma de conduzi-las, após contratadas, era incompatível ao primeiro momento. Com total experiência comprovada, posso afirmar: há sim potencial internamente, mas os processos de treinamento são precários e os esforços em equipe são desencorajados pelo próprio ambiente organizacional. Faça uma análise dos esforços e tempo aplicados na formação e manutenção da equipe. Importante analisarmos o quadro das principais mudanças entre o paradigma tradicional e o moderno.

Paradigma tradicional	Paradigma moderno
Recrutamento e Seleção	Captação e Seleção de talentos
Visão reativa	Visão proativa
Foco operacional	Foco estratégico
Escolher a pessoa certa para o cargo certo	Escolher a pessoa que se identifica com a cultura da organização e que pode agregar valor a ela
Seleção como um fim em si mesmo	Compromisso com o desempenho no cargo
Recrutamento e seleção condicionados à existência de vagas	Captação contínua de talentos
Valorização do conhecimento e da experiência profissional	Valorização do comportamento e da atitude no trabalho com relação à entrega
Atividade centralizada na área de RH	Atividade descentralizada, realizada em parceria: RH e líderes do cargo a ser preenchido
Utilização de provas e testes	Ênfase em entrevistas, dinâmicas e simulação, além da utilização de testes e provas

Até pouco tempo atrás o processo de contratação era de exclusividade da área de Recursos Humanos, com um novo horizonte, as contratações envolvem os integrantes do RH juntamente com os líderes de equipes e gerentes de áreas em que a vaga está sendo direcionada.

Há processos de contratação que estão sendo de forma coletiva, ou seja, o candidato passa por entrevistas com diversos funcionários da companhia, geralmente pelos gestores de diferentes áreas, integrantes do Recursos Humanos e atuais profissionais da equipe, possíveis companheiros do candidato. O objetivo da entrevista coletiva é diminuir os riscos de preferências pessoais e obter o consenso da maioria presente sobre o candidato. Como consultor já presenciei ainda, prévia apresentação do candidato a sua futura equipe e a estrutura física da organização.

Dica: Procure no processo de seleção, colaboração de mais profissionais da empresa em níveis gerenciais, caso seja possível, conte com alguns integrantes da equipe com mais experiência. Ter um grupo de profissionais participando do processo de contratação aumenta a probabilidade de acertos e integração de equipe.

Por onde começar?
Estamos certos de uma coisa; devemos investir na transformação organizacional por meio de pessoas para atingir um padrão elevado de alta performance. Para se ter uma cultura de alta performance precisa haver um líder capaz de criar um ambiente favorável ao grupo, além de ser mediador de expectativas. Comece com um excelente técnico, pelo qual transformará energia humana em resultados diferenciados, que adiante ter pessoas e não ter quem as conduza.

O processo de captação consiste em unir um conjunto de técnicas, estratégias de pesquisa e intervenções sobre as diferentes fontes capazes de fornecer a empresa potenciais candidatos qualificados para o próximo estágio: seleção dos candidatos. E tem como objetivo identificar um grupo de candidatos que possibilite ao profissional de Recursos Humanos e os demais membros da empresa envolvidos no processo.

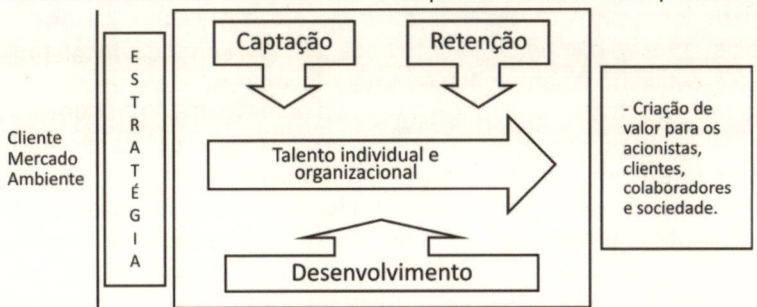

Fonte: Captação e Seleção de Talentos, ALMEIDA, Walnice.

As fontes tradicionais de busca são: *externas e internas*. Fontes externas atuam sobre candidatos que se encontram no mercado de trabalho, ou seja, fora da organização, já as internas representam o uso de recursos humanos disponíveis da própria organização, por meio da promoção ou transferência interna.

A captação interna também pode ser feita em programas de *trainees*, em que se procura desenvolver novos conhecimentos e habilidades preparando-os para ocupar cargos mais elevados.

Ser + com Equipes de Alto Desempenho

Algumas fontes externas
Anúncios em jornais, indicação, instituições acadêmicas, entidades empresariais, consultorias especializadas, *networking*, *headhunters*, murais, internet.
As empresas de contratação têm utilizado as redes sociais no processo de captação como: **Facebook**, **Linkedin**, **Twitter**.
Como consultor faço uso, na maioria dos processos de captação, da rede social **Linkedin**. Na rede consigo visualizar o perfil de vários potenciais candidatos de áreas e empresas diferentes com objetivo de filtrar informações para o cargo que pretendo suprir. Dentro do mesmo perfil é possível analisar quais os grupos que o possível candidato segue e suas postagens.
Para realizar a captação, independente das fontes, são necessários que os objetivos estejam bem definidos para o cargo e para o ocupante do cargo a ser preenchido.
Dica: Antes de ir a "caça", faça o planejamento do processo de contratação com detalhes, averiguando a fonte mais apropriada para ser aplicada. Revise o planejamento, o desenvolvimento da estratégia, atividades do processo e tenha sua orientação para competências e performance da avaliação dos resultados.
Após a realização da captação (concentração de informações de candidatos), o próximo passo é selecionar o melhor talento ou grupo com perfil mais adequado ao cargo proposto. Os procedimentos a serem utilizados vão permitir "rastrear" talentos com maior indícios de compatibilidade com a equipe e organização.
O mercado mundial está absorvendo toda as formas de talentos que florescem dentro e fora das empresas hoje. Neste modelo todos ganham, integram suas equipes e fortalecem o calcanhar de Aquiles das empresas: comunicação integrada, alta performance sobre pressão e equilíbrio da ambientação total da empresa.
Há três anos assisti na ExpoGestão um dos mestres da administração mundial "Tom Peters", onde de forma genial resume uma fantástica ideia do modelo que hoje atrai e retém talentos:
"Um chefe pode obrigar uma pessoa a fazer um trabalho, especialmente durante tempos econômicos difíceis. Mas não pode, por definição, obrigá-la a entregar sua paixão e imaginação regularmente. Entregar paixão e imaginação é um ato voluntário, um ato muito importante numa época em que o cérebro (mais que o músculo) tem se convertido na pedra angular do êxito e do valor agregado". - Tom Peters
Como tratamos no artigo acima, captar e manter talentos contribui para o crescimento da empresa. E quando se trabalha em equipe, a comunicação flui com mais facilidade, fortalecendo relacionamentos, potencializando o lucro, revigorando e principalmente renovando a empresa rumo à longevidade.
Suce$$o e boas escolhas no processo de captação e manutenção.

Moris Kohl

Consultor empresarial e palestrante em temas de vendas, gestão e liderança de equipes. Tem grande expertise na área de vendas, apoiando líderes e equipes em busca da melhor estratégia com foco prático. Formado em Teologia, estudou Economia, com pós-graduação em Gestão Estratégica Empresarial e MBA em Gestão de Recursos Humanos. É *coach* pelo Instituto *Corporate Coach U- Steamboat Spring*, CO, USA.

Assessora empresas em processos de estruturação de equipes e treinamentos de líderes para grupos. Coordenador do Núcleo de Gestão Empresarial da AMPE e membro do conselho curador do Hospital Santo Antônio. Escreve artigos para jornais, revistas e sites especializados. Coautor do Livro Ser+ em Excelência no Atendimento ao Cliente pela Editora Ser Mais.

Contatos:
inovaconsult.com.br
moris@moris.com.br / moris.gestao@gmail.com
@moriskohl
(47) 9987-4994

Anotações

36

Segredos para você e sua equipe Brilharem

O brilho individual de cada integrante da equipe contribui para o reconhecimento da constelação. Uma equipe existe onde há o espírito de cooperação. Nada é impossível. E de quem depende formar esta Constelação? Tudo depende do líder e de ninguém mais

Paula Hoepfner Lendari

Ser + com Equipes de Alto Desempenho

Paula Hoepfner Lendari

Você já ouviu falar sobre Acrux, Beta-Crucis, Rubídea, Pálida e Épsilon-Crucis? Faz ideia do que representam? Elas são o agrupamento de estrelas que compõe o Cruzeiro do Sul. Ou seja, você pode não saber o nome da estrela, mas já deve ter ouvido falar sobre o Cruzeiro do Sul e, com certeza, sabe até localizá-lo quando olha para o céu em uma noite maravilhosa e estrelada. Dentro desta ideia, saberia definir o que é uma equipe de alto desempenho?

É uma equipe onde todos são estrelas! Onde o brilho individual de cada integrante da equipe contribui para o reconhecimento da constelação, que também é única! Uma equipe onde existe o espírito de cooperação, não de competição. Nada é impossível, tudo é possível. E de quem depende formar esta Constelação? Tudo depende do líder.

Bons líderes são honestos, responsáveis, confiáveis e corretos. Sabem liderar e capacitar sua equipe, organizar as pessoas, etapas e processos, executar e, principalmente, duplicar-se. Atualmente aumentar a criatividade, as habilidades e a produtividade requer um processo contínuo que aplique métodos e tecnologia de vanguarda, apoiando-se no desenvolvimento do projeto e dos líderes.

Para caracterizar uma equipe consistente e de alto desempenho, detectam-se quatro aspectos necessários, os quais:

1) Visão comum:
Liderança tem a ver com tomar decisões corretas. O trabalho do líder (executivo, diretor, gestor) é formular e definir objetivos, prover um sistema de comunicação eficaz e eficiente, atrair e conservar pessoas muito competentes, incentivando-as a investir o melhor de seus esforços na realização dos propósitos da empresa. Para a definição dos objetivos, tudo começa com uma Visão Correta, onde todos da equipe olham para a mesma direção.

1.1 A Visão Correta:
A Visão Correta depende de uma mente positiva e construtiva, serena, lúcida e concentrada, treinada e focada. Se a mente está um turbilhão de ruídos e interferências, como saber qual a melhor decisão?

Quantas vezes tomamos uma decisão por ímpeto, de forma impensada e apressada, e depois vimos que não era a melhor decisão e tivemos que voltar ao ponto de partida? Quando a decisão correta é tomada, pode-se dar mais atenção ao prosseguimento dos trabalhos e menos à correção de problemas decorrentes de decisões ruins. Toda decisão dá origem para uma mudança. Também é importante ter clara a "consciência de responsabilidade", que somos os únicos responsáveis por nossas esco-

Ser + com Equipes de Alto Desempenho

lhas e suas consequências. Colhemos o que plantamos. Entender que a decisão correta não é o primeiro passo, mas o único! A decisão é uma semente que possui todo o potencial da árvore dentro dela! O processo da tomada de decisões, desde a origem até a implementação das medidas e o acompanhamento de seus efeitos, deve funcionar da melhor maneira possível.

O aperfeiçoamento da qualidade das decisões dos líderes gera um ambiente e um mundo melhor para todos os envolvidos, direta e indiretamente, dentro da compreensão de um conceito de interdependência. Uma empresa é uma organização interdependente. Também dentro deste conceito de Visão Correta, deve-se levar em consideração a audácia produtiva: sem a coragem da audácia, como você vai saber quão longe é capaz de chegar?

1.2 Motivação Correta:
A Motivação Correta relaciona-se com a intenção por trás da Visão Correta, ou seja, o "para quê" desta decisão, o verdadeiro propósito. Este "para quê" é a base da motivação correta.

"Motivação é o fogo da Vida, a chama que nos impulsiona a levantarmos cada dia para empreender ações efetivas, com emoções alegres e positivas, com palavras construtivas e pensamentos elevados. Motivação é a força imprescindível dos líderes triunfadores." (Suryavan Solar)

E aí nasce a convicção pessoal, baseada na Visão Correta e Motivação Correta. E esta convicção é o "cimento" que cria a sinergia de uma equipe consistente que segue adiante até a conquista do propósito pessoal e da equipe.

1.3 Atitude Correta:
Atitude Correta refere-se à qualidade das ações praticadas baseada em valores e princípios pessoais. Liderança relaciona-se com tomar decisões corretas, com a atitude correta, que levam à ação correta, e praticar a ação correta é fundamental para o sucesso nos negócios e na vida! Um líder é o artista da mudança. A verdadeira liderança reconhece a inevitabilidade da mudança, a necessidade de um senso de responsabilidade universal e a importância de combinar o sistema econômico com valores morais.

2) Compromisso com o resultado:

O primeiro passo é ter um bom projeto, estratégias e um plano de ação com consciência das etapas, "saber o que", "para que", "quando", "onde",

"como", "com quem", "com quais recursos". O desafio é lidar com um ritmo crescente de mudanças. Tudo o que existe é o "processo", ou seja, entender o conceito de causa e efeito. Não existe nada que não tenha uma causa e nada se modifica por si só. As empresas devem buscar continuamente maneiras positivas de lidar com a mudança, com criatividade e inovação.
Fórmula do sucesso:
Paciência + Persistência + Compromisso = Resultados positivos
Com uma boa dose de disciplina e motivação, ou seja, ritmo e energia!

2.1 Paciência:
Um líder é paciente quando tem claro o seu objetivo, quando sabe adquirir os recursos que necessita, desenvolvendo novas competências e atitudes, quando é responsável por uma equipe que vai passo a passo pelo Caminho da Excelência. Há um tempo para plantar e um tempo para colher.

2.2 Persistência:
Líderes persistentes sabem o segredo dos esforços constantes para conquistar os resultados esperados, sem hostilizar as pessoas de sua equipe. Líderes persistentes e entusiastas sabem exigir um alto desempenho, mas também sabem fazer pausas alegres para sorrir e celebrar a vida.

2.3 Compromisso:
É a certeza de que, passe o que passar, sigo adiante.

3) Perfil de seleção e desempenho é mais alto: Congruência e Capacitação constante

Um líder e sua equipe são congruentes, suas ações estão alinhadas com o que falam e pensam. Um líder inspira com seu brilho porque possui o poder, o amor e a coragem de duplicar-se, convidando e selecionando os melhores, capacitando e treinando, organizando, supervisando, confrontando as debilidades, temores, ilusões, arrogâncias e reconhecendo seus avanços. Um líder coloca a excelência pessoal a serviço de sua equipe. Assume atitude de aprendiz, sempre há algo mais a ser aprendido. Como dizia o grande filósofo Sócrates: "Só sei que nada sei". E assim dá o exemplo a seus liderados a se desenvolverem e brilharem cada vez mais.

4) *Feedback*:
É uma das ferramentas mais poderosas para construir equipes que aprendem e assim desenvolver líderes de alta performance, dentro de

Ser + com Equipes de Alto Desempenho

um processo de humanização das empresas.
No processo de desenvolvimento de competência interpessoal, o *feedback* é um importante recurso por que permite que nos vejamos como somos vistos pelos outros. É ainda uma atividade executada com a finalidade de maximizar o desempenho de um indivíduo ou de um grupo. Dar *feedback* é a capacidade de informar algo que ajude o outro a perceber o que funciona e o que não funciona em suas ações. É um ato de generosidade. Na essência, *feedback* é uma conversa de aprendizado. A mensagem implícita deve ser "o que você fez funcionou (ou não funcionou de acordo com tal objetivo)".

"Enfocar-se somente nos resultados seria desperdiçar o tesouro dos talentos humanos. O líder deve destinar parte do seu tempo para cultivar as relações. Um bom líder sabe que os bons resultados se mantêm com o desenvolvimento do Potencial humano." (Suryavan Solar - livro Manual para Líderes)

O líder usa o *feedback* para:
a) Reconhecer boas atitudes e resultados: Acreditar nas pessoas antes que tenham provado a si mesmas é fundamental para motivá-las a alcançar o seu potencial. O *feedback* positivo é uma das melhores maneiras de ajudar as pessoas a sentirem o quanto são necessárias e o quanto tem um papel importante nos resultados obtidos, além de ajudar também no *team building* - construção do espírito de equipe. A pessoa que se sente reconhecida se torna uma fonte de energia positiva e de dinamismo.
b) Confrontar as más atitudes: o poder do hábito é tão grande que mesmo sabendo algo que não está sendo eficiente, o ser humano continua repetindo a mesma ação. Os hábitos são automáticos e inconscientes. Daí a necessidade de uma intervenção externa para que a pessoa enxergue o que não consegue ver por si só.
c) Elo em comum: pensar em cada membro da equipe como alguém que você quer que tenha sucesso para atrair, manter e motivar uma força de trabalho de qualidade.

"As coisas mudam quando descobrimos nossas limitações para enfrentar os desafios do momento, ao querer triunfar tomando decisões baseadas no passado e sem o "poder pessoal" que oferece a realidade do minuto presente, para enfrentar um mundo do futuro tão impermanente. As coisas mudam quando compreendemos a necessidade urgente do processo de Coaching em nossa vida. As coisas mudam quando despertamos a nossa parte mais importante que estava adormecida..." (Suryavan Solar - livro Coaching Express)

Não diminua o sonho, suba as competências à altura do sonho. Para isto, contrate um *coach*!

Paula Hoepfner Lendari

Sócia diretora da *Golden Líder Coach*. *Master Coach* certificada pela Condor Blanco Internacional e reconhecida pela AIPC – Associação Internacional dos Profissionais de *Coaching* - em *Life Coaching, Coaching* Executivo e *Coaching* de Equipes. Produtora, Conferencista e Instrutora de Liderança da Organização Internacional de Desenvolvimento Humano Cóndor Blanco. Orientadora de Projetos de Realização Pessoal e Projetos de Equipe. Professora especialista de Pós-graduação e MBA nas matérias de "Liderança" e *"Coaching"*. Certificada em "Leis básicas dos relacionamentos aplicadas aos negócios" por Bert Hellinger.

Contatos:
www.goldenlidercoach.com.br.
www.condorblanco.com
lendari8@gmail.com

Anotações

37

DIREÇÃO DE ALTO DESEMPENHO
"Os elementos mentais para ir mais longe"

A Liderança Orientadora e Reestruturação Cognitiva para a Direção de Alto Desempenho

Professor Álvaro Monteiro

Ser + com Equipes de Alto Desempenho

Professor Álvaro Monteiro

As qualidades pessoais não são a única razão por que uma pessoa se torna mais poderosa do que outra. A sorte desempenha igualmente um papel importante. Ter estado no lugar certo no momento certo explica muitas vezes por que motivo este gestor se tornou um líder respeitado e presidente da empresa.

Podemos estar certos que teremos de fomentar a intuição, para podermos adivinhar as mudanças antes que elas aconteçam; a empatia, para compreender aquilo que não pode ser claramente expresso; a sabedoria, para ver a relação entre acontecimentos aparentemente não relacionados e a criatividade, para descobrir novas maneiras de definir os problemas, novas regras que tornem possível adaptar-nos ao inesperado.

Os sentimentos que incluem concentração, absorção, envolvimento profundo, alegria, uma sensação de realização, são aquilo que descrevemos como os melhores momentos da nossa vida. Podem acontecer praticamente em qualquer lugar, em qualquer altura, desde que a pessoa use a energia psíquica num padrão harmonioso.

Repersonalizar o *Management* Relacional

Peter Drucker afirmou na *Business* 2.0 de 22 de Agosto que nos próximos 20 a 30 anos, os elementos sociais assumirão a liderança.

O que há de novo nisto? Proponho o conceito de RP - reciprocidade e participação como um qualificador na repersonalização do management relacional e criatividade como um qualificador na estratégia do capital intelectual da organização: as PESSOAS.

Encontrar formas de valorar e medir o capital humano – qualificações, capacidades e conhecimentos – é um passo importante na concentração da atenção das diretorias executivas na centralidade de seu pessoal para o seu sucesso.

Os axiomas para o trabalho das diretorias executivas nos próximos vinte anos do novo milênio incluirão provavelmente o seguinte:

• Criação de um propósito nas organizações em torno de como CRIAR VALOR para a sociedade.

• Desenvolvimento de novos tipos de relações com os acionistas, colaboradores, clientes e com o mercado, como um todo.

Personalidade e Comportamento Diretivo
Jeffrey Pfeffer, Professor da Universidade de Stanford e autor do livro " *The Knowing-Doing Gap* " indica:

Ser + com Equipes de Alto Desempenho

" As pessoas têm medo de perder o seu emprego, de dizer aos seus diretores coisas que eles não querem ouvir. Isso é irônico, porque a única forma de aprender, como empresa ou como indivíduo, é fazer coisas novas nas quais não é bom e cometer erros no processo.

A proliferação de gestores juniores com MBA's sugere que os executivos de hoje são mais treinados do que os anteriores, mas as escolas de negócios e administração desenvolvem mais analistas de negócios do que executivos entusiasmados na sua reestruturação cognitiva, desenvolvimento do poder positivo, na gestão da síndrome do choque da realidade, na resolução de conflitos e na gestão do *stress*.

Fica claramente demonstrada a importância e necessidade de olhar primeiro para a personalidade e restruturação cognitiva, comportamento diretivo e novas assunções muito antes de explorar as funções do gestor na organização.

Edgar Schein, Professor do MIT Sloan School of Management, descreveu três modos pelos quais um indivíduo pode reagir aos esforços da organização para forçar a obediência aos seus valores e expectativas:

• CONFORMISMO – o indivíduo aceita completamente todas as normas e valores da organização. Neste caso, o promissor executivo perde o seu senso de identidade e iniciativa, enquanto a organização perde acesso à diversidade de opiniões e de ideias necessárias ao seu bom funcionamento a longo prazo. Nos pressupostos de Schein encontramos " a natureza da natureza humana ": as organizações são diferentes da natureza humana nos seus pontos de vista. Algumas são defensoras da teoria X de McGregor e trabalham de acordo com o princípio que as pessoas não irão fazer o trabalho se conseguirem evitá-lo; outros veem os indivíduos de forma positiva e tentam permitir que estas preencham o seu potencial, para o benefício de ambas as partes.

• REBELIÃO – o indivíduo rejeita completamente os valores e as expectativas da organização. O indivíduo rebelde e estremamente individualista pode provocar uma mudança na organização, pode deixar voluntariamente a organização, ou ainda, pode ser despedido.
Edgar Schein descobriu que num prazo de cinco anos a maioria das empresas perde mais de metade dos recém-graduados que admite. Schein atribui essa alta rotatividade ao choque entre as expectativas dos graduados e as realidades da organização. Na sua ansiedade para conseguir emprego na estrutura diretiva, os candidatos a executivos tendem a exagerar as suas capacidades e a subestimar as suas necessidades, deixando de fazer uma avaliação e pesquisa que é crucial, de si

próprios e sobre a organização para a qual estão concorrendo.
• INDIVIDUALISMO CRIATIVO – o indivíduo aceita os valores importantes e construtivos da organização e despreza os que sejam triviais ou inadequados. Violando normas, o indivíduo mantém a integridade, a independência e um senso pessoal de satisfação, enquanto a organização tem acesso a ideias novas e aos pontos de vista objetivos de que necessita. O estilo de vida e de direção tornou-se a base da carreira cada vez mais importante. À medida que as atribuições dos jovens gestores ficam mais desafiadoras e as promoções sinalizam um reconhecimento dos seus esforços, estes obtêm uma satisfação maior com os seus empregos de executivos. Segundo Ross A. Webber, PhD, Professor de Management da Warton School, eles também começam a sentir ansiedades com o crescente comprometimento com a empresa.

Reestruturação Cognitiva e Plano de Ação

A reestruturação cognitiva cujo objetivo principal é identificar monólogos internos relacionados com um fato, um evento, um momento de estresse, a avaliação das reações e distúrbios emocionais no indivíduo, a sua racionalidade e influência no comportamento para então dar lugar à reestruturação cognitiva – deixarmos de ser vítimas de ideias e auxiliá-los a encontrar formas de superar todas as manifestações intensas de depressão, dor, desvalorização e ódio.

A terapia racional-emotiva argumenta que os indivíduos não necessitam ser aceites e amados, muito embora isto seja algo a desejar no início de carreira. Os programas de educação executiva não abordam estes dilemas, mas números e no início de carreira de executivo, é preciso compreender certos eventos, estar preparado para enfrentá-los e para assumir um papel proativo na gestão das suas próprias carreiras com reestruturação cognitiva – assunções, percepções e sensações. O alto desempenho ganhará com isso.

A restruturação cognitiva ajuda a lidar com estas dificuldades e a preparar um conjunto de capacidades cognitivas/perceptivas para a direção com compromisso:
• Identifica os pensamentos, crenças e valores que causam efeitos negativos e comportamentos.
• Avalia esses mesmos pensamentos, crenças e valores numa atitude antecipada para o julgamento de sua validade.
• Substitui qualquer crença irracional e solta por uma base mais racional. O nível de ansiedade fica reduzido e o jovem candidato à direção está preparado para não repetir os comportamentos de seu chefe na sua carreira de Líder de Equipes de Alto Desempenho.

Ser + com Equipes de Alto Desempenho

Benefícios da Reestruturação Cognitiva para uma assunção da Direção de Alto Desempenho:

• Modifica a atitude psicológica para uma dada situação.
• Desenvolve o poder positivo e as habilidades de influência.
• Gere o estresse.
• Facilita a resolução de conflitos.

Aperfeiçoamento Pessoal – Ação 1

• O que fazer? Como fazer? Quando fazer?
• É preciso mesmo fazer algo ou podemos deixar as coisas acontecerem?
• Será melhor procurar informação? Ou será melhor dizer alguma coisa? Em que tom de voz?

Aperfeiçoamento Pessoal – Ação 2

• Quais os fatores que provocaram o seu distanciamento, decadência da relação com a diretoria?
• Porque será que a relação deteriorada possui valor suficiente para continuar a produzir ocasionais interações?
• Que maneira escolhe para evitar o contato com a diretoria?
Descrever as razões que estão por detrás da deterioração da relação:
• O que é que o faz continuar a preferir a deterioração da mesma em vez de a consertar?
• O que pensa da sua capacidade para gerir os desacordos ou conflitos?
Optar pela reestruturação cognitiva para consertar essa relação profissional.
• Quais são as dez coisas que poderá fazer para avançar no sentido de um resultado pessoal satisfatório?

As competências de direção de alto desempenho traduzir-se-ão na capacidade de assumir rapidamente o seu papel de líder orientador, formar a equipe, estabelecer as suas diferenças e conseguir compensação e apoio para as suas falhas.

Se sente mesmo com coragem para avançar na reestruturação cognitiva, identifique os seus cinco principais pontos fortes e as cinco áreas que mais gostaria de desenvolver. Depois marque uma reunião com sua diretoria, partilhe as suas ideias e, em conjunto com ela, vise áreas específicas a melhorar.

Professor Álvaro Monteiro

Associado; Doutor em Administração (*Engineering, Marketing&Business Management-1988 Lond-UK*); MAP(2002 AHI-EUA); MBA Europe (1986 PSU-EUA); PG (Ciências Policiais/Gst Civil Crises-ISCPSI-Portugal); Dipl ND-Naturopatia (ISNF+R-Canadá/Portugal/Fac Med Natural PARIS) Ex. Gestor/Assessor Marketing e Administração Topo Multinacionais e Grupos Econômicos; Consultor Organizacional Sênior, *COACH*, Membro do Comitê Científico do IBC (Instituto Brasileiro de *Coaching*) (ECA/GCC)/Instrutor desde 1987 (IEFP – Portugal); Palestrante Liderança Tática e Comportamental/Terapeuta Holístico (Naturoterapia-CRT 46303/SINTE).

Contatos:
www.alvaromonteiro.com.br
am.egnegocios@gmail.com
contato@alvaromonteiro.com.br
(84) 9618-9469

Anotações

38

Coaching como estratégia de desenvolvimento de Equipes de Alto Desempenho

Este artigo tem como objetivo revelar o caminho para desenvolver equipes de alto desempenho, por meio do *Coaching*, no sentido de apresentar as principais variáveis envolvidas no processo de *Coaching Group* (*Coaching* em Grupo). Serão apontadas estratégias para possibilitar o real desenvolvimento de pessoas para o alcance de resultados extraordinários, focado na excelência do capital humano

Prof. Douglas de Matteu
& Prof. Wilson Farias

Ser + com Equipes de Alto Desempenho

**Prof. Douglas de Matteu &
Prof. Wilson Farias**

Um dos maiores desafios das organizações atualmente é desenvolver as pessoas e criar meios para que trabalhem de modo integrado, ou seja, em equipe. Nesse sentido, vamos discorrer sobre como o processo de *coaching* pode contribuir para vencer esse desafio e ir além, isto é, desenvolver pessoas e conectá-las de tal modo que seja possível transformá-las em uma equipe de alto desempenho.

Mas o que é "desempenho"? Segundo o Dicionário Aurélio[1] é "Execução de um trabalho, atividade que exige competência e/ou eficiência".

Logo, podemos pensar no desempenho atrelado a execução das funções exigidas de uma pessoa, como a definição do dicionário evidencia, mas isso soa como fazer o mínimo necessário para obter o que se quer. Isso não é desempenho em nosso ponto de vista; ou seja, não é o que chamamos de *Coaching para desempenho*.

Para Jonh Whitmore (2008), o verdadeiro desempenho é ir além do que é esperado, é estabelecer os mais altos padrões pessoais, e que estes excedam o esperado pelos outros. Isso é, obviamente, a expressão do potencial de uma pessoa. O que se aproxima da segunda acepção para performance "um feito, uma proeza, uma exibição pública de habilidade [...]" (WHITMORE, 2008. p. 97). É com esta intenção que orientamos.
Mas levar uma pessoa ao seu mais alto nível de desempenho não é uma tarefa muito fácil na atualidade. Como fazer para uma equipe alcançar resultados acima do esperado, para que esta equipe alcance resultados jamais vistos dentro da organização, fazer estas pessoas trabalharem com o coração na busca pela excelência dos resultados?

O autor continua afirmando que a expressão completa do potencial de uma pessoa exige que ela assuma total responsabilidade ou domínio. Se isso não acontecer, não se trataria do próprio potencial da pessoa, seria em parte de outra. Nesse sentido, o *Coaching* pode ser empregado para atingir esse objetivo.

"O processo de *coaching* é, portanto, a ferramenta ou estilo de gerenciamento essencial para a otimização do potencial e o desempenho das pessoas. Ordenar, exigir, instruir, persuadir com ameaças, de modo evidente ou controverso, não pode produzir uma performance otimizada e sustentável, embora o trabalho possa ser feito".(WHITMORE, 2008 pag. 97).

De acordo com Antonio Cesar Amaru Maximiano "é possível juntar pessoas muito competentes como indivíduos, mas que fracassam ou têm um desempenho medíocre como membros de grupos de trabalho" (2007, p.230), ou seja, não basta agrupar pessoas competentes é necessário formar uma equipe.

---

1 Disponível em : http://www.dicionariodoaurelio.com

Ser + com Equipes de Alto Desempenho

Para Idalberto Chiavenato, as equipes não são apenas um grupo de pessoas. As equipes possuem características singulares. O autor sinaliza ainda que equipes são formadas por pessoas que possuem um mesmo objetivo em comum, compartilham o mesmo interesse, decidem e agem de modo conjunto, realizando intercâmbio de ideias com interconectividade, além de possuírem forte interação emocional e afetiva, o que resulta na multiplicação de esforços rumo aos objetivos (2008).

Diante das colocações dos autores te convido a refletir: sua equipe tem essas características? Está satisfeito com a sua resposta? Talvez o maior desafio no contexto organizacional não seja elencar os elementos de uma equipe, o verdadeiro e maior desafio é transformar as características em realidade. Nesse sentido, surge o profissional especializado em elevar o desempenho das pessoas e das organizações, o *Coach*, palavra inglesa, cujo significado é "treinador". Porém, o *Coach* é muito mais que o um treinador, é o profissional devidamente habilitado para despertar o potencial humano por meio o processo de *Coaching*.

De acordo com Rosa R. Krausz, "*coaching* é um tipo especial de colaboração que expande a consciência e a aprendizagem e permite a obtenção de resultados com menos esforço e em menos tempo" (2007, p.28). Para a autora, o *coaching* permite desenvolvimento por meio do despertar da consciência, com aprendizado que representa um dos grandes diferenciais do processo de *coaching*, quando comparado com treinamento. De acordo David Clutterbuck, "o profissional de *Coaching* atua como estimulador externo que desperta o potencial interno das outras pessoas, usando uma combinação de paciência, *insight*, perseverança e interesse (às vezes chamado de carisma) para ajudar os receptores do coaching (*coachees*) a acessar seus recursos internos e externos e, com isso, melhorar seu desempenho" (2008 p. 11). Logo, o *Coach* é o profissional que estimula e eleva o desempenho de seus *coachees* (clientes).

Quando o assunto é equipes de alto desempenho, o *coach* é o profissional recomendado para desenvolver as pessoas para atingirem a excelência. Nesse sentido, vale ressaltar que "uma equipe de alto desempenho precisa incluir todas as competências de que necessita para que tenha autossuficiência e plena autonomia para alcançar seus objetivos de maneira excepcional" (CHIAVENATO, 2008, p. 231). Logo, o *coaching* atuará no desenvolvimento dessas competências, utilizando-se de ferramentas *Coaching* que transcendem a perspectiva comportamental e alcançam níveis de motivação, crenças, valores, identidade e legado; despertando a consciência, o comprometimento ao estimular o potencial humano de modo individual e coletivo.

Dentre as principais ferramentas do *Coach* destacam-se as perguntas poderosas que vão levar os indivíduos e equipes a conscientizarem-se de sua responsabilidade frente aos desafios e resultados do trabalho. Nesse sentido, o processo de *Coaching* pode tomar como referência o modelo de construção de Equipes de Alto Desempenho de CHIAVENATO (2008):

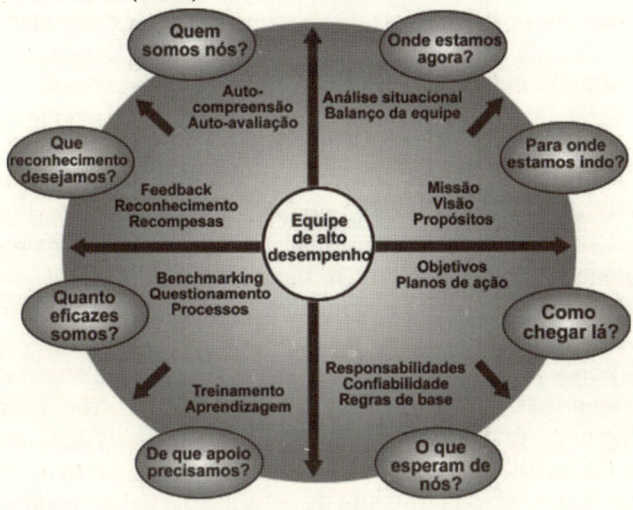

Figura 1 - Desenvolvimento de Equipes de Alto Desempenho
Fonte: CHIAVENTATO, 2008

A figura 1 sinaliza algumas perguntas poderosas e as principais variáveis a serem investigadas e desenvolvidas para produzir uma equipe de alto desempenho. A partir das questões elencadas é possível iniciar o processo.

Agora pense nessas questões e reflita sobre o desempenho da sua equipe. Em uma escala de zero a dez, quanto as pessoas estão verdadeiramente comprometidas com os resultados da empresa? De quem é a responsabilidade por estes resultados? Será que as empresas estão conseguindo manter as equipes eficientes e eficazes?

Uma dúvida frequente nas empresas é se elas têm uma equipe ruim ou possui um mau técnico (líder). Desta forma, o Líder pode fazer essa mesma pergunta a si mesmo. Qual o desempenho que você esta buscando? E qual o que você esta tendo? O que seria uma performance realmente boa? Muitas vezes, uma grande falha nas empresas é responsabilizar a equipe pelos maus resultados, esquecendo de verificar que ela está sendo liderada. Talvez uma solução seja o desenvolvimento de um Líder *Coach*.

O Líder *Coach* pode elevar a performance de uma equipe, por meio do processo de *team Coaching*, (*Coaching* de equipe) para que as pessoas excedam as expectativas e superem os resultados.

Ser + com Equipes de Alto Desempenho

No esporte, onde o sucesso e o fracasso são tão claramente definidos, as regras são simples, o tempo hábil é curto e o desconforto físico ou mental é determinante, e a automotivação precisa ser evocada para atingir o resultado esperado. A mídia demonstra a fama e fortuna de algumas estrelas do esporte, porém, alguns têm objetivos diferentes, como identidade, autoestima, excelência máxima e recompensas e satisfação pessoal.

Já no mundo dos negócios, o sucesso é menos glamouroso e talvez chegue mais lentamente por comparação. A qualidade de vida no local de trabalho em razão das horas e dos anos gastos nesse lugar assume importância, porém, infelizmente, poucas pessoas conseguem enxergar o seu local de trabalho como uma universidade para o autodesenvolvimento - ou as tarefas como desafios. Portanto, não é nenhuma surpresa que falte aquela chama em seu desempenho.

É necessário verificar como anda o nosso comportamento gerencial, atuação dos líderes, como estão conduzindo a equipe ao sucesso, pois é muito comum procurarmos, nos dias de hoje, talentos fora das empresas e esquecer-se de desenvolver e valorizar as pessoas que já fazem parte da organização. Infelizmente, uma parte significativa da mão de obra das organizações está sendo mal gerenciada e passando despercebida por conta de uma má gestão da equipe.

Geralmente, as Equipes de Alto Desempenho são bem lideradas e motivadas, sabem de forma muita clara qual é a MISSÃO e a VISÃO da empresa onde trabalham, acreditam e vivem os VALORES da organização. São motivadas por esta visão e não medem esforços para buscar a realização. De acordo Richard J. Leider, "não é nenhuma novidade o fato de muitos líderes atualmente ficarem atônitos com a mudança. Eles estão sendo desafiados por todos os lados. Então, por que alguns líderes prosperam enquanto outros não?" (LEIDER, 2003, p.122).

Podemos investigar diversas formas do porquê vacilam ou falham devido a razões externas – por não preverem as necessidades do mercado ou por não inovarem. Contudo, a diferença real entre o sucesso e o fracasso atualmente pode ser atribuída a razões internas – a quão bem os líderes engajam os corações e almas de seus seguidores. Um teste seguro da liderança atualmente é se um líder conseguiu verdadeiramente engajar seguidores.

Mas o que é preciso para engajar as pessoas? O que é preciso para inspirar as pessoas a se unirem em torno de um propósito comum? Primeiramente, é preciso autoliderança, o que é muito trabalhada em sessões de *coaching*. Uma grande diferença entre o sucesso ou fracasso dos líderes pode ser atribuída ao seu caráter – quão eficazmente eles lideram a si próprios. O caráter autêntico geralmente acompanha a grandeza em qualquer coisa, e é em grande parte responsável pela energia encontrada nas organizações de alto desempenho.

Prof. Douglas de Matteu & Prof. Wilson Farias

Prof. Mestre Douglas de Matteu: Mestre em Semiótica, Tecnologias da Informação e Educação, especialista em Marketing e EaD, Administrador de Empresas. *Master Coach* com reconhecimento internacional ICI, ECA, GCC e Metaforum. *Practitioner* em PNL. Docente Universitário. Presidente da Associação Brasileira dos Profissionais de Marketing e do Instituto Evolutivo - Coaching & Marketing. Desenvolve treinamentos, palestras e *Coaching*. Coautor dos livros: Manual Completo de *Coaching* e *Master Coaches*.

Contatos:
www.institutoevolutivo.com.br
douglasmatteu@hotmail.com
(11) 3419-0585

Prof. Wilson Farias: Especialista em Gestão de Negócios e Empreendedorismo, pós-graduando em Marketing e Propaganda, Administrador de Empresas. *Master Coach* pela Sociedade Brasileira de *Coaching* com reconhecimento, *Behavioral Coaching Institute - Alfa Coach* pela SBC, pelo *Worth Ethic Corporation*. *Practitioner* em PNL. Docente na Faculdade Unida de Suzano e na FIAM. Desenvolve *Coaching* e Consultoria, Sócio da Farias&Spregiaro Consultoria em planejamento estratégico.

Contatos:
wilson@fariasspregiaro.com.br

Anotações

39

Alto Desempenho é com Equipes de Profissionais Empreendedores

321

Como alcançar o Alto Desempenho? Qual o perfil do melhores profissionais para compor Equipes nas organizações?
Como o empreendedorismo pode contribuir para as Equipes alcançarem os melhores resultados?
Este artigo é uma provocação para que você, como empresário, líder ou colaborador de qualquer organização, mergulhe nos conhecimentos sobre a relação positiva entre comportamentos empreendedores e o Alto Desempenho entregue pelas equipes nas organizações

Rafael Gonçalves

Ser + com Equipes de Alto Desempenho

Rafael Gonçalves

Se você perguntar à maioria dos empresários e líderes qual a principal característica ou comportamento que um colaborador deveria apresentar em uma organização, eu tenho certeza de que as respostas mais repetidas seriam as do tipo: "aquele que veste a camisa" e "aquele que dá o sangue". Na verdade, esse colaborador precisa primeiro se apropriar literalmente do negócio. Esse tipo de colaborador é o que eu chamo de Profissional Empreendedor.

Tente imaginar os resultados de uma organização, composta por uma equipe de profissionais que se sintam os próprios donos do negócio, dotados de competências empreendedoras! Pessoas criativas, persistentes, ousadas, dinâmicas, informadas, proativas, bem relacionadas, comprometidas, que sabem planejar e alcançar metas. E saiba que essas características e comportamentos podem fazer parte do perfil de profissionais de todas as áreas e setores. Desde o auxiliar de limpeza, passando pelos vendedores, indo até a alta gerência e a presidência de qualquer organização.

Tenho trabalhado com a palestra e o seminário "Eu, Minha Carreira e o Empreendedorismo". O principal objetivo é desenvolver nos colaboradores de todos os níveis e áreas de atuação algumas características básicas de um Empreendedor, definidas pela ONU e ensinadas no seminário EMPRETEC do SEBRAE a empresários e pessoas que sonham em abrir sua própria empresa. A ideia é multiplicar a cultura do empreendedorismo dentro das organizações, e do presidente ao faxineiro ter profissionais capazes de alcançar melhores resultados utilizando-se de comportamentos e competências específicas.

Seja você um empresário, líder ou gerente, entenda que: para Ser Mais com Equipes de Alto Desempenho, com Profissionais Empreendedores, o primeiro desafio das organizações consiste em preparar sua cultura e processos internos de tal forma que criem um ambiente e um clima organizacional favorável à inovação e à criatividade. Os próximos desafios serão executar com excelência as tarefas de: atrair, selecionar, treinar, desenvolver, motivar e liderar esses Profissionais Empreendedores em suas Equipes.

Em nossos seminários, para a formação desse novo perfil de colaboradores nas organizações, buscamos desenvolver em cada participante dez Comportamentos Empreendedores essenciais para quem deseja alcançar níveis elevados de desempenho e ter sucesso na carreira.

Os dez Comportamentos que caracterizam Profissionais Empreendedores de alto nível

Ser + com Equipes de Alto Desempenho

- Planejador
- Orientado para Metas
- Dedicado
- Persistente
- Bem Relacionado

- Ousado
- Atualizado
- Proativo
- Autoconfiante
- Exige Qualidade

Esses comportamentos estão mais descritos em uma série de artigos que escrevi para o Blog Papo de Carreira. Por isso, aproveito para recomendar a você que amplie seu entendimento sobre cada um desses aspectos. Ao final da leitura deste capítulo, acesse www.papodecarreira.net e busque a série "Profissionais Empreendedores".

A Roda dos Comportamentos Empreendedores

Uma ferramenta que criei e utilizo nos seminários é a Roda dos Comportamentos Empreendedores. Baseada em alguns instrumentos da prática de *coaching*, ela contribui para desenvolver o potencial empreendedor dos colaboradores nas empresas. A partir do reconhecimento individual dos níveis atuais de domínio dos Comportamentos Empreendedores, faz-se uma projeção sobre o nível necessário e desejado para cada comportamento. Então, o participante é orientado a analisar e definir particularmente um plano de ações corretivas que o ajude a elevar seu desempenho e da equipe de trabalho em que esteja inserido.

Se você é Líder ou empresário poderá aplicar a Roda dos Comportamentos Empreendedores aos colaboradores de suas equipes, durante os processos de seleção e formação das equipes ou mesmo nos processos de treinamento e desenvolvimento para superar as metas. Também é importante que o Líder ou empresário aplique essa ferramenta em si mesmo, porque geralmente existe uma relação equilibrada entre o seu nível de competências e seus padrões de comportamento, e os dos colaboradores. O líder é parte fundamental de qualquer equipe, e seu exemplo exerce influência sobre a postura e atitude dos colaboradores no comprometimento com os objetivos organizacionais.

Certamente você dedicou-se à leitura deste artigo e chegou até aqui porque está em busca de ferramentas práticas para elevar o seu desempenho, o de sua equipe e também da sua empresa. Quer conhecer a Roda dos Comportamentos Empreendedores? Ao final desta seção encontram-se todos os meus contatos. Será um prazer conversar com você um pouco mais sobre o tema, e disponibilizar essa ferramenta fantástica para o diagnóstico e gestão eficiente de sua Equipe de Profissionais Empreendedores.

Rafael Gonçalves

Como recrutar e selecionar Profissionais Empreendedores?

A maioria desses profissionais – dotados de competências e comportamentos empreendedores –, ainda está sendo formada dentro de grandes organizações com cultura empreendedora. Nem as empresas querem perdê-los, nem os profissionais empreendedores desejam mudar de emprego.

Com esse impasse, a solução para compor uma Equipe de Alto Desempenho é selecionar pessoas que indiquem ao menos um potencial de comportamentos empreendedores mínimo a ser desenvolvido.

O responsável pela seleção deve reservar perguntas e dinâmicas que indiquem a aptidão dos candidatos para as dez características dos profissionais empreendedores. Na entrevista é importante descobrir se o candidato passou por experiências em que foi capaz de quebrar paradigmas e correr riscos para gerar impactos positivos nas organizações por onde passou.

Nesta tarefa de seleção, a Roda dos Comportamentos Empreendedores poderá ser aplicada como ferramenta de apoio, para diagnosticar o perfil comportamental dos candidatos.

Como treinar e desenvolver o potencial empreendedor nas equipes de colaboradores?

O primeiro passo, para treinar e desenvolver os comportamentos empreendedores nos colaboradores de uma organização, é realizar um Levantamento das Necessidades de T&D (LNT). Conhecer os *gaps* de competências específicos de cada colaborador e das equipes.

De posse desse levantamento inicial e conhecidas as deficiências a serem recuperadas, o segundo passo é elaborar um Plano de T&D sustentado nas análises do contexto atual e dos cenários e resultados de desempenho desejados pela organização. Todo esse trabalho deve ser feito por profissionais com conhecimento técnico, da área de gestão de pessoas e/ou por consultores externos com experiência em programas de treinamento. No Plano de T&D estarão descritas as atividades (cursos, palestras, *workshops*, entre outros) recomendadas para a construção de novos conhecimentos pelos colaboradores; e elevação do seu potencial em cada comportamento empreendedor.

Como motivar e liderar Equipes Empreendedoras?

Um dos principais fatores motivacionais para um Profissional Empreendedor é ter autonomia para criar e realizar atividades significativas, que sejam inovadoras, e gerem valor para a organização e reconhecimento pela sociedade. Assim, a tarefa de liderar e motivar Equipes Empreendedoras para alcançar o alto desempenho consiste em as organizações e os líderes criarem uma "atmosfera" favorável à inovação e a criatividade. Essas equipes precisam perceber a liberdade e a confiança depositada pelas organizações, para que trabalhem com satisfação em busca dos melhores resultados.

Ao líder cabe o papel de inspirar os profissionais, e demonstrar através de exemplos que a prática diária dos Comportamentos Empreendedores é fundamental para que o alto desempenho esperado pela organização aconteça efetivamente. Por isso, é importante que a liderança definida pela empresa tenha um perfil empreendedor somado a experiências relevantes, que o credencie como um profissional de alto nível, referência para todos os membros da equipe.

Para todo o restante, não tem segredo. É ouvir a Equipe, oferecer *feedback* constante, e devolver benefícios proporcionais aos resultados que elas irão entregar para a organização.

O poder realizador das Equipes Empreendedoras nas Organizações

Nos últimos anos, essa postura de buscar e incentivar o desenvolvimento do espírito empreendedor nas equipes de profissionais tem sido experimentada por muitas organizações. As maiores e mais eficientes como o Google, Ambev, Unilever, Petrobrás; acreditam que quanto maior o número de profissionais empreendedores em suas Equipes, melhor será o seu desempenho e o seu posicionamento no mercado de negócios.

E como sempre digo: se a grande empresa patrocina um grande clube de futebol; a microempresa pode ao menos estampar sua marca no uniforme do time do bairro. Portanto, investir em Profissionais Empreendedores não é prática exclusiva das grandes organizações. Com criatividade e desejo de fazer a diferença, todas as empresas podem "Ser + com Equipes de Alto Desempenho".

Rafael Gonçalves

É Professor, consultor e palestrante nas áreas de liderança, motivação, carreira, empreendedorismo, vendas e atendimento ao cliente, e temas ligados à gestão estratégica de pessoas e ao desenvolvimento organizacional. Graduado em Administração e em Gestão Comercial pelo Instituto Federal de Educação do Norte de Minas Gerais – IFNMG Campus Januária. Pós-graduado em Gestão Estratégica de Pessoas pela Universidade Gama Filho / RJ. É Coautor dos livros "Ser + em Gestão de Pessoas" e "Ser + em Excelência no Atendimento ao Cliente" da Editora Ser Mais. Idealizador do Grupo "Papo de Carreira", maior comunidade do gênero na rede social Facebook, e escritor do Blog Papo de Carreira. Atuou como funcionário de carreira no Banco do Brasil S/A, CDL Januária, CREA-MG e no Banco do Nordeste S.A. Atualmente é Professor de Administração no IFNMG, e dedica-se à pesquisa de temas relacionados à gestão estratégica de pessoas, comportamento organizacional, liderança e carreira.

Contatos:
www.profrafaelgoncalves.blogspot.com
www.papodecarreira.net
rafael.goncalves@ifnmg.edu.br
prof.rafaelgoncalves@gmail.com
(38) 8413-1956

Anotações

40

Equipes de Alta Performance em Liderança Técnica de Projetos em TI

329

Boa parte do sucesso de um grande projeto em TI está relacionado ao desempenho e performance do Líder Técnico. O Líder Técnico é a engrenagem de um Projeto em TI nas fases de solução, planejamento, construção, testes, homologação, implantação e pós-implantação

Renato Servone Festa

Ser + com Equipes de Alto Desempenho

Renato Servone Festa

Líder Técnico

O que se espera do Líder Técnico é uma entrega que atenda à necessidade do cliente no prazo e com qualidade.
Liderança Técnica é um papel, e não uma classificação. É um processo evolutivo, no qual você vai gradualmente ganhando a experiência e a confiança que você precisa para assumir a liderança de um projeto em TI.
Deve possuir ampla experiência em tecnologia. Esta experiência faz com que o Líder Técnico seja um recurso ideal para determinar a solução técnica e as novas tecnologias de um projeto.

Desafios

- Investir tempo com requisitos do projeto.
- Realizar reuniões técnicas para cada fase do projeto.
- Elaborar especificações completas.
- Não deixar com que a pressão dos prazos permita que você elabore especificações de má qualidade (gerando retrabalho futuro).
- Uma especificação bem elaborada e padronizada representa uma TI organizada.
- Evitar discussões de solução (técnicas) com o usuário.
- Usuário não precisa conhecer o funcionamento interno dos sistemas.
- Usuário somente deve trabalhar com Requisitos de Negócio e Requisitos de *Softwares* Funcionais.

Características

Conhecimento Técnico

- Visão Holística dos sistemas e do negócio da empresa
- Conhecimento dos modelos de Gestão e da Governança de TI

Diante das características de um Líder Técnico, a visão holística sintetiza unidades em uma totalidade para reunir elementos em um todo e compor a imagem sintética dos sistemas envolvidos, em que numa demanda o Líder tem a possibilidade para a tomada de decisões com maior segurança, podendo discutir problemas específicos sem se perder na abrangência do projeto. O conhecimento de Modelo de Gestão, bem como o da Governança de TI, faz com que o líder garanta a aderência do projeto aos processos definidos pela empresa.

Comportamentais

Ser + com Equipes de Alto Desempenho

- Liderança
- Gerenciamento de Tempo
- Planejamento e Organização
- Foco em resultados
- *Coaching*
- Multidisciplina

O bom líder interage, influencia e adiciona valor ao trabalho da equipe com sua disciplina para alcançar as metas estabelecidas com foco nos resultados. Com planejamento e organização o líder aumenta a efetividade do trabalho, permitindo assim o gerenciamento dos objetivos, prazos e procedimentos, tornando mais visíveis os esforços necessários para cada atividade, possibilitando a identificação de desvios no projeto, auxiliando nas tomadas de decisões.

Habilidades de Relacionamento

- Facilitador
- Trabalho em equipe
- Carisma
- Flexibilidade

O trabalho em equipe consiste em interagir e compartilhar com as equipes envolvidas, as ideias, visões e soluções em prol dos resultados e metas a serem atingidas do projeto. O líder deve contribuir como facilitador, em que o time de desenvolvimento deve entender qual o objetivo de cada requisito especificado. Sendo assim, com carisma e flexibilidade do Líder Técnico todo time deve ficar envolvido e focado no cumprimento das fases e prazos do projeto.

Capacidade Analítica

- Tomada de decisão
- Mudança de escopo
- Solução de problemas
- Entender a essência do projeto

Disciplina e controle eficiente sobre o projeto permitem corrigir em tempo hábil os possíveis problemas com prazos, impedindo que se tornem graves e, muitas vezes, irreversíveis no decorrer da execução das atividades. A tomada de decisão, embora se pense que as decisões são tomadas de forma racional, na prática, são tomadas com base em intuição e na análise de experiências anteriores diante do entendimento da essência e da diversidade de um grande projeto.

Líder Técnico	Atividade
Organizar o time em torno do desenho arquitetônico	Desenvolvimento de *software*
Gerenciar dependências técnicas Revisar e negociar requisitos de entrevistas	Requisitos
Fornecer apoio técnico, motivar o time de desenvolvimento	*Coaching*
Recomendar tecnologias, treinamentos e ferramentas	Tecnologia
Rastrear a qualidade do desenho	Qualidade
Garantir objetivos do desenho de solução	Métricas

Dicas

ELABORE um plano de trabalho – você é o Líder da demanda e precisa saber por onde começar a coletar informações para sua entrega.
PLANEJE as atividades e envolva sempre as áreas impactadas.
CONHEÇA os sistemas que suportam as suas atividades e o negócio dos seus clientes.
EVITE se comunicar apenas por e-mail, as questões resolvidas pessoalmente tendem a ser mais claras, rápidas e eficientes e esta postura contribui para a integração ainda maior do time.
PROMOVA a interação com as áreas de TI envolvidas no seu trabalho.
GARANTA que a solução definida junto com a Arquitetura é a mesma que será colocada em produção. SIMPLIFIQUE, muitas vezes as melhores soluções são baseadas na simplicidade. Não reinvente a roda.
ENTREGUE suas demandas com qualidade, no prazo acordado e atendendo ao escopo definido. Lembre-se que a tramitação da demanda nos SLA's acordados faz parte da entrega.

Ser + com Equipes de Alto Desempenho

CERTIFIQUE-SE de que a implantação seja feita dentro dos padrões de operação utilizados pela empresa.
ACOMPANHE o resultado do seu trabalho após a produção, esta atividade é tão importante quanto entregar no prazo!

Renato Servone Festa

Graduado em Administração de Empresas, cursou MBA Executivo em Gestão Empresarial – Uniesp - São Paulo. Possui diversos cursos de extensão/ especialização - destaque para o INSPER (Fazendo a Estratégia Acontecer), além de ministrar palestras em universidades e, pontualmente, atuar como instrutor de cursos voltados para área de TI. Possui mais de quinze anos de experiência em desenvolvimento de sistemas multiplataformas, gestão de fábrica de *software*, educação e treinamento técnico com sólido conhecimento em liderança técnica de projetos em TI, gerenciamento de projetos e coordenação de equipes. Ao longo desse período, tem atuado em gerenciamento de projetos evolutivos, e sua aplicação em diversos projetos corporativos de implantações estruturais em empresas brasileiras e multinacionais. Vivenciou diversos projetos corporativos que promoveram mudanças profundas, envolvendo centenas de pessoas, nos quais a gestão e a liderança Técnica desempenhou papel relevante no sucesso das implementações.

Contatos:
www.renatofesta.com.br
contato@renatofesta.com.br
(11) 99718-6888

Anotações

41

Grandes líderes são coerentes, consistentes e consequentes

337

As características dos líderes que constroem equipes de alto desempenho são, normalmente, definidas como de líderes exemplares e inspiradores e o meu objetivo será descrever de uma maneira simples e prática, que verdadeiros líderes entendem que isto é a consequência de serem coerentes e consistentes. Então, quais são as atitudes, as crenças e o comportamento que fazem desses líderes um sucesso?

Ricardo Muniz

Ser + com Equipes de Alto Desempenho

Ricardo Muniz

Este tema está na moda, então, existem inúmeros livros, artigos e cursos sobre liderança e equipes vencedoras. Li muitos destes livros e artigos, bem como fiz diversos cursos, e posso dizer que a maioria é muito complexo e teórico. Sendo assim, quero me diferenciar sendo **simples, pratico e objetivo**.

Escrever sobre equipes de alto desempenho é um prazer. Na minha carreira tive esta experiência, não é fácil, pois é preciso ter pessoas de talento. Selecionar, integrar e desenvolver estas pessoas demanda tempo e dinheiro, significa entender e gostar genuinamente de pessoas. Algumas características destas pessoas é que são automotivadas, proativas, dedicadas, comprometidas, muito ambiciosas e que trazem excelentes resultados. Você precisa acreditar e entender que personalidade e crença são mais importantes que a habilidade, que pode ser desenvolvida.

Um líder coerente e consistente terá como consequência uma liderança exemplar e inspiradora, se juntarmos a estes ingredientes atitudes positivas!

Quais são as atitudes, crenças e personalidade deste líder? Ele sabe o que fazer, como fazer, onde fazer e por que fazer!

Segue os componentes e uma breve definição. Minha expectativa é que você faça uma reflexão e ajuste o que for importante para ser um líder de equipe de alto desempenho!

Ser inspirador: normalmente são pessoas que tem uma história de superação, são resilientes, simples, humildes, agradecidos e bons comunicadores. Faça uma reflexão: quem você acredita ser inspirador? Quais são as características desta pessoa?

Ser exemplar: normalmente são pessoas que tem atitude, hábito e costumes coerentes com o que dizem ou falam. Um exemplo simples é exigir que a sua equipe escute seus clientes, sendo que você nunca escuta sua equipe (lembre-se fale A e faça A). Por não ser tão fácil, acabamos tornando as coisas simples em complexas. Admiro muito um grande líder que diz que o que dá mais resultado é simples, porém duro!

Gostar e entender genuinamente de pessoas: escutar, compreender, apoiar, desafiar, conhecer, reconhecer atitudes, gostar e querer estar junto são características de quem gosta genuinamente de pessoas. Quão próximo você está de sua equipe? Reflita: você sabe o que é importante para cada um de seus liderados, o que os motiva? Qual o nome da esposa e dos filhos de cada membro de sua equipe?

Ser coerente: ter atitude e comportamento condizentes com suas crenças e valores. Uma boa reflexão sobre isto é avaliar qual foi o resultado de uma ação quando você agiu diferente de suas crenças e

Ser + com Equipes de Alto Desempenho

valores. Faça o que gosta, o que sabe e é capaz e nunca terá depressão! Você precisará saber dizer "não" muitas vezes se quiser ser um líder que constrói equipes de alto desempenho!

Ser consistente: está ligado a tempo. Falar e fazer o que acredita e valoriza terá como consequência a credibilidade. (Aprendi com uma grande líder que credibilidade se conquista comendo um quilo de sal juntos, ou seja, demanda tempo). Como você avalia sua credibilidade? Uma equipe de alto desempenho precisa de tempo e sabemos que tempo é dinheiro. Como podemos reduzir este fator, aplicando todos os pontos aqui descritos em um menor espaço de tempo.

Ser aprendiz: líderes que constroem equipes de alto desempenho são eternos aprendizes, não perdem a oportunidade de se desenvolver, não esperam patrocínio. São autodidatas e responsáveis por seu desenvolvimento, acreditam que sempre terão algo novo ou diferente para aprender. Como você considera este ponto.?

Ser Humilde: você já deve ter ouvido que a humildade constrói e aproxima e a arrogância destrói e afasta. Não importa o cargo ou posição, grandes líderes conseguem se desprender do ego! Verdadeiros líderes devem olhar no espelho e refletir, "o resultado foi ótimo, eles são os responsáveis" e se o resultado não for bom, ele diz "eu sou o responsável".

Ser bom ouvinte: uma equipe de alto desempenho tem muito a dizer. Bons líderes querem compreender sua equipe escutando, então podemos dizer que aqui vale a regra 80/20, ou seja, escutar 80% do tempo e falar 20%, e quando estiver falando, estará alinhando, comunicando, apoiando e direcionando. Aproveite a próxima reunião e faça uma reflexão, anote quanto você escutou e falou. Não se esqueça da linguagem corporal, pois ela representa muito na comunicação!

Saber comunicar: uma equipe de alto desempenho deve ter visão única, estar alinhada e mobilizada. O líder deve ser capaz de comunicar as expectativas, reconhecer publicamente e repreender individualmente. Saber comunicar é fundamental para um líder (não se esqueça dos diversos tipos de linguagem, falada, escrita, corporal e cuidado com o tom). O *feedback* é uma ótima ferramenta, mas deve ser equilibrado, balanceado e no mesmo nível. Como você está comunicando e alinhando sua equipe?

Ter as pessoas certas: a atividade mais negligenciada de um líder é o processo seletivo e não se constrói equipe de alta performance sendo negligente. Ter as pessoas certas é conduzir o processo desde o planejamento da vaga até a integração com resultados consistentes. Entender que o líder é o maior responsável pela retenção ou perda de talentos: quando se perde a pessoa errada, o líder segue sendo o responsável. Muitas vezes foi ele quem contratou.

Motivação para equipe: uma equipe é construída individualmente, mas resultados extraordinários são possíveis somente em equipe. Gosto de fazer analogia com um grande líder, Gandhi, pois ele dizia que se você olhar pela janela, olhar uma multidão de pessoas e acreditar que você é mais importante que aquelas pessoas, algo estará errado. Outra analogia é com o futebol, pois não adianta você ter um ótimo jogador individual se o resto da equipe não apoia. Desenvolva sua equipe e a coloque sempre em primeiro lugar. Cuidado com a desculpa de estar muito ocupado e não ter tempo para sua equipe. Um grande líder precisa ter a capacidade de integrar, articular e negociar. Você é um jogador de equipe?
Saber dizer não: o mais fácil é sempre concordar e dizer sim, mas muitas vezes você precisará dizer "não" para um membro da equipe e até para a própria equipe. Antes disso, precisamos analisar quais são as expectativas e motivos, queremos que o líder seja bonzinho ou justo? Convido você a refletir sobre seu tempo de escola: você aprendeu mais com os professores bonzinhos ou com os justos? Você sabe dizer não?
Todos têm uma missão ou legado: todo grande líder precisa definir qual será sua missão ou legado, como ele quer ser lembrado e reconhecido quando não estiver mais presente. Então, como você quer ser lembrado e reconhecido, qual será seu legado?
Se conhecer: existem muitas maneiras de se conhecer e saber como os outros o veem. Algumas sugestões são as ferramentas de *assessement*, como DISC, LBA e TKI, além do *feedback*. Pesquise sobre isto e se conheça.
Encorajar e delegar: uma equipe de alto desempenho precisa de empreendedores, então, dê *empowerment* para sua equipe. Porém saiba que liberdade caminha junto com responsabilidade.
Ser *coach*: saber ensinar e liderar significa que você sabe, inicialmente, diagnosticar o nível de competência e comprometimento. Depois você deve ser capaz de flexibilizar seu estilo, ou seja, se você irá dar apoio ou direção e, finalmente, estabelecer uma parceria para formalizar como será a medição da performance. Aprendi com meu pai que não devemos dar o peixe, e sim ensinar a pescar e, assim, nunca sentirá fome!
Inteligência emocional: como anda sua inteligência emocional? Você já deve ter lido ou escutado que a inteligência emocional é mais importante que o QI, pois uma pessoa não consegue pensar, escutar ou falar sem estar emocionalmente bem. O melhor é que esta inteligência pode ser desenvolvida.
Atitude positiva: é a maneira que defino uma pessoa que todos querem estar próximo, são motivados, demonstram energia e paixão sendo íntegro em todas as atitudes.

Ser + com Equipes de Alto Desempenho

Empatia: é a capacidade de se colocar no lugar do outro, sentir o que o outro sente. Empatia é uma habilidade que ajuda muito a conquistar e mobilizar, e o primeiro passo é ouvir com a intenção de compreender e não com a intenção de responder.

Diversidade em uma equipe de alto desempenho é fundamental. Mas você deve ser capaz de lidar com conflito, pois você terá contato pessoas com culturas, crenças e personalidades diferentes. A tendência natural é você contratar pessoas parecidas com você, porém isto gera uma equipe homogênea, que dificilmente será uma de alto desempenho!

Rapport: é o ingrediente mágico da sintonia. Verdadeiros líderes desenvolvem esta habilidade, pois faz com que as pessoas se sintam compreendidas. Pré-requisito para a comunicação efetiva.

Ser capaz de lidar com números: ao final do dia as empresas precisam de resultados excelentes e é isto que podemos definir como alto desempenho. Estabelecer metas SMART (específico, mensurável, atingível, realista e distribuída no tempo). Ser micro gestor é ter a disciplina para revisão contínua.

Treinar, treinar e treinar: uma excelente forma de treinar é através de eventos vivenciais, longe das salas de reunião.

Regras básicas de liderança!

Entender que reunião é para alinhar, informar, avaliar, revisar e reconhecer, nada mais!

Organização, planejamento e disciplina são fatores chave!

Líderes de alto desempenho veem nas dificuldades e problemas uma grande oportunidade de se diferenciar. Seja resiliente.

Contratar, integrar, desenvolver equipes e atingir resultados excelentes. Esta deve ser a missão de um líder construtor de equipes de alto desempenho.

Nenhum produto ou serviço deve ser mais importante que um profissional de talento.

Nenhuma estratégia extraordinária conseguirá ter sucesso se não houver um profissional de talento.

Uma empresa só terá sucesso se houver produto ou serviço diferenciado, uma boa estratégia e uma equipe de alto desempenho! Jamais trair sua personalidade, crenças, a equipe e a empresa!

Ricardo Muniz

Executivo da área comercial, treinamento, desenvolvimento de pessoas e mercados, com experiências como diretor e gestor em empresa multinacional por mais de 15 anos - Administrador com especialização em gestão de vendas e marketing pela Universidade Anhembi Morumbi e Docência do Ensino Superior pelo Senac - Máster *trainer* com certificação internacional nas áreas de vendas, negociação, atendimento, liderança, equipes, cultura corporativa, processos, planejamento estratégico, inteligência emocional, gestão de pessoas, processos, mudanças e *coaching* - Treinador, facilitador, palestrante com técnicas de andragogia - Consultor e *Coach* - Autor do Manual de vendas perfeitas e Coautor dos livros Equipes de Alto Desempenho, Excelência no Atendimento ao Cliente e *Coaching* com grandes mestres.

Contatos:
www.desenvolvermais.com.br
ricardo@desenvolvermais.com.br

Anotações

42

Equipes de Alta Performance: realidade ou utopia?

Algumas considerações sobre bandos, grupos e equipes; chefia e liderança, alto desempenho e alta performance

**Roque Cezar de Campos &
Lara Campos**

Ser + com Equipes de Alto Desempenho

**Roque Cezar de Campos
& Lara Campos**

Apesar da aparente organização e engajamento numa causa, com nenhuma visão, uma missão míope e quase nenhum valor, muitas torcidas organizadas no futebol podem ser consideradas como "Bandos". Tanto que uma delas se autodenomina "um bando de loucos" e não é a única. Há também bandos de criminosos nessa e em outras áreas e até em várias empresas, algumas das quais já brilharam entre as 500 maiores e melhores.

Esse tipo de "agrupamento" ainda não é maioria no mundo, mas, segundo Jacques Attali, ex-conselheiro do presidente François Mitrerrand e presidente do conselho francês criado por Nicola Sarkozy para estudar "os freios do crescimento" da economia francesa, no seu livro "Uma breve história do Futuro", poderá ser nos próximos 25 anos e poderá levar o mundo à hecatombe no que ele denomina de "hiperconflito".

Já nos "Grupos" sobressaem os objetivos pessoais com pouca interdependência entre os componentes; uma reunião de pessoas que trabalham juntas mas não com maior afinidade e objetivos comuns, com pouco conhecimento sobre a visão, missão e valores do grupo e quase nenhum da empresa ou conjunto de grupos. Pode haver metas para o âmbito de sua atuação, mais individuais que coletivas e mesmo um desempenho que possa ser considerado até alto, mas pontual, eventual, sob "pressão" ou incentivos.

E sobre "Equipes"? Já se torna um assunto mais interessante, ainda que também controverso.

Tenho ouvido de alguns comentaristas esportivos que o time do Barcelona (e poucos outros) joga atualmente um futebol digno de uma equipe de alto desempenho e mesmo de alta performance. Será?

Nesse caso, e em muitos outros, o que faz esses "agrupamentos" de pessoas funcionarem como "equipes" e não como "grupos"?

Nas EQUIPES as pessoas convivem com empatia, senso de identidade, interdependência, pleno conhecimento e consciência da visão, missão e valores da equipe e do conjunto de equipes, buscam soluções comuns e não apenas individuais, colaboram por uma causa maior, reconhecem e incentivam participação e contribuições individuais, convivem confortavelmente com a diversidade, sabem o valor dos generalistas e especialistas e os ouvem, mantêm um clima saudável e informal, comunicam-se com abertura e, entre muito mais, "fazem algo juntos, onde não é o "algo" que os faz uma equipe, mas o mais importante é o "juntos" " (Harvey e Finley). (grifos nossos).

São orientados por um líder *coach* que aceita e incentiva compartilhar a liderança e procura trabalhar com pessoas melhores ou no mínimo iguais a ele, quando não, empenha-se em ajudá-las a se desenvolverem cada vez mais naquilo que cada um tem de melhor.

Tomamos a liberdade de trazer aqui algumas definições importantes sobre "Avaliação" e "Análise", "Desempenho" e "Performance": - "Pensem comigo: a palavra AVALIAÇÃO constitui um termo utilizado quando se pretende atribuir um valor ou opinião de algo. Subentende algum tipo de *feedback* ao avaliado para que este, por decorrência, reconheça este valor ou opinião como parâmetro de iniciação de algum processo decisório pessoal. Num processo AVALIATIVO, se não houver *feedback*, então não consolidou-se a avaliação propriamente dita.

A palavra ANÁLISE constitui um termo utilizado para referir-se ao processo de observação e interpretação individual de algo, sem necessitar de qualquer *feedback*. Como consequência, esta interpretação é realizada sem compartilhamento com o analisado, objetivando também alicerçar algum processo decisório posterior.

DESEMPENHO é a comparação entre o resultado desejado e o resultado legitimado de alguém em um espaço de tempo passado. Pressupõe a consolidação de conceitos de eficiência e de eficácia, sendo sua aplicação eminentemente estática.

"PERFORMANCE também é a comparação entre o resultado desejado com o resultado legitimado de alguém. Porém, diferentemente, pressupõe a consolidação do conceito de efetividade, sendo sua aplicação mais dinâmica. Isso permite uma percepção de tempo que contempla o agora e o futuro por meio da observação de tendências ao longo do tempo". (Avaliação de Desempenho & Análise de Performance - de Orlando Pavani Junior, MSc, CBPP, CMC, *Coach*).

Pois bem, o fator crítico de sucesso para uma equipe de alta performance, ou seja, de alto desempenho ao longo do tempo e com alto potencial pela tendência analisada é a pessoa do LIDER.

O Líder é um "servidor", um servente, apoiador, estimulador, *coach*, professor, treinador, técnico, especialista em pessoas. O Líder é um construtor de líderes, tem sempre seu sucessor já pronto ou em preparação na equipe, não só um quando possível.

Tom Peters acredita que o sucesso dos empreendimentos dependerá 99% da capacidade de liderança e apenas 1% de todo o resto que é ensinado nas escolas tradicionais.

"No exercício diário de 'vivenciar altos e baixos emocionais', os líderes empresariais assumem papel primordial. Se faz necessário quebrar o paradigma de 'gerenciar' pessoas e passar a 'liderar', o que é bem diferente, uma vez que o primeiro é autômato, enquanto que o segundo é de envolvimento e de engajamento, onde é preponderante que haja doação, abnegação altruísta e preocupação genuína com as necessidades de cada liderado". Vince Lombardi, parafraseado por James C. Hunter (2004).

"Não tenho necessariamente que gostar de meus jogadores e sócios, mas como líder devo amá-los. O amor é lealdade, o amor é trabalho de equipe, o amor respeita a dignidade e a individualidade. Esta é a força de qualquer organização."

Como líder, é preciso amar pessoas, não no sentido de sentimentos, mas sim em "atitudes" de amor. É preciso fazê-las com que se sintam queridas, integradas em seu meio e respeitadas pelo grupo.

Liderar pessoas exige técnicas e ferramentas específicas. Podemos usar a analogia de que o ser humano é como carbono puro cristalizado e que sob alta pressão transforma-se em um maravilhoso diamante; não se retira lascas ou se dá polimento aos diamantes com uma simples lixa d'água, é preciso uma ferramenta específica com ponta diamantada. O *feedback* nutritivo constante é uma delas, há outras.

A transformação das pessoas dentro de uma organização deve seguir o mesmo processo de obtenção do mais puro diamante: alto investimento, tempo, paciência, lapidação e polimento, técnicas estas que supostamente deveriam ser aplicadas por todos os líderes.

No entanto, são pouquíssimos os que conseguem enxergar estas ferramentas customizadas. É da natureza humana ter necessidade de tarefas desafiadoras, querer encontrar propósitos no que se faz, querer ser ouvido, querer opinar. Ao líder cabe a responsabilidade de propiciar aos seus liderados o orgulho de trabalhar na empresa e pertencer a uma equipe de alta performance.

Ser + com Equipes de Alto Desempenho

"Não é possível otimizar nossos recursos humanos usando técnicas de gerenciamento manipulativas, como não é possível consertar algo frágil com ferramentas pesadas e inadequadas". (Stephen Covey, Liderança Baseada em Princípios).

Então, ainda que com todas as controvérsias e desafios, equipes de alta performance (ou desempenho, você escolhe) são factíveis e creia: existem! Mãos à obra e bom trabalho.

Roque Cezar de Campos & Lara Campos

Roque Cezar de Campos
Administrador, Empresário, Professor, Certificação Internacional (ICC) como *Coach* e *Master Coach*. Executivo com mais de 45 anos de experiência nas posições de superintendência, diretoria e alta gerência de empresas como: VOTORANTIM Cimentos - CONCRELIX S.A., BOSCH SIEMENS Continental 2001 e VALISÈRE. Especialista em Vendas, Marketing, Gestão de Talentos, Gestão de Valor Agregado (FGV) e Negociações. Vasta experiência em *Coaching* e na apresentação de palestras e treinamentos de alto impacto. Diretor Executivo da RC *Coaching*.

Contato:
roquecezar@rccoaching.com.br

Lara Campos
Docente em Gestão de Pessoas e Planejamento Estratégico. Especializada em Coordenação de Grupos pela SBDG. Diretora Educacional da RC *Coaching College for High Performance Leadership*. Pós em Gestão de Pessoas e Marketing/ Negócios Internacionais, especialização na BYU (EUA). Certificações Internacionais pela ICC e ICI em *Coaching* Executivo e Pessoal. Premiada no Brasil pelo "Top of Mind em RH" (AAPSA), nos EUA e Alemanha por projetos em liderança servidora, trabalho em equipe e responsabilidade social. Autora da Tese "Potencializadores das Relações Humanas". Sólida carreira de 17 anos em empresas como MOTOROLA, IBM, CARBORUNDUM, WESTPHALIA e MONROE. *Coach* e treinadora em Habilidades Comportamentais, Liderança, Comunicação, Inteligência Emocional e Planejamento Estratégico.

Contato:
lara.campos@rccoaching.com.br

Anotações

43

Por dentro do PDCA

Como atingir melhores resultados em seus projetos?

Sandra Santos

Ser + com Equipes de Alto Desempenho

Sandra Santos

Inicia-se um novo tempo para os gestores, o tempo de viver o dia a dia numa fogueira de competições, evoluções, de mercado ativo e de espaço para todos; competições que caminham para uma grande demanda empreendedora, as quais conviverão com poucos profissionais dispostos e preparados para competir em meio a tantas entradas e saídas para o sucesso.

O gestor, que há pouco tempo vivia numa expectativa de preparação, atenção e sempre estava pronto para o ataque, hoje não passa mais por estas fases; ele está atuando diretamente no ataque. Mas, como se posicionar diante de tanta velocidade competitiva e de oportunidades para o sucesso pessoal e profissional? Como se posicionar diante de uma equipe? Como conduzir os resultados de sua equipe? Como tomar as melhores decisões em tempo ágil? Como adaptar seu projeto de pequeno, médio e longo prazo às novas implantações? Como tratar o termo "inovação" quando o tempo é o maior impactante dos custos? Todas essas perguntas seriam rapidamente respondidas pelos gestores com a implantação do método PDCA ao projeto.

PDCA (*Plan, Do, Check, Action*) ou, simplesmente, **Planejar** conforme metas, **Executar** conforme planejado, **Verificar** e monitorar os resultados e processos conforme os objetivos e **Agir** diante dos resultados propostos e atingidos.

Entenda o melhor caminho para ter êxitos com este ciclo:
1 – Primeiramente, o gestor deve tomar conhecimento do que tem para fazer. Depois, determinar como fazer e, finalmente, realizar. Para isso, é necessário que sua equipe tenha total comprometimento com suas ideias e metas de sua gestão, não só para o longo prazo do projeto, mas também para os pequenos e médios prazos, afinal, um projeto é dividido em fases distintas e, para chegar a um montante estratégico, o gestor precisa escalar montanhas, subir cada degrau, para então atingir o pico do produto ou simplesmente enxergá-lo.
2 - Uma equipe bem preparada não significa que o gestor deva agregar apenas os profissionais *top de linha* do mercado, mas sim aqueles com ideias inovadoras e com disposição para tê-las. A equipe coesa e de profissionais multiempreendedores está mais sujeita a chegar ao topo do mercado do que o profissional que vê seu cargo apenas como um meio de obter um grande salário ou uma função que satisfaça seu ego.
3 - Faça das suas ideias as ideias de todos. Venda-as, interprete-as. Quando uma equipe sente o prazer de participar de um projeto, esta será a primeira e a única a querer os melhores resultados e se empenhar para tê-los. Trate seus colaboradores como seus clientes internos, pois de certa forma eles os são. Ouça-os.
4 – Todo colaborador tem espírito empreendedor. Aceite suas ideias,

aceite o fato de que ele se sinta o dono do projeto, pois assim ele terá total participação nos resultados, confiança no líder e satisfação pessoal, pois não lhe importa estar satisfeito com o salário ou os benefícios que a empresa oferece, é preciso que ele tenha amor e prazer no que está fazendo. O incentivo do gestor é uma arma poderosíssima para o sucesso de seus projetos.

5 – Crie o produto final antes mesmo de sua finalização. Exiba-o para todos. Este meio é eficaz, pois o ser humano, ao criar uma imagem do resultado, já inicia um processamento dos meios para atingi-lo. Voltemos à escalada da montanha. Ao saber onde deve chegar, o grupo cria estratégias de como chegar, discute ações e reações, então, naturalmente o gestor estará dando início a um *brainstorming*.

6 - Tenha em mente que o gestor deve ser um artista mediante os seus projetos, pois para que sua arte seja exaltada é preciso interpretar e apresentá-la ao grande público.

7 - Não tenha vergonha nem receio de expor seus conhecimentos ou a falta desses, tenha apenas a sabedoria de conhecer o grupo que o apoia e o escopo que tem para executar.

8 – Enfim, tenha a equipe no seu pé, não aos seus pés, tenha colaboradores fiéis.

Cabe ao grupo:
1 –Ter compromisso com o gestor, ter compromisso com o projeto, ter compromisso consigo próprio para atingir o seu mais alto sucesso.
2 – Um bom grupo de trabalho é aquele que se interessa pelo projeto como um todo, não apenas como parte do processo, ou especialmente na área em que é o especialista.
3 – Atingir as metas obedecendo aos processos da gestão implantados na organização: eis o maior resultado que o gestor deve buscar. Em resumo, como implantar o PDCA em seus projetos? O gestor é a principal fonte de energia da gestão estratégica, mas cabe a todos persistirmos nas metas até atingir o resultado. O papel da gestão é de todos e não somente de um líder de equipe, devemos interpretar um projeto como um mapa, pois se todos souberem procurar o caminho que tem a percorrer, todos chegarão juntos ao destino esperado, todos saberão os melhores meios para encontrar as melhores soluções, embora sempre haja um atalho que levará no mesmo lugar, mas até para usar este atalho é preciso saber aonde chegar.

É comum o gestor querer adaptar suas experiências aos novos projetos, ora, e por que não? Criar novas experiências? Entender que vivemos num ciclo de desenvolvimento e controle até pode parecer confiança demais em determinadas ocasiões, mas experimen-

tar é necessário e se já existem padrões estabelecidos para isso, nossa percepção será ainda mais objetiva:
- Precisamos definir o problema do projeto como parte do processo e então buscar maneiras para solucionar esses problemas.
- Na maioria das vezes, a forma como chamamos este projeto já indica como este será. É preciso dar ênfase ao nome, ressaltar, engrandecer o que irá desenvolver para que se tenha o total envolvimento de todos no processo. Quando se trata o projeto com desdém, os resultados obtidos serão pobres, pois é o seu conceito que dará o toque final, é a forma como o artista esculpe sua obra que será o resultado.
- Desafiar a equipe para o sucesso do projeto é um passo à frente que dará nesta caminhada.
- Dar condições para a execução, em meios físicos e psicológicos é não só uma regra, mas também um passo importante para atingir o sucesso.
- Criar cronograma e definir os responsáveis por cada ação ali definida.
- Avaliar os resultados junto à equipe, verificar se o desenho projetado está sendo executado ou se o momento exige uma breve mudança, não se deve aguardar o projeto chegar ao seu limite de desvios para tomar uma ação, e sim prever todos os desvios capazes de acontecer e agir imediatamente.
- Avaliar permanentemente seus projetos e a ordem das atividades, nunca perder o foco nem o rumo das coisas
- Reconhecer os esforços dedicados ao projeto, mesmo que estes sejam na sua visão a obrigação de todos. Lembre-se de que um reconhecimento pode valer tanto quanto o melhor salário já pago ao colaborador
- Estimule um ambiente criativo, isso resultará em maior contribuição por parte de todos
- E lembre-se: o conhecimento total das metas é o que dá resultado ao todo.

O bom desenvolvimento e o sucesso nos resultados dependem de todos partilhando suas ideias. As decisões tomadas pelo líder devem ser claras e explícitas para todos os componentes do grupo. O ciclo PDCA só será permanentemente vantajoso se o compromisso com a gestão for de todos.

Liderar um trabalho x liderar uma equipe

Motivação e Desmotivação são um processo, uma consequ-

Ser + com Equipes de Alto Desempenho

ência e não um evento isolado. A Motivação e a Desmotivação devem ser tratadas como matemática dentro de uma organização e devem ser calculadas com todos os pontos de satisfação do cliente, do colaborador e da gerência. Estas devem ser claras e projetadas para conhecimento de todos, pois é um fator determinante nos resultados.

Uma vez identificados e expostos no ato em que o líder necessitar de mudanças, o grupo automaticamente identificará as saídas para a melhoria e os pontos onde falharam. Com isso, o cenário das decisões, mesmo que as mais severas, não se tornará uma questão pessoal, pois em qualquer projeto as ações e decisões devem ser consideradas como técnicas profissionais, indiferentes da relação dos líderes com o grupo.

Como o líder deve liderar com a desmotivação perante as dificuldades de um projeto, ou perante as barreiras impostas pela empresa, é uma peculiaridade de cada processo. Ele deve conhecer as causas que levaram a desmotivação, sejam elas pessoais ou profissionais, de cada colaborador, porém não significa que uma equipe tenha que ter uma face, uma identidade. Já que falamos tanto em inovação, uma equipe pode e deve ter várias facetas, cada uma de acordo com cada fase do projeto. O bom líder tabela os principais contribuintes para a Motivação e a Desmotivação no meio. É um processo que talvez saia do contexto dos grandes líderes, mas não devem ficar ausentes, devem ser levadas com total consideração, pois retratam a forma como um líder lidera e obtém seus resultados. Atingir uma meta com uma equipe motivada tem um percentual de ganho bem maior do que chegar a um determinado objetivo com uma equipe desmotivada e com um número maior de tentativas de acertar, correto? Isso se chama "prevenção organizacional". Mas vale lembrar que neste estudo quantitativo, os líderes também possuem métricas, eles também devem ser avaliados, seus resultados como gestores também devem ser explicitados; eles também precisam inovar.

A principal ferramenta na liderança de uma equipe é o diálogo. O *feedback* facilita a descoberta eficaz das motivações e desmotivações e pode-se então trabalhar diretamente no foco do projeto, que é o resultado eficaz no prazo planejado. O *feedback* é poderoso quando feito reservadamente. Há processos que devem ser tratados perante todos, mas em casos específicos são mais eficazes quando há uma troca conjunta entre o líder e o liderado.

Resumidamente, só se lidera um trabalho com sucesso se souber liderar a equipe com precisão. O gestor não pune, o gestor inspira.

Sandra Santos

Graduada em Processos Gerenciais, é especialista em docência para nível superior pela Fundação Getúlio Vargas. Atuante na área Administrativa/Planejamento, com experiência na supervisão, planejamento e controle das atividades de diversas áreas, adotando políticas de gestão dos recursos financeiros, administrativos, estruturação e racionalização. Gestora da área administrativa financeira, sendo responsável pelo planejamento estratégico e operacional, bem como administração contratual de projetos de grande porte da rede Petrobrás. Atualmente cursa Mestrado em desenho, gestão e direção de projetos na Universidade Miguel de Cervantes, na Espanha.

Contatos:
ssantosdesouza@gmail.com

Anotações

44

Equipes e... equipes!

...é junto dos "bão" que a gente fica "mió"
Guimarães Rosa

Wagner Galletti Valença

Ser + com Equipes de Alto Desempenho

Wagner Galletti Valença

Antigos ditados (mas não *old fashioned*)... , como o acima, já sinalizavam o que hoje (certo, não é de hoje), modernamente, traduz o seu significado em versões aplicáveis a tudo que gravita ao nosso redor: comunidades, sociedades, famílias, empresas.

Assim, comunidades, sociedade, família, segundo o Aurélio, definidos como grupo de pessoas considerado, dentro de uma formação social complexa, em suas características específicas e individualizantes, que comungam uma mesma crença ou ideal, nada mais é do que a versão de trabalho em equipe dentro da própria evolução, sobrevivência e perpetuação das espécies.

Claro que essa simplificação não pressupõe assumir, irresponsavelmente, que todos são iguais, mas é inegável que somos semelhantes. Sem entrar em interpretações mais filosóficas e profundas, somos seres únicos E ainda bem que é assim, pois podemos contribuir com nossas características individuais (sejam elas físicas, genéticas ou intelectuais, conhecimentos, pensamentos e ideias, conceitos e crenças) para o crescimento de todos, mesmo considerando os conflitos que a formação desse mosaico provoca.

Trabalhar em equipe é, seguindo essa linha de pensamento, o menor ou maior esforço que temos de fazer para mudar nosso programa mental onde estão os reforços colocados em fases anteriores de vida (desenvolvimento físico, mental, intelectual, psicológico).

Sabemos que provoca conflitos ter que trabalhar em equipe, pois nossa criação, na maioria das vezes, nos privilegiou como seres únicos que somos (no Natal, um presente para cada um: às vezes só de cor diferente, mas cada um com o seu; cobranças na escola: você tem que ser o melhor e mostrar como é bom(a), que é melhor que os outros!).

Esta fase de **maturidade**, chamada de **dependência**, coloca-nos diante desse reforço de individualismo e que passamos a acreditar serem necessários verdadeiros e legítimos. No futuro serão exigidos muitos esforços para encarar a realidade e reconhecer que não somos (nem precisamos ser) os melhores em tudo.

A fase seguinte que nos leva ao nível de **maturidade,** agora chamado de **independência**, é influenciado por conhecimento instalado e alguma experiência já adquirida.

Importante notar que, nesta fase de **independência**, continuamos a ser estimulados a nos mostrar os melhores, demonstrar nossas competências e conhecimentos se sobressaindo em relação aos demais.

As pessoas que terão maior dificuldade em trabalhar em equipe são aquelas que, por razões várias, ficam "deitados em sua sabedoria" permanecendo por muito tempo (senão para sempre) nessa fase de maturidade e considerando-se auto-suficientes.

Ser + com Equipes de Alto Desempenho

O próximo nível de **maturidade**, o da **interdependência** é o estágio onde, sem traumas, dramas ou necessidades de auto-afirmação constante, reconhecemos e veiculamos com segurança e não arrogância, todas as nossas competências, talentos, conhecimentos, objetivos, não como melhores que os dos outros, mas complementares aos deles que também, terão seus conhecimentos, talentos, competências e objetivos, complementares aos meus.

Aqui, então, o grande esforço: se sempre fui reconhecido pela minha característica de *"ser único"*, porque agora, me cobram trabalhar em equipe? Não tenho mais a competência para fazer sozinho o que sei? A pergunta fica como reflexão de como precisamos nos esforçar para crescer, e fazê-lo com outros. A maturidade da interdependência nos dá essa lucidez e a consciência do que é sinergia e os seus benefícios.

Além desses níveis citados, não se deve deixar de considerar três variáveis (segundo McClelland): os saberes, as características pessoais e os motivos / intenções de cada um. O tratamento das pessoas respeitando as diferenças (não comparando uns com os outros) legitima o espírito de equipe.

Sabedoria, tanto das empresas, empresários e gestores é usar o melhor de cada um, suas características, habilidades, conhecimentos, motivações, competências, ou seja, o que cada um tem de diferente e estimular todos em direção a um objetivo comum, o do resultado levando todos (ou quase todos) a...

"reconhecer que é melhor ser co-autor de muitos trabalhos brilhantes, do que o autor solitário de um trabalho medíocre". Washington Olivetto.

Pergunta: EQUI*PORQUE*?

Um conceito de equipe: nem todo grupo de pessoas é uma equipe ou um time. Uma equipe ou time é um grupo de pessoas com um alto grau de interdependência direcionado em atingir objetivos comuns ou a condução e conclusão de uma tarefa específica ou ainda um projeto, através de conhecimento mútuo e o compartilhamento de habilidades, todos comprometidos com o crescimento e o sucesso de cada um.

Alguns benefícios obtidos trabalhando em equipe:
- A comunicação é aberta e as informações fluem mais claramente;
- As responsabilidades são compartilhadas;
- O ambiente é mais motivador;
- Os desempenhos melhoram e uns aprendem com os outros;
- Cresce o nível de confiança dentro do grupo;
- As pessoas reconhecem as capacidades dos outros;

•   Os fatores limitantes (ego, por exemplo) são minimizados;
•   A inovação, criatividade e mudanças se instalam mais espontaneamente;
•   O conhecimento cresce exponencialmente (se, em equipe, uma pessoa troca uma ideia com algum outro membro da equipe, ambos passam a ter um novo repertorio de opções de ideias. Se esses dois trocam ideias com outros que tenham outras ideias, o ganho de conhecimento e seus benefícios é ampliado).

Estes são apenas alguns benefícios, segundo vários autores, eu inclusive, e a lista pode tornar-se, a cada dia ou experiência nova em equipe, ilimitada.

Pelas considerações anteriores, alguns conflitos iniciais devem ser trabalhados, não só por empresas, suas direções e gestores, mas também pela própria equipe. Segundo *Davenport & Prusak*, os atritos ou conflitos mais comuns incluem:
•   Falta de confiança;
•   Culturas, vocabulários e pontos de vista diferentes;
•   Privilégio para quem detém o conhecimento;
•   Crença de que conhecimento é prerrogativa de grupos particulares;
•   Intolerância para erros ou necessidades de ajuda.

Um trabalho de formação de uma equipe se consolida quando, independente das pessoas continuarem fazendo parte de grupos iniciais, o espírito de equipe passa a fazer parte do repertório de conduta das pessoas. Mesmo quando se dispersam não se perde o sentimento do "pertencimento".

Observar, entender e agir segundo essas observações é uma das formas de pensar em trabalhar equipes, sejamos nós os membros ou líderes da vez.

Alguns elementos são essenciais para a efetividade de uma verdadeira equipe, uma equipe de alta performance "de fato".

1.   Conhecimento, concordância e comprometimento em atingir os objetivos;
2.   Participação produtiva de todos;
3.   Comunicação aberta e honesta, com troca de informação entre os membros;
4.   Abertura para críticas e confiança entre as pessoas;
5.   Sentimento de "pertencimento": sentir-se parte e comprometido com tudo e todos;
6.   Entendimento e respeito à diversidade;
7.   Criatividade e condição de assumir riscos;

Ser + com Equipes de Alto Desempenho

8. Habilidade de corrigir-se e aos outros;
9. Flexibilidade para assumir mudanças;
10. Liderança participativa: todos devem assumir o papel quando necessário.

E se você, como parte ou líder de uma equipe observar alguns dos problemas abaixo:
- perda de produtividade, prazos ou resultados;
- aumento de reclamações;
- conflitos de responsabilidades e confiança entre pessoas;
- falta de inovação ou criatividade;
- pouca comunicação entre as pessoas;
- crises de humores
- falta de reconhecimento do trabalho realizado;
- imposição de decisões, entre outros,

talvez seja recomendável ler este material de novo.

Este texto não é e nem tem a pretensão de ser completo, pois o assunto não se esgota, mas é minha visão atual e não definitiva, pois os fenômenos de comportamento de grupos, equipes, e principalmente pessoas, é inquietantemente evolutivo (ufa! ainda bem).

O que hoje é considerado "a melhor maneira de agir" provavelmente não continuará a sê-lo dentro de algum tempo. Não existem fórmulas ou *scripts* definitivos. O que temos é para o consumo atual, dentro da realidade atual e nos garante apenas uma coisa: vai mudar!

Se alguma das minhas colocações e dos "brilhantes" citados (e dos não citados que contribuíram para o meu repertório de conhecimento) fizeram alguém pensar a respeito, concordando ou discordando, atingi o que pretendia.

Assim, o objetivo maior aqui é afirmar que, em minha opinião, se cada um de nós for inquieto, inconformado, antenado, provocativo, surpreendente, poderemos exercer o que existe de melhor no ser humano: a nossa capacidade de não aceitar, sempre e passivamente, as verdades atuais como definitivas.

Os nossos antecessores nos fizeram pensar, sinalizaram caminhos, criaram métodos facilitadores, mas a bola da vez está nas mãos de cada um de nós.

Fazer a diferença, fazendo diferente. E se, sempre que possível, envolvermos pessoas e equipes, daremos o ponto de partida para tirar as coisas do lugar, como as ondas que se formam, por exemplo, quando uma gota de água cai num lago. Uma vez iniciado, o movimento provocado atinge até o limite do próprio lago.

Respondendo provocativamente à pergunta: EQUI*PORQUE*?
É preciso?

Wagner Galletti Valença

Cursou Administração de Empresas e aperfeiçoou sua formação com *Developing Management Skills, Management Excellence* – Certificação Citibank Training Center – St. Louis – MI, *Presentation Skills-Communispond*, Gerenciamento Integrado – Bogotá, Gerenciamento de Risco – San Juan, Porto Rico, *Managing People e People Business* – Citibank, Comunicação, Negociação e Vendas com Neurolinguística – ABPNL. Atuou na área financeira por 27 anos, culminando sua trajetória como Vice-Presidente Residente em RH no Citibank. Criou a Inmind Produção de Imagem e Treinamento, em sociedade com dois outros profissionais, com a qual mantém vínculo de parceiro. Atua hoje como consultor autônomo para vários clientes em vários ramos de atividades, tanto individualmente quanto como associado a outras consultorias, em projetos de treinamentos comportamentais (criação, desenvolvimento e aplicação) no Brasil, Argentina, Uruguai e Colômbia. Coautor no livro Ser+ em Gestão do Tempo e Produtividade pela Editora Ser Mais e autor de artigos publicados na Revista Ser Mais, desta mesma Editora.

Contatos:
Entre em contato para projetos especiais.
wgv@terra.com.br
(11) 3666-1286 / (11) 96281371

Anotações

45

O segredo do sucesso nipônico com equipes de alto impacto

A formação de uma equipe começa na idealização do propósito a ser alcançado. Continua no planejamento, em que é feita a declaração dos resultados desejados, a definição de métodos, métricas e recursos, e a quantificação de esforços e riscos. Segue pela execução, com o aproveitamento e desenvolvimento das habilidades individuais e coletivas, gestão dos recursos disponibilizados e superação de imprevistos. A questão agora é: como definir os requisitos para uma determinada atividade?

Walber Fujita

Ser + com Equipes de Alto Desempenho

Walber Fujita

O segredo do sucesso nipônico, alimento para alma e para os sentidos

Os ensinamentos milenares dos guerreiros japoneses chegam às empresas do país com a promessa de uma gestão com alto compromisso, adotando os padrões de técnicas orientais de alto desempenho. Em uma oportunidade como essa, tenho a missão de repassar para os meus colegas de profissão uma de várias lições importantes que aprendi em mais de dez anos acompanhando, trabalhando e estudando administração em terras nipônicas. Sendo assim, me sinto livre em dizer que, desde a primeira vez que pisei nesse universo empresarial, sempre ouvir dizer que o objetivo da alma é o de aprender e reaprender, aperfeiçoar, meditar e deixar a luz crescer, pois a semente já está presente em nós e ela começará a crescer. Ao receber os ensinamentos desse primeiro pergaminho observe e reflita sobre o seu significado.

O pergaminho era velho, feito de couro de animais, um livro muito antigo. Nele estava escrita a primeira chave para o sucesso em equipes de alto desempenho – Eu me lembro bem de ter lido isso lá. Se você souber realmente ver o que está escrito nas entrelinhas vai conseguir encontrar o sucesso em cada detalhe desse lugar! O que não está tão obviamente escrito na primeira página é o significado do S, do nome samurai (saber o que quer da vida e como chegar lá), sendo a primeira ferramenta para o sucesso. Continuando as minhas anotações e rebuscando pela memória, lá vão mais alguns apontamentos do pergaminho, com várias referências, sobre os principais fatores analisados para o sucesso nipônico. Destaco aqui a forma como o japonês descreve o cronograma e a metodologia utilizada na elaboração do seu plano de vida, para entender o quero dizer, vamos citar, por exemplo, uma empresa japonesa em que é muito importante o colaborador compreender a base da cultura milenar que é sustentada em três pilares:

1) A família (Na família japonesa, cada pessoa tem um papel determinado e há expectativa, por parte de outros familiares e da própria sociedade, que cada um cumpra seu papel)
2) A pátria (pátria está ligada ao nacionalismo fervoroso do povo japonês - cada cidadão é parte de um povo, de uma nação. A sua vida só tem razão quando se está ligado aos destinos da pátria)
3) Valor cultural (o trabalho - é aquele que liga os dois primeiros valores - pátria e família - dando base ao modelo gerencial japonês. Se a família é que vai garantir a perenidade da pátria, o trabalho é o que sustentará economicamente a família)
Assim, podemos concluir que, segundo estudiosos, a base do ensino

Ser + com Equipes de Alto Desempenho

dos samurais para montar uma equipe de sucesso o primeiro passo é a profunda revisão de valores.

Observe que sem essa mudança será difícil responder a uma única questão sem gerar conflitos internos. Portanto, posso concluir que no Brasil, para transformar as empresas em "empresas que aprendem" serão necessárias mudanças de comportamento, além disso é preciso reformular a tendência das pessoas de reter seus conhecimentos. Mesmo as que não o fazem intencionalmente, por essa e várias questões, é necessário trabalhar o capital intelectual em termos de desenvolvimento estratégico e organizacional, que irá proporcionar vantagens competitivas no mercado. No meu ponto de vista, nas escolas públicas e particulares deveria se implantado no currículo o conhecimento obrigatório de como elaborar um plano de vida. Por isso, tomo a liberdade de levantar esta bandeira. Atenção: não tome o que vem a seguir como um guia geral sobre Planejamento Estratégico, vamos simplificar todos os temas na intenção de gerar a reflexão necessária para dar o pontapé inicial, porque uma vida de sucessos não se baseia em sonhos, mas em metas reais e planejamentos objetivos.

Desde os tempos mais remotos, as pessoas buscam ter uma vida melhor, com mais conforto e felicidade, entretanto, os resultados que vemos na vida prática geralmente nada têm a ver com o objetivo proposto. Qual o motivo de tal contradição? Basta analisar e você verá que uma pessoa realizada está tendo sucesso, porque sabe utilizar todas as ferramentas estudadas e faz uso de suas horas normais e até mesmo das madrugadas, planejando, implementando e ajustando o aprendizado e o tempo disponível ao seu plano de vida. Portanto, o primeiro ingrediente para a vitória é um bom planejamento. Pessoas que não sabem planejar dificilmente conseguem chegar a algum lugar definido. O planejamento é um instrumento básico que serve para definir o que se quer e para não se perder nos desvios do caminho. Primeiro passo: identificar a missão/ definir a missão.

A missão é sua razão de existir: de onde vim? Para onde vou? Reflita: o que está faltando na minha vida? O que deseja aprender? O que quero? E quando? Segundo passo: identificar a visão. Visão é a identificação do que você espera para o seu futuro, é a imagem mental poderosa que irá direcioná-la para o alvo, prático e alcançável: como você quer ser visto, onde você quer chegar. Reflita: imagine-se daqui a alguns anos: o que você estará fazendo? Quais serão as suas realizações? Quem você terá conhecido? E o que você terá aprendido? Projete o filme da sua vida. Terceiro passo: identificar os valores. Os valores são as razões que justificam ou motivam as nossas ações, tornando-as preferíveis a outras. Reflita: identifique os princípios que governam a sua vida. Quarto passo: foco de atuação. Mantenha o seu objetivo. Quinto passo: posicionamento. Seja uma pessoa autêntica, transparente e íntegra. Procure estudar e aprender tudo em relação ao foco que deseja atingir. Sétimo passo: seja você sempre e vá em busca da sua estrela. Faça o que gosta e corra em direção às oportunidades.

Escreva em detalhes a sua caminhada em direção ao seu plano de vida:
1. O que você quer, especificamente?
2. Como você vai saber quando atingir este resultado desejado?
3. Quando você atingir o resultado desejado, que tipos de sensações você irá sentir?
4. De que maneira este resultado afetará a sua vida?
5. O que impede você de atingir o objetivo desejado?
6. Que capacidades ou habilidades você já tem para atingir o resultado desejado?
7. E o que você está planejando fazer AGORA para tornar isto uma realidade?
8. Você estaria de acordo se ganhasse o mundo inteiro e em consequência perdesse a sua saúde, a paz interior e a alegria de viver?
9. Você vê a possibilidade de mudar seus padrões de pensamentos, crenças e hábitos ou prefere permanecer como está?
10. Quem precisa de metas afinal? Por que ter metas?

O verdadeiro objetivo dessa tarefa é desenvolver a produtividade e o equilíbrio entre a vida pessoal e profissional dos colaboradores da equipe em direção a um projeto coletivo. – Que maravilha! Observe que o Sincronismo Organizacional é um novo conceito de gestão bem eficiente para os ocidentais, porém é a raiz da cultura oriental.

     A partir dessa nova visão, podemos ir um pouco mais além. Vamos fazer um pequeno exercício mental - quero que você observe tudo ao seu redor, no seu ambiente de trabalho, o objetivo é captar o maior número de informações sobre seu colegas de trabalho, se têm filhos, se são casados, se estão endividados e etc, continue observando o movimento ao seu redor, depois de ter conseguido enxergar tudo isso em detalhes na sua mente, quero que feche os olhos e veja dentro do coração a alegria de trabalhar como essa equipe. Só depois de alguns minutos revendo tudo que está escrito acima, continue lendo - abra os olhos agora e se concentre, sinta o peso da responsabilidade que você tem sobre seus companheiros de trabalho. Primeiro lembre que responsabilidade é responder pelos

Ser + com Equipes de Alto Desempenho

seus atos, pagar pelos seus erros e cumprir com suas obrigações. Uma pessoa sem responsabilidade é uma pessoa sem crédito diante das outras. Suas palavras são ocas, seu juramento é vazio. Por isso, normalmente quando se negligencia a responsabilidade que temos isso pode acarretar muita dor de alguma forma!

Chegamos a primeira questão, dor a alguém ou a si mesmo ou a todo o grupo. Devemos ter consciência que quando uma equipe falha, todo mundo sai prejudicado e quando isso acontece os prejuízos são profissionais e financeiros e ponto. A partir desta tese central, podemos dizer que - comprometimento é a grande jogada, vamos reprogramar nossa visão de que se a empresa perde o problema é dela. Dessa forma, saber o que a vida realmente significa para mim e conhecer meus valores é de fundamental importância o sucesso individual e coletivo. Saiba que o líder samurai tem consciência de que o comprometimento e a motivação não se impõe, se conquista. Por isso, aquele que almeja se tornar um líder deve entender que suas atitudes pesam, suas decisões pesam, sua forma de falar, de se vestir, de atuar na sociedade pesam. Ser líder é ser exemplo a ser seguido.

1 – Ninguém será inspirado por ele se não for ele a primeira pessoa a dar o sangue pela causa.
2 - Você deve ser leal, cortês, amigo e humilde. Falar bom dia e cumprimentar os outros são atitudes que demonstram educação e respeito pelos demais, por isso que gerações de discípulos praticam o respeito pelo Sensei, pelos Senpais (colegas mais antigos), pelo material e pelos ensinamentos recebidos, é herança direta do código de honra samurai, saiba que, independentemente de seu cargo, é preciso saber trabalhar em equipe, já que bons resultados dificilmente nascem de ações individuais. Tenha em mente que uma equipe não se transforma em equipe do dia para a noite, o princípio básico é a orientação, o líder deve abordar a missão, as regras do jogo, as ferramentas utilizadas, e verificar se todos estão perfeitamente afinados com o objetivo. Pois bem, o mundo é cruel, ninguém sobrevive no mercado de trabalho sem entregar resultados, e toda a equipe deve usar a alma e o coração por esses resultados, esse é o ponto forte do processo nipônico, servir com excelência.

Walber Fujita

Brasileiro, nascido em Brasília (DF) no ano de 1969, profissional da área de vendas, empresário, consultor e palestrante. Hoje reside no Japão na cidade de Suzuki Shi, onde escreveu sua primeira obra, *O caminho das pedras*, pela editora CBJE. Coautor do livro *Ser+ Qualidade Total* pela Editora Ser Mais. Coautor do livro *Ser+ em Excelência no Atendimento* pela Editora Ser Mais.

Contatos:

www.walberfujita.com.br
walberfu@gmail.com / walberfu@yahoo.com.br

Anotações